国家社科基金项目：“抗战时期《新华日报》、《群众》周刊与马克思主义在国统区的大众化研究”（项目编号 15DJB002）；

广西八桂学者项目：“广西马克思主义大众化重大问题研究”

《新华日报》《群众》周刊与
抗战时期国统区马克思主义大众化研究

XINHUA RIBAO QUNZHONG ZHOUKAN YU
KANGZHAN SHIQI GUOTONGQU MAKESIZHUYI DAZHONGHUA YANJIU

汤志华 著

人民出版社

目　录

第一章　《新华日报》《群众》周刊的办刊背景及宗旨 …………………… 1

第一节　创办的时代背景 …………………… 1

第二节　创办过程及发行概况 …………………… 8

第三节　办刊定位和宗旨 …………………… 18

第二章　马克思主义大众化的前提：为争取国统区舆论话语权的斗争 …… 26

第一节　开展有理有节斗争，打破国民党新闻检查话语封锁 …………… 26

第二节　塑造中共在国统区的媒介形象，消解国民党的话语诽谤 …… 40

第三节　进行广泛抗日政治动员，争取有利的话语空间 …………… 65

第三章　《新华日报》《群众》周刊推进国统区马克思主义大众化的历史进程 …………………… 84

第一节　武汉时期的《新华日报》《群众》周刊 …………………… 84

第二节　重庆初期的《新华日报》《群众》周刊 …………………… 89

第三节　共产国际解散前的《新华日报》《群众》周刊 …………… 96

第四节　共产国际解散后的《新华日报》《群众》周刊 …………… 112

第四章　《新华日报》《群众》周刊推进国统区马克思主义大众化的主体与受众、主要方式与内容 …………………… 123

第一节　马克思主义大众化的主体 …………………… 123

第二节　马克思主义大众化的受众 …………………… 148

第三节　马克思主义大众化的主要方式 …………………… 155

第四节　马克思主义大众化的主要内容 …… 166

第五章　《新华日报》《群众》周刊的马克思主义大众化话语风格 …… 218

第一节　与土地革命时期党在国统区秘密出版的代表性刊物的话语风格比较 …… 218

第二节　与延安时期《解放》周刊、《解放日报》话语风格比较 …… 227

第三节　与国统区不同政治倾向报刊的话语风格比较 …… 242

第四节　《新华日报》和《群众》周刊的话语特点——以社论为例 …… 255

第五节　坚持以人民为中心的话语价值取向 …… 262

第六节　丰富多彩的话语表达方式 …… 266

第六章　抗战时期马克思主义在国统区大众化的效果分析 …… 272

第一节　加强了国统区地下党员马克思主义理论教育 …… 272

第二节　在国统区民众中树立了中共光辉形象 …… 275

第三节　促进了马克思主义在国统区的传播 …… 278

第四节　坚定了全民族抗战必胜的信心 …… 280

第五节　推动了国统区抗日救亡运动 …… 283

第六节　影响和团结了大批国际友人 …… 290

第七章　抗战时期党在国统区的马克思主义大众化特点、经验及启示 …… 296

第一节　抗战时期国统区马克思主义大众化的基本特点 …… 296

第二节　抗战时期国统区马克思主义大众化的基本经验 …… 306

第三节　抗战时期国统区马克思主义大众化的现实启示 …… 314

后　记 …… 319

第一章　《新华日报》《群众》周刊的办刊背景及宗旨

《新华日报》和《群众》周刊是抗战时期中国共产党在国统区公开出版并于全国发行的唯一报纸和理论刊物。二者均于错综复杂的社会背景条件下诞生，在波澜壮阔的战争中成长。作为中共中央的机关报刊，《新华日报》《群众》周刊自创刊就一直顽强地战斗在国民党的“心脏”地区，高举团结抗战的大旗，引导着国统区的抗战舆论，可谓是“为抗战而诞生，在抗战中成长”。

第一节　《新华日报》《群众》周刊创办的时代背景

《新华日报》是在中国共产党的领导下，坚持开展统一战线，以提高中共在国人心目中的形象地位为宗旨开展工作，是中共与外部世界沟通的一扇窗，成为“茫茫黑夜中”指引人民的“一座灯”，史称“新华军”。而《群众》周刊是《新华日报》的衍生刊物，是中国共产党在国统区唯一合法的理论刊物，于1937年12月11日在武汉创刊，比《新华日报》创办还要早一个月，1938年10月武汉沦陷后和《新华日报》一起从武汉迁到重庆。在《群众》周刊创刊之初，党就集中了新华日报馆及《新华日报》编辑群体的全部力量。《新华日报》创刊之后，新华日报馆抽调编辑专门负责《群众》周刊的文字工作，而出版、印刷、发行、售卖等都依托《新华日报》编辑部。作为《新华日报》的重要补充和宣传延伸，《群众》周刊向国统区人民介绍了解放区抗日根据地的经济生产、民主政治和文化发展的成就，宣传敌后战场英勇抗战的功绩，对中国共产党国统区的宣传产生重要影响。

一、民族矛盾上升为主要矛盾

日本走上近代化发展道路之后，奉行对外侵略扩张的基本国策，把中国作为其侵略的首要目标蓄谋已久。早在清朝末年，日本就通过发动甲午战争和在我国东北进行的日俄战争，迫使清政府签订不平等条约，侵占我国台湾，并把东北的南部地区强行划为自己的势力范围，同时对占领区和势力范围地区进行全面的政治、军事控制和经济殖民掠夺。在尝到侵略甜头的基础上，日本帝国主义侵华野心进一步膨胀。1927 年，日本政府召开东方会议，制定《对华政策纲要》。会后，日本首相田中义一根据会议精神向天皇呈报奏折。东方会议和田中奏折的核心内容，明确了先占领中国东北、内蒙古进而侵占全中国的对外扩张政策。1931 年日本发动“九一八”事变。由于以蒋介石为首的国民政府奉行“攘外必先安内”的方针，对日本的侵略采取不抵抗政策，结果导致短短四个多月内东北百万平方公里的壮美河山被日本占领。由此，中国的政治形势开始发生深刻变化。

1936 年 2 月 26 日政变上台的广田内阁，进一步加紧了征服中国和称霸亚洲的扩军备战，加快了侵略步伐。“日本竭力用武力扩大在中国的独占范围，正在成为中华民族的首要敌人。反对日本侵略的民族革命战争，正在成为中国各民族人民的主要斗争。”①

1937 年“七七”事变，日本发动了全面的侵华战争，中华民族处于生死存亡的关键时刻。中国人民和日本帝国主义之间的矛盾成为当时中国社会的首要矛盾。原来居于首位的国内阶级矛盾处于从属地位。在中华民族面临生死存亡的紧要关头，如何挽救民族危亡，如何联合尽可能多的力量进行抗日民族

① 中共中央党史研究室：《中国共产党历史》第一卷（上册），中共党史出版社 2011 年版，第 339 页。

战争,成为摆在中国共产党和中国人民面前的最紧迫问题。

奉行军国主义的日本,由于蓄谋已久,长期扩军备战,拥有数十万以现代武器装备的、多兵种组成的常备军和200多万经过训练的预备补充兵员。所以全面战争一开始,日本占据了上风。面对穷凶极恶的日本侵略者,当时的中国是一个生产力落后的农业国,综合国力远不如日本。国民党军队虽然有200万正规军,但是训练相对松散,武器装备落后,派系斗争复杂。中国共产党领导的人民军队,政治素质好,但数量太少,武器装备很差。所以,在抗战初期日本侵略者步步紧逼,中国整体处于战略防御阶段。

抗日战争是鸦片战争以来中国面对外国侵略的一场百年未曾有过的全民族对外抗战。面对强大的法西斯日本,要抗战当然要唤醒民众,组织动员全部的力量进行全国人民总动员的人民战争。只有实行全民族抗战,才是中国战胜日本帝国主义的唯一出路。在当时,由于“东战场的失利,……亲日分子大为活跃,散放悲观失望的情绪,促使政府接受日寇亡国灭种的条件”,“没有教育没有组织的后方民众们,被恐怖的气息包围着,终日惶惶,不知所措。”①因此,只有进行最广泛的宣传动员和组织全部的力量、资源,使全国人民、军队和政府团结起来,坚定抗战必胜的信心,才能筑成抗日民族统一战线的钢铁长城,才能打败日本帝国主义的侵略。

二、国共第二次合作和抗日民族统一战线形成

伴随着日本帝国主义侵略战争的不断扩张、中国社会矛盾的复杂性日益凸显、中日民族矛盾日益尖锐,国共两党之间是分裂还是再次合作,阶级矛盾的地位是上升还是下降等都是急需中共应对与解答的重大课题。面对日寇侵略的严重威胁,民族矛盾成为主要矛盾,中国民族斗争和阶级斗争进入到一个新的阶段。为了将侵略者驱逐出境,中国共产党顺应时代的要求,以民族大义

① 《群众》周刊第1卷第1期,1937年12月11日。

为重,纠正了冒险主义和关门主义错误,适时地提出了建立抗日民族统一战线的主张,自觉担负起领导全民族抗战的重任,将抗日政策从“反蒋抗日”转为“逼蒋抗日”,建立了广泛的抗日民族统一战线,促成了“西安事变”的和平解决,要求国民党当局停止内战,实现第二次合作。

长征刚结束不久,1935 年 12 月 17 日至 25 日,中共中央在陕西安定瓦窑堡召开政治局会议(即瓦窑堡会议),面对着从土地革命战争向民族革命战争转变的新形势,确立了建立抗日民族统一战线的新政策。毛泽东敏锐地把握住革命形势的变化,提出中国共产党要从关门主义中解放出来,民族矛盾超过了国内阶级矛盾,我党今后必须坚持抗日民族统一战线的方针,并且反复告诫全党,必须汲取 1927 年革命失败的深刻教训,必须牢牢坚持抗日民族统一战线中的无产阶级领导权。

“七七”事变后,为了早日实现国共两党合作抗日,进一步推动全国抗战,1937 年 7 月中旬至 8 月,中共中央派周恩来、秦邦宪、林伯渠赴庐山、南京,同国民党谈判发表国共合作宣言、红军改编、苏区改制等合作问题,并将《中共中央为公布国共合作宣言》送交蒋介石。迫于内忧外患和国内舆论的压力,蒋介石集团不得不放弃“攘外必先安内”的政策。1937 年 9 月 22 日,按照国共两党达成的协议,在中国共产党的催促下,国民党中央通讯社发表了迁延已久的《中共中央为公布国共合作宣言》。《宣言》以团结抗日、实行民主政治、争取民族解放和人民幸福为主旨,提出了承认孙中山先生的三民主义为中国今日之必需,愿为其彻底实现而奋斗;取消推翻国民党政权的暴动政策及赤化运动,停止以暴力没收地主的土地的政策,取消现在的苏维埃政府,实行民权政治,改编红军为国民革命军等具体建议。23 日,又发表了蒋介石承认中国共产党合法地位和国共合作的谈话。29 日,毛泽东发表《国共合作成立后的迫切任务》一文,指出:两党重新结成统一战线,形成了中国革命的一个新时期。我们应该把统一战线发展充实起来,把民众加进去,实行一切必要的改革来战胜困难,这是今日中国革命的迫切任务。在中国共产党领导和推动下,国共合作和抗日民族统一战线正式宣告成立。这样,中国共产党也就争取到了在国民党统治区公开出版报纸和刊物的权利。国共第二次合作和抗日民族统一战线的形成,为党在国统区创办报刊提供了可能。

三、党对国统区民众宣传马克思主义的重视

马克思曾说,“批判的武器当然不能代替武器的批判,物质力量只能用物质力量来摧毁;但是理论一经掌握群众,也会变成物质力量”。① 在同敌人的斗争过程中,既要用好枪杆子,也要应用好笔杆子。毛泽东指出:“在我们为中国人民解放的斗争中,有各种的战线,就中也可以说有文武两个战线,这就是文化战线和军事战线。我们要战胜敌人,首先要依靠手里拿枪的军队。但是仅仅有这种军队是不够的,我们还要有文化的军队,这是团结自己、战胜敌人必不可少的一支军队”。② 大众化是马克思主义的本质属性和本质要求,它在一定程度上决定着马克思主义在中国的发展和命运。然而,马克思主义大众化不等同于马克思主义“普通化、市民化”,也不仅仅是马克思主义“通俗化”。而是一个“理论由被少数人理解掌握转变为被人民大众理解掌握”的过程。

报纸刊物作为当时历史条件下直接同社会公众发生联系的公共舆论阵地,是争夺话语空间的主渠道和主阵地。在和平解决“西安事变”之后,毛泽东就特别强调,我们党必须抓紧办两件事:一件是办学校,培养干部;一件是办报纸,宣传党的主张。③ 因此,中共要在国统区掌握舆论话语权,当务之急就是要创建自己的党报党刊。只有通过办报办刊,才能牢牢把握正确舆论导向,广泛发动和组织动员人民群众,投身于伟大的全民族抗战。《新华日报》和《群众》周刊都是在抗战中诞生,为抗战服务,在抗战中成长。在国统区

---

① 《马克思恩格斯选集》第1卷,人民出版社2012年版,第9页。

② 《毛泽东选集》第三卷,人民出版社1991年版,第847页。

③ 参见石西民、范剑涯:《新华日报的回忆》(续集),四川人民出版社1983年版,第62页。

创办党报党刊,既是中共宣传抗日的现实要求,也是打破国民党舆论话语权,帮助国统区群众正确认识马克思主义和中国共产党的需要。

在国际共产主义运动中,办报办刊一直被认为是马克思主义革命者宣传马克思主义的重要任务。俄国十月革命后,列宁就曾指出:“报纸不仅是集体的宣传员和集体的鼓动员,而且是集体的组织者”,①认为新闻媒介是党和政府进行舆论宣传和组织的重要工具,必须由最忠实的共产党人来掌握。这些思想对于在共产国际指导下的中国共产党影响很大。

同样,中国共产党历来重视运用报刊媒介宣传自己的思想和主张,并积累了十分丰富的宣传经验。在党的创建阶段,李大钊、陈独秀、毛泽东、李达、周恩来等都曾编辑刊物、创办报刊、撰写文章宣传马克思主义。例如,五四新文化运动时期,陈独秀、李大钊等人创办的《新青年》《每周评论》等刊物,介绍俄国十月革命和马克思主义,传播民主与革命的科学思想,对反对帝国主义和封建主义,唤起民众的思想起到积极作用。中共成立后,在 1922—1927 年间,中共先后创办《共产党》《向导》《先锋》等多种理论刊物,为鼓动广大工农参加大革命和支援北伐战争做出了重要贡献。土地革命时期,中共创办了第一份机关刊物《布尔塞维克》,长征途中又创办了《红色中华》,对传播马克思主义、发动民众反抗国民党的黑暗统治起到了重要作用。进入抗战时期,由于 1927—1937 年的十年内战,蒋介石和国民党政府在对共产党和红军进行军事围剿的同时,也在城市对中共报刊和进步书刊、民主人士进行了残酷的文化围剿与迫害,以至于在国共达成第二次合作之初,中国共产党除了在延安等根据地内办有少量刊物外,在国统区没有公开发行的刊物,没有舆论话语权。所以,全面抗战爆发之初,中共代表团刚到上海、南京等城市开展活动时,只能靠散发延安《解放》周刊、油印宣传品等来宣传党的主张。即使在延安,受条件限制,原来的《红色中华报》更名为《新中华报》继续出版,但只能采取油印方

① 《列宁选集》第 1 卷,人民出版社 2012 年版,第 441 页。

式且是三日刊。1937 年 4 月，中共中央出版机关刊物《解放》周刊，虽然采用了铅印方式，但也只有极少数量能够流传到国民党统治区。作为一个在国内政治生活中具有重大影响作用的政党，居然没有全国性的党报党刊来宣传自己的主张，肩负起抗战宣传的使命，是难以想象的。因此，争取在国统区创办全国性的党报党刊，籍此宣传中国共产党的抗日主张、方针、政策，组织动员广大群众积极投身于全民族抗战的伟大事业，成为维护抗日民族统一战线，争取抗日战争最后胜利的紧迫要求。

在国共两党实现合作共同抗战的前提下，中共充分认识到在国统区出版一张公开的、大型的党报对于国共团结抗战、凝聚民众抗战斗志争取民族独立的重要性和必要性。根据西安事变后不久，毛泽东同志提出的全党要在全国范围内抓好两件事："一件是办学校，培养干部；一件是办报纸，宣传党的主张"①要求，中共中央高度重视在国统区的党报党刊创办工作。从 1937 年 2 月起，受党中央委派，周恩来等先后在西安、杭州、庐山和南京，同国民党进行了五次谈判，历时 7 个月，最终促成了党在国统区公开创办发行《新华日报》和《群众》周刊。

1938 年 1 月，《新华日报》在抗战的政治中心武汉创刊，立即引起社会各界广泛关注。国共两党领导人、各党派知名人士、社会贤达如周恩来、董必武、王明、博古、叶剑英、叶挺、郭沫若、沈钧儒、沙千里、冯玉祥、方振武、陈铭枢、于右任、邵力子、张治中、孔祥熙、白崇禧、王宠惠、吴国桢、石瑛等纷纷题字、题词祝贺。苏联《真理报》刊载署名文章说，《新华日报》出版第一天起，"便广泛地揭起了中国人民反对日本侵略者、为中国独立与自由的民族解放战争的光荣旗帜"，已经"成为中国人民所爱护的报纸"。英国《工人日报》称赞《新华日报》是中国的喉舌。《战时文化》说："《新华日报》无论就形式和内容来说，都可以说是国内第一流的报纸。无论就读者的踊跃、报纸的地位、言论的力量

① 石西民、范剑涯：《新华日报的回忆》（续集），四川人民出版社 1983 年版，第 62 页。

说,《新华日报》的影响,都不在英国的《工人日报》或法国的《人道报》之下。"①路透社评论说,现在就是中国最遥远的地方也可以看到这张报纸,中国共产党做了很多工作,使它的报纸散布在中国一切省份的人民当中。

在《新华日报》出刊的前一个月(1937年12月11日,即广州起义10周年),根据周恩来的指示,经过多次争取,《群众》周刊作为党在国民党统治区公开出版的唯一的党的理论刊物,终于在武汉获准正式出版。《群众》周刊不但不同于当时国统区和香港的其他刊物,也不同于当时在延安党中央的机关刊物《解放》周刊,更不同于党在地下工作时期的秘密刊物,它是在国民党统治区第一次公开出版的共产党的机关报刊,也是新中国成立前公开出版时间最长、影响最大和解放战争时期唯一的党刊。《群众》周刊作为新华日报报馆的一部分,没有自己独立的杂志社,除了有少数几个编辑之外,从社长、主编、印刷、发行、后勤、经营管理都是和《新华日报》在一起的,始终是党报《新华日报》的一部分。实际上,《群众》周刊与党在国民党统治区的党报《新华日报》是对外分工配合的一个舆论阵地,对内则是党报的一个重要组成部分。

第二节 创办过程及发行概况

一、抗日烽火中诞生

"西安事变"和平解决之后,蒋介石为首的南京国民政府被迫接受了联合抗日的主张。随着全国抗日战争形势的进一步发展,国共两党开始商讨携手合作、联合抗日的战略问题,其中一项重要内容就是同意中国共产党在国统区公开出版自己的报纸和期刊。这项工作主要由中共在南京的谈判代表周恩来负责。1937年5月底,周恩来离延安经西安飞上海,准备上庐山与蒋介石就

① 转引自肖效钦、钟兴锦:《抗日战争文化史》,中共党史出版社1992年版,第107页。

两党合作抗日问题继续谈判。他在上海、南京停留的数天内，除与各方人士谈话、交往，争取中共合法地位之外，就酝酿、筹备抗日的报刊与有关方面接洽。1937年7月中旬，中共中央派周恩来、秦邦宪、林伯渠再上庐山，在庐山与蒋介石、邵力子、张冲等人的谈判中，中共所提出的13个问题就包括在国统区出版党报党刊的问题。8月上旬，应国民党的邀请，中共中央派周恩来、朱德、叶剑英赴南京参加国防会议，并同国民党继续谈判。最后双方达成协议的一项重要内容就是：同意中共在全国出版发行《新华日报》。① 8月中下旬，周恩来在南京同国民党中央宣传部部长邵力子会见。不久，邵力子签署了中共在南京出版《新华日报》的批件。虽然获得了办刊批件许可，但是，《新华日报》创办过程并不顺利，屡屡遭到国民党当局的种种阻挠。

1937年9月22日，国民党通讯社发表《中共中央为公布国共合作宣言》，文中指出中国共产党在"当此国难极端严重民族生命存亡绝续之时，我们为着挽救祖国的危亡，在和平统一团结御侮的基础上，已经与中国国民党获得了谅解，而共赴国难了"，并呼吁"在民族生命危急万状的时刻，只有我们民族内部的团结，才能战胜日本帝国主义的侵略"。国共实现第二次合作、建立抗日民族统一战线后，团结、合作、全民抗战成为当时社会的主流共识，共产党也获得了在国统区公开发行报刊的权利，与国民党《中央日报》和中间派的《大公报》等报刊一道进行抗战动员和舆论宣传。

《新华日报》和《群众》周刊的筹备工作，是在周恩来的直接领导下进行的。在南京沦陷之前，根据国共谈判释放政治犯的协议，一批经受考验的优秀共产党人从国民党监狱释放出来。他们熟悉国统区的情况，具有在报刊方面同反动派作斗争的丰富经验，而且多是专家、学者，因此成为创办《新华日报》和《群众》周刊的最初骨干。1937年10月，根据周恩来的指示，潘梓年、章汉夫、许涤新、何云、吴敏（杨放之）、徐迈进、楼适夷等聚集南京，同八路军南京

---

① 参见中共中央党史研究室：《中国共产党历史》第一卷（1921—1949）下册，中共党史出版社1991年版，第465页。

办事处的钱之光等商量筹办《新华日报》和《群众》周刊。经过多方努力，不到一个月的时间，就购买了机器、租了印刷厂、报馆营业部、购买了印刷所需的纸张，在南京的筹备工作基本就绪，准备发行《群众》周刊的试版。但是，当《群众》周刊试版送审给国民党，由于日军沿沪杭和苏北包抄南京，国民政府发表迁渝宣言，南京随后被攻陷，因此《新华日报》和《群众》周刊均没能在南京正式出版。

虽然未能在南京正式出版党报党刊，但是党并没有放松这一方面的工作。上海沦陷之后，蒋介石宣布迁都重庆，之后一部分国民党政府机关先搬迁到了武汉。中共中央敏锐地抓住时局变化，提出今后全国救亡运动的中心将转移至武汉，因此，在国统区创办党报党刊的工作就转移到武汉进行。

从南京撤离到武汉之前，周恩来安排原任南京《朝报》编辑的地下党党员何云，把已经停刊的《朝报》印刷厂的全套设备购置下来直接运到武汉，动员印刷厂的大部分工人到武汉准备参加党报党刊的出版工作，相关硬件准备也基本就绪。先行抵达武汉的潘梓年受周恩来的委派，要求国民党中宣部准许先出版《群众》周刊，得到国民党中宣部部长邵力子的同意和批复，后至汉口市政府申请注册。由于办杂志注册相对报纸注册要容易些，不需经过湖北省政府，而归汉口市管理，趁汉口当局尚未注意在新闻出版这方面的限制的时候，《群众》周刊几经周折，早于《新华日报》获得注册。1937 年 12 月 11 日即广州起义 10 周年之际，《群众》周刊终于创刊于汉口，恰好比《新华日报》创刊早一个月。

由于《群众》周刊是理论刊物，发行周期相对较长，不利于将抗战的信息以最快的时间进行宣传报道。因此，从 1937 年 12 月 21 日，王明、周恩来、博古等就国共两党关系、扩大国民参政会等问题再次同蒋介石会谈交涉，其中又专门提到了出版《新华日报》的事情，最终获得蒋介石的同意。两天后，中共中央长江局在武汉正式成立，王明为书记，周恩来为副书记。1938 年 1 月 11 日《新华日报》终于在武汉汉口创刊。周恩来请国民党监察院院长于右任为

《新华日报》题写了报名。至此,中国共产党第一份在国民党统治区公开发行的全国性报纸正式出版发行。

《新华日报》和《群众》周刊的创办,是在百年来空前未有的全国人民抗日战争的产物,共同经历了抗日战争和解放战争,是在国民党统治区公开出版、发行时间最长、影响最大的党报党刊,不仅在整个国民党统治区,而且在全国范围内,都产生了巨大的影响。《新华日报》和《群众》周刊的诞生,不仅打破了蒋介石集团对国统区新闻舆论"一统天下"的局面,"意味着结束了国民党长期一党垄断新闻事业的局面,打破了国民党在舆论界的一统天下。它的作用,后来被毛泽东誉为如同八路军、新四军一样,是党领导下的又一个方面军",①也为中共在国统区推进马克思主义大众化提供了传播的情感空间、心理认同空间和话语认同空间,在抗日战争和解放战争时期的政治、思想、理论战线上发挥了巨大的作用,在中国革命史、中共党史、马克思主义传播史和中国新闻出版史上写下了光辉的一页。

二、出版发行概况

《新华日报》和《群众》周刊的发行量是随着抗战形势和国民党的新闻封锁严厉程度的不断变化而变化的。

《新华日报》从 1938 年 1 月 11 日创刊,到 1947 年 2 月 28 日被国民党查封,历时九年一个月十八天,共出版报纸 3231 期。可分为三个阶段:1938 年 1 月至 9 月,在王明主持的中共中央长江局领导下,时间九个月;1938 年 10 月至 1946 年 5 月,在中共中央南方局领导下长达七年零八个月,其中大部分时间又是周恩来担任南方局书记的直接领导下;1946 年 5 月至 1947 年 2 月,在吴玉章主持的中共四川省委领导下九个月。据统计,从创刊到 1938 年 10 月 25 日武汉沦陷的长江局领导时期,《新华日报》在武汉共出版

---

① 熊复:《〈新华日报〉的回忆(续集)》,第 61 页,转引自《〈群众〉周刊史》,中共党史出版社 1998 年版,第 8 页。

了 287 期。

在 1940 年皖南事变前夕，单在重庆一市的最高销量达到 5000 份。与老牌《大公报》20000 份、《扫荡报》5000 份平分天下。最高时，《新华日报》曾达到日销售量 5 万份，还相继创立了太行山、广州、重庆、成都、西安等分馆，分销处遍及湖北、湖南、陕西、河南、山西、江西、广东、广西、四川等省的许多城市。其中，太行分馆负责各抗日根据地和敌后的发行，西安分馆负责陕西、甘肃、宁夏、青海、新疆等省的发行，重庆分馆负责西南各省的发行，广州分馆负责华南各省及港、澳、南洋各地的发行，各地分馆的大致情况如下：

西安分馆，西安作为西部最大城市，是《新华日报》发行工作的重点。1938 年 5 月以前，《新华日报》在全国发行份数为一万三千左右，5 月以后逐渐上升，至 10 月武汉撤退前，最多达到三万份，其中西北地区占五千份（报馆迁重庆后，1939 年初，全国销售数为二万左右）。①

重庆分馆，是各分馆中建立最早的，1938 年 1 月 21 日即着手准备，5 月即正式营业，后与总馆合并。主任是八路军驻渝通讯处处长周怡（兼），工作人员有周孚为、李恩源、向贤初、胡少清、傅之清等。② 1943 年又先后建立了北碚、歌乐山发行站等。

成都分馆，是《新华日报》坚持最久的地方性营业机构之一。创建于 1938 年 2 月，由中共四川省工作委员会主办，后改为营业处，起初发行一千多份。1939 年 11 月，改由重庆寄纸型委托华西日报印刷厂印刷，从此成都读者可以看到当天出版的《新华日报》，报纸销数由一千多份迅速增到五六千份。“抢米事件”以后因为特务捣乱，又跌到一千多份。③ 成都分馆是《新华日报》牺牲最惨重的一个基层发行机构。它先后被查封数次，负责人被国民党当局逮捕的、杀害的，有罗世文、洪希宗等。

---

① 韩辛茹：《新华日报史》，重庆出版社 1990 年版，第 142 页。

② 《新华日报史新编》，重庆出版社 1998 年版，第 363 页。

③ 韩辛茹：《新华日报史》，重庆出版社 1990 年版，第 145 页。

广州分馆，于1938年4月中旬创建，10月因广州沦陷迁往桂林营业，建立桂林分馆，直至1944年桂林沦陷。当时的桂林是抗战大后方的文化城，云集了文化界众多知名人士。《新华日报》在桂林的日发行量达四千份。①

此外，比较突出的还有昆明营业分处，是《新华日报》坚持最久的一个地方发行机构，是在总馆被封闭的同时被迫撤销的。贵阳分销处，建立于1938年8月。

在整个抗战时期，《新华日报》发表的社论、评论就有3000余篇；有关文化的400余篇；诗歌700余篇；小说创作及评论400余篇；散文、杂文、通讯2000余篇；各国文学评价300余篇；美术作品100余篇。② 有关文艺理论与批评、电影、戏剧、音乐等评论、消息，数量更为可观。

《群众》周刊从1937年12月11日创刊到1945年9月15日第10卷第17期，历时近八年，共出10卷210期。其中武汉出版36期，在重庆出版了185期。《群众》周刊刊头"群众"两个字，是魏体，选自河南龙门古阳洞北壁的两则《造像题记》，合并制版而成。创刊号封一刊头注明，编辑兼发行人：潘梓年；地址：汉口成忠路53号；发行所：群众周刊社，汉口交通路31号；总销售：读书生活出版社；印刷所：新昌印书馆。《群众》周刊上标注的栏目名称有"社论"、"短评"、"通讯"、"读者问答"、"漫画"、"启事"、"编辑室"、"诗歌"、"更正"、"国内一周"、"国际一周"、"名著介绍"、"中篇小说"、"时局缩影"、"研究与批评"、"读报杂记"、"文献与资料"、"书报评介"、"特辑"、"笔谈"、"杂文"、"简复"、"代邮"。其中，社论是《群众》周刊的旗帜和灵魂。《群众》周刊从第1卷至第10卷17期，标注栏目名称"社论"的文章共有99篇，其中第1卷25期，每期都有社论，共25篇；第2卷25期，社论20篇；第3卷25期，社论13篇；第4卷18期，社论16篇；第5卷18期，社论12篇；第6卷12期，社论0篇；第7卷24期，社论9篇；第8卷22期，社论2篇；第9卷24期，社论4篇；

---

① 韩辛茹：《新华日报史》，重庆出版社1990年版，第144页。

② 廖永祥：《新华日报史新著》，重庆出版社1998年版，第347页。

第10卷17期(共24期),社论2篇。

在国统区,要想读到马列主义经典著作是十分困难的。因此,理论宣传是《群众》周刊的主要任务。《群众》周刊不遗余力地宣传马列主义和毛泽东思想,尤其是在经常介绍马克思、恩格斯、列宁、斯大林的经典著作方面做了大量的工作,其中关于《联共(布)党史简明教程》研究资料就有近40篇;在新书推荐栏目介绍了很多马克思主义相关的书籍,如《法兰西内战》《马恩与马克思主义》《列宁选集》《无产阶级革命与叛徒考茨基》等;批判国外的法西斯权力意志、英雄史观等哲学观点,批判国内的反动理论和唯心主义哲学观、历史观、方法论;刊载党的主要领导人言论,宣传党的持久抗战和统一战线思想,广泛组织学习和讨论毛泽东的《新民主主义论》和《在延安文艺座谈会上的讲话》,响应党的号召,根据延安整风运动的精神,调整版面和内容,使其更加满足群众理论需求。特别是苏联《联共布党史简明教程》出版后,《群众》周刊就系统地发表了大量的有关研究资料,刊登了延安整风运动的大量文件和文章,并且吸取了武汉时期的办刊经验教训,注意到有团结、有斗争,对国民党的动摇妥协、倒退反动的本质进行揭露。

三、《新华日报》与《群众》周刊的分工差异

《群众》周刊与《新华日报》都是受中共中央长江局(之后是南方局)领导的,特别是由周恩来直接领导,都是我党在国统区运用新闻舆论工作开展抗日民族统一战线活动的有力武器。两者的任务都是一样的,只是分工略有不同。而且,党报、党刊这种分工上的侧重,经常由于时局变化和国民党当局在不同时期对新闻舆论管控的做法和程度而发生调整变化。

《群众》周刊先于《新华日报》创办。《新华日报》创刊后,周恩来曾对《群众》周刊的许涤新说,《群众》周刊总体的编辑方针同《新华日报》毫无二致,差别主要在于《群众》周刊是党刊,是理论性刊物,要更多地从马克思列宁主义出发,更多地从理论角度出发,帮助广大读者理解抗日战争的正义性和抗战胜利的必

然性,同时,还要从理论的角度出发,去批判当时一切不利于抗战以致破坏抗战的各种反动谬论。① 相比较而言,《新华日报》侧重时事、政策,新闻时效性强,《群众》则因为有一定的出版周期,不可能像报纸那样及时向读者提供大量信息,且期刊篇幅较多,容纳量较大,宣传上更多侧重从思想上、理论上系统地阐述党的方针、政策,宣传马列主义的基础知识,选载以进步思想为指导的理论学术文章,并从思想理论上揭露和批评各种不利于团结抗战的反动思潮和言论。

"为贯彻与《新华日报》保持分工的原则,(《群众》周刊)内容偏重于理论化和专门化,不但有与抗战密切关联的实际问题,而且尽量以马列主义教育去贡献给读者"。② 在创刊号发表的《群众》周刊启事中就说到,本刊"固然是愿意把自己救亡所见贡献于国家,但更大的希望,是在于收集一些各地救亡的实际情形,供给全国救亡工作人员作参考与研究的资料。"③1939 年 12 月 21 日《群众》周刊以"本刊出版二周年"为题,发表社论两篇。社论回顾和总结了办刊两年来的主要工作,说明了刊物的性质、使命、方针和任务。社论中说,本刊与《新华日报》及延安的《解放》,同为中国共产党的机关报刊。本刊的使命就是传播中国共产党一贯主张的坚持抗战到底,巩固国内团结,力求进步,反对倒退的政治路线。对于一切有利于民族国家,有益于抗战建国的工作,竭力推动。对于一切阻碍团结抗战的有害言论和行动,则尽量地予以批判和揭露。本刊愿作抗日救亡干部学习和培养的园地。④ 在出版期间,《群众》周刊除像《新华日报》一样,一般地宣传党的抗战主张和与国民党反动当局进行的政治斗争之外,它更系统地介绍了中国共产党领导下的八路军、新四军的光辉战绩,各抗日根据地的建设成就,以及"系统介绍马列主义著作,在思想文化方面较系统地批判了国民党宣传的封建法西斯思想,同时支持进步学术文化界

---

① 参见郑新如、陈思明:《群众周刊史》,中共党史出版社 1998 年版,第 8—9 页。

② 《群众周刊大事记》,红旗出版社 1987 年版,第 74 页。

③ 《群众》周刊创刊号,1937 年 12 月 11 日。

④ 参见《群众》周刊第 3 卷第 21 期,1939 年 12 月 21 日。

的活动,介绍他们的著作,为他们提供发表著作园地等等。”①

为了进一步明确贯彻与《新华日报》保持分工原则,《群众》周刊从 1938 年 12 月 21 日第 3 卷第 24 期起,文章内容更侧重于理论研究,发表马列主义的文章就更多些。它除了继续介绍联共(布)党史及其研究资料以外,还介绍《资本论》和马克思列宁其他著作,如《我的位置是在别人的前面,是在前线上》、《纪念恩格斯》、《斯大林的演说》、《马克思主义与民族战争》、《列宁怎样发展了马克思主义?》;介绍国际工人运动的历史和经验,如《列宁与国际工人运动》、《列宁与工人阶级的统一》、《列宁斯大林的国家学说对国际工人阶级的意义》、《战争与资本主义国家的工人阶级》;介绍无产阶级革命和无产阶级专政方面的著作,如《俄国的伟大的十月社会主义革命》、《论列宁的〈帝国主义是资本主义底最高阶段〉》;介绍民族民主革命的理论的文章,如瀚若的译文《苏联人民伟大的团结——证明列宁斯大林民族政策的成功》、《列宁论弱小国家与弱小民族》、《论斯大林著作〈马克思主义与民族问题〉》;介绍战略与策略,如《列宁论无产阶级斗争的战略与策略》、《抗战和巩固的统一是胜利底要素》、《现代战争中持久筑城的作用》、《和平的力量和战斗的力量》、季米特洛夫的《国际无产阶级和人民反对法西斯的统一战线》、《苏联反侵略的外交政策》;介绍无产阶级政党的学说,如斯大林的《无产者阶级与无产者政党》;介绍党的思想理论建设,如《列宁与斯大林论干部》、《列宁论党的文学的问题》;介绍党的纪律与民主,如《列宁、斯大林等论党的纪律与党的民主》、《斯大林论红军的三个特点》、《斯大林宪法两周年》、《社会主义与劳动纪律》;介绍党的理论与实践,如《苏联共产党(布)党章的修改》、《俄国的第一次资产阶级革命》、《俄国社会民主工党第二次代表大会》;介绍党的工作作风,如《列宁的战斗精神及其工作作风》;介绍青年的问题,如《列宁论青年的学习问题——1920 年 10 月 2 日在苏俄共产主义青年团第三次全国代表大会上的演

① 《新华之光:〈新华日报〉〈群众〉周刊史学术研讨论文集》,重庆出版社 1993 年版,第 11 页。

讲》、《苏联青年的学校生活》、《青年与科学》、《抗战中苏联青年及其责任》，等等。同时，还发表许涤新的《怎样研究政治经济学》，潘梓年的《学习什么，怎样学习》，刘亚生的《研究新哲学的方法问题》等结合抗战实际而写的文章。

然而，在实际工作中《新华日报》和《群众》周刊的分工并没有那么明确。在国统区的宣传斗争实践中，《群众》周刊与《新华日报》实际是“二而一，一而二”的密不可分关系。从内部管理来看，《群众》周刊亦属报馆编辑部领导，由许涤新负责编辑。《新华日报》一直由潘梓年任社长，熊瑾玎任总经理，二人均兼管《群众》周刊。由潘梓年兼任《群众》周刊主编。《新华日报》没出版前，其编辑部的同志们，集中力量，一心一意办这个刊物。到了《新华日报》出版后，才在编辑部里指定几个人专门负责《群众》的编辑工作。它没有自己单独的杂志社，只是作为新华日报馆的一部分而存在。从社长、主编到印刷、发行、后勤、经营管理等都是《新华日报》的，只有少数几个编辑除外。这也是《群众》周刊同其他党刊和一般杂志不同的地方。由于它们的指导思想、方针政策、完成的任务都是相同的，因此实际工作分工也没那么严格，不少文章既可在《群众》周刊上登，又可在《新华日报》上登，有的重要文章在这一报一刊上都刊登了。在《新华日报》被国民党政府勒令停刊的日子里，《群众》周刊还兼代《新华日报》的作用。1939 年 5 月，由于日本侵略者对重庆进行了疯狂的轰炸，造成我军民数万人伤亡，大量民房被毁，许多报馆的厂房、设备也被敌机炸毁。国民党当局以此为借口，要求各报馆停刊，改出“联合版”。《新华日报》报社虽然抗议力争，但国民党仍然坚持各报联合出版，待被炸毁的厂房设备修复后方可复刊。为此，1939 年 5 月 17 日，中共中央专门向南方局发出指示，要求：“在《新华日报》暂未恢复出版期内，望你们努力充实和扩大《群众》的内容，不仅将过去《新华》专论一类的论文登载，且须有系统地刊载我党及八路军、新四军、各边区情形的通讯和消息。”①

---

① 《中国共产党新闻工作文件汇编》，新华出版社 1980 年版，第 89 页。

总之,《群众》周刊从创刊号起,始终努力坚持贯彻周恩来的指示,把政治、思想和理论宣传作为工作重点,“在思想理论战线上,一方面是向广大群众宣传马克思列宁主义、毛泽东思想;从理论与实践相结合的基础上,系统地阐释党的方针、政策;用马克思主义的立场、观点、方法分析全世界反法西斯斗争的总形势和重大事件;宣传马克思主义者在理论上、学术上的研究成果。另一方面是对一些学术思想上的错误观点和认识进行说理、耐心的批评。对于那些反共、反人民,危害团结、抗战的反动思潮和言论,则是进行严肃的揭露和尖锐的批判。”①在思想理论方面,通过刊载马克思主义理论工作者的关于哲学、历史学、经济学、文学等方面的研究成果,旗帜鲜明地同哲学上的唯心主义、史学研究上的复古主义、政治研究的西方民主主义和自由主义、文学艺术上的逃避现实、为所谓的艺术而艺术的各种错误思想进行实事求是的剖析和理性的批判。

第三节　办刊定位和宗旨

党报党刊的重要作用和力量,就在于它能使党的声音直接传达到群众中去,使党的路线、方针、政策最迅速、最广泛地同群众见面,用党的路线、方针、政策去影响人、团结人,以争取越来越多的群众自觉跟党走,投身于党领导的伟大斗争中。《新华日报》《群众》周刊的创办时值日寇侵华,山河沦陷,国难当头,因此,《新华日报》和《群众》周刊创刊词的中心内容就是宣传中国共产党的团结抗日主张,争取民族独立解放。宣传抗战斗争、报道抗战消息、讨论抗战战略、动员抗战力量、维护统一战线、积聚抗战智慧、争取抗战胜利,是《新华日报》《群众》周刊宣传的最重要历史使命。

一、高举抗战、团结、民主的大旗

号召民众团结起来,共同抗战,组成抗击日本侵略者的强固统一战线,是

① 《〈群众〉周刊回忆录》,群众杂志社1989年版,第42页。

《新华日报》《群众》周刊的首要任务。《新华日报》的创刊词宣称“本报愿在争取民族生存独立的伟大战斗中作一个鼓励前进的号角”。具体地说，“本报愿为前方将士在浴血的苦斗中，一切可歌可泣的伟大史迹之忠实的报道者记载者；本报愿为一切受残暴的日寇蹂躏的同胞之痛苦的呼吁者描述者；本报愿为后方民众支持抗战参加抗战之鼓动者倡导者”。①《新华日报》创刊的这些宗旨，表明《新华日报》不仅是一张传播政治、经济、文化各方面知识和信息的报纸，而且是一张宣传党的政治主张、服务于抗战时事、服务于全民族利益的报纸，充分体现了中国共产党党报的性质。

创刊前一天，《新华日报》报馆召开了全体职工大会，董必武代表长江局到会祝贺并讲话，特别强调要坚守中国共产党的办报宗旨，《新华日报》就应该是“共产党的嘴巴”，努力做好党的宣传工作。为扩大办报影响，报馆在《大公报》《武汉日报》等报刊的显著位置刊登了广告：

本报任务是：团结全国抗战力量
巩固民族统一战线
发表正确救亡言论
讨论救亡实际问题
内容有：社论短评　战地通讯
电讯要闻　特约专论
本市消息　精辟副刊
救亡情报　星期文艺
是抗战中坚　民族喉舌
是非常时期人人必读的报纸

另外，由报馆董事会通过的《新华日报馆章程》（以下简称《章程》）也能清晰地了解《新华日报》的办报宗旨，《章程》明确规定，“本报以报道新闻、发

① 石西民、范剑涯：《〈新华日报〉的回忆》（续集），四川人民出版社1983年版，第439页。

扬文化、巩固抗日统一战线为宗旨”。就在《新华日报》创刊号的报头一侧，就刊登了胡考的一幅木刻画像，内容是一个军人在振臂高呼，标题是“巩固团结，抗战到底”，简洁概括了报纸的主要精神。而邀请国民党元老、国民政府监察院院长于右任题写《新华日报》报名，则充分展现了这份报纸是第二次国共合作的结果以及中共诚邀国民党共同抗日的决心。正如创刊号上说的“在争取民族生存独立的伟大的战斗中，作一个鼓励前进的号角”，始终“为一切可歌可泣的伟大的史迹的报道者、记载者”，始终“为受残暴的贼寇蹂躏践踏的同胞之痛苦的呼吁者、描述者”，始终“为后方民众支持抗战参加抗战之鼓动者、倡导者”。①

和《新华日报》一样，号召全国人民团结起来，坚持持久抗战、全民族抗战，始终是《群众》周刊的首要任务。作为党在抗日战争和解放战争时期在国民党统治区公开出版的唯一的党的理论刊物，《群众》周刊创刊号发表的《群众周刊启事》，则阐明了《群众》周刊的办刊宗旨：“固然是愿意把自己救亡所见贡献于国家，但更大的希望，是在于收集一些各地救亡的实际情形，供给全国救亡工作人员作参考与研究的资料。因此，我们热烈征求各地前线后方的救亡工作者做我们的长期通讯员，经常来稿。”②

在创刊号，《群众》周刊还发表了题为《由失败到胜利的枢纽——肃清民族失败主义》的社论，同时发表短评两篇。社论指出，亲日分子到处散布民族失败主义的情绪，并且阻止民众起来抗战，这是目前最大的危险。因此，我们只有在肃清民族失败主义的过程中，才能改变抗战方法，争取最后胜利。同时，发表社长潘梓年的文章《抗战的现阶段》，指出几个月来军事上所遭受到的严重失利，“非战之罪”，主要是缺乏政治动员，没有发动广大群众参加抗战，其次是战略上采取单纯的防御，没有实行主动的攻势防御，再次是没有广泛的武装群众，组织游击战争和主力军的作战配合，最后批评了一部分人把军

---

① 《新华日报》创刊号，1938 年 1 月 11 日。

② 《群众》周刊创刊号，1937 年 12 月 11 日。

事上的失败当作抗战的全面失败,只看到失败,没看到成绩,因而悲观失望,散布“中国要亡了”的“亡国论”,幻想德意等国出来调停。并指出,这种失败的情绪和妥协倾向,是目前最危险的危机。另外,创刊号还发表了主编章汉夫的《三民主义就是救国主义——一个救国的共同纲领的建议》文章,指出以完全抗战的革命性和群众性为中心的孙中山先生的革命的三民主义才是救国的共同纲领。

时过两年,1939 年 12 月 21 日的《群众》周刊以“本刊出版二周年”为题,发表社论两篇,回顾和总结两年来的工作,更进一步说明了《群众》周刊的性质、使命和方针、任务。社论中说,“本刊与《新华日报》及延安的《解放》,同为中国共产党的机关报刊。本刊的使命就是传播中国共产党一贯主张的坚持抗战到底,巩固国内团结,力求进步,反对倒退的政治路线。对于一切有利于民族国家,有益于抗战建国的工作,竭力推动。对于一切阻碍团结抗战的有害言论和行动,则尽量地予以批判和揭露。”①

二、联系国统区广大群众的桥梁

与国民党片面抗战方针不同的是,中国共产党采取的是全民族团结抗战的方针。因此,始终依靠群众、教育群众、发动群众,是进行全民族抗战、巩固和发展抗日民族统一战线的必然要求,也是中国共产党群众路线的基本要求。“立足于群众”、“为群众办报”是党的群众路线在报刊领域的具体贯彻和运用。《新华日报》和《群众》周刊作为党的机关刊物,同样必须贯彻党的群众路线工作方针。同时,由于报刊所处的具体环境、条件、任务的不同,贯彻群众路线的侧重点和具体要求也不相同。鉴于国统区的复杂形势,在国民党长期舆论宣传的蒙蔽下,当时生活在国统区的民众对中国共产党了解很不全面,因此,对《新华日报》《群众》周刊在国民党统治区贯彻好党的群众路线、做好群

① 《群众周刊大事记》,红旗出版社 1987 年版,第 74 页。

众宣传工作提出了更高要求。

历史证明,《新华日报》和《群众》周刊很好地坚持了为人民服务的办报方向和办报宗旨。尤其是周恩来同志任中共中央南方局书记之后,直接领导这一报一刊的工作,更是明确了党报党刊作为党的舆论工具,应成为人民群众的忠实可靠的勤务员,必须真实反映人民的生活和要求。就《新华日报》来说,作为党的一张全国性大型日报,工人读者占了 70%,其他学生、教师、公务员等基本群众,占了百分之二十几。以体力劳动和脑力劳动为职业的读者,成为了读者对象的绝大部分。① 《群众》周刊的读者主要是国统区的知识分子和地下党员。尤其是,面对国民党严厉的新闻检查封锁,要向广大群众传递党的声音,就必须想方设法冲破国民党的阻挠,争取更多的人关心党的报刊。不仅要让广大知识分子爱看,还要让广大工农群众爱看并看得懂。

和国统区的其他报纸不一样,《新华日报》一开头就大胆革新,采取依靠大众联络读者一起办报的新措施。刚一出版,《新华日报》报馆就成立了读者服务部。同时创办《新华日报》副刊,在副刊上设置很多专栏,如“社会服务”“读者信箱”“友声”“团结”“工人园地”“青年生活”“妇女之路”等,听取和反映各方面的意见。报社还设有专门联络读者的“读者服务部”,版面上辟有“读者信箱”专栏。在《新华日报》报纸出版发行刚一个月的时间,报馆读者服务部就先后在武汉、长沙、郑州等地召开了读者座谈会。在座谈会上除诚恳征求与会者意见外,还用读者会的形式将读者分片组织起来,定期交流读报心得,开展有益于公众的社会活动。读者服务部还向读者推荐书刊,并为之代购。1938 年 4 月 2 日,中共中央向全党发出《关于党报问题给地方党的指示》,要求党的每个同志都应重视和阅读党报,地方党的组织必须将党报、杂志上的重要文章作为党的政策和工作方针进行研究,帮助订阅、发行《新华日报》,建立通讯工作和读者会。《新华日报》迁到重庆出版后,组织读者在全市

① 参见《新华日报史新编》,重庆出版社 1998 年版,第 295 页。

进行了一次义卖活动,所得款项全部用于支援前线将士。参加义卖的读者最后汇成一支浩浩荡荡的队伍,沿街游行,高呼"抗战到底"的口号,进行了一次宣传抗日的群众大游行,极大地扩大了报纸的社会影响力。

《群众》周刊同样认真贯彻党的群众路线,在它创刊三周年的社论中指出:《群众》是在抗战中诞生,它适应着抗战的要求而为抗战服务。抗战需要依靠群众,《群众》代表群众而为群众所有,始终和群众在一起,而在群众中生长起来。和《新华日报》一样,《群众》周刊也开辟了"编辑室"、"读者信箱"专栏,反映读者的意见,发表读者的来信,回答读者提出的问题,对读者的支持、鼓励和批评表示感谢,并用以改进工作。①

总之,在办刊过程中,《新华日报》《群众》周刊在党的领导下逐渐形成了"重视发挥集体领导、集体智慧;在办报宗旨任务上,强调为'巩固、扩大抗日民族统一战线服务';它既是'党的喉舌',又'成为全国民众的呼声';在办报路线上,强调'读者第一位',重视通讯员制度和联系群众、依靠群众办报的传统;在营业方针上,注意到这是在国统区半封建、半殖民地、商品化的大城市办报,报纸必须作为商品,通过买卖关系才能达到读者手中,它必须投入市场竞争,作为一个企业来办,大胆地面向市场,进入市场,扩大订户;在办报对象上,初步探索了以工人、学生为重点。"②

三、党在国统区传播真理的喉舌

通过《新华日报》《群众》周刊向民众传播真理,及时了解中国共产党的方针政策,是动员组织国统区广大群众投身于全民族抗战洪流的必不可少的条件。陆定一曾经在为纪念《新华日报》创刊八周年撰写的《人民的报纸》一文中,将国统区的报纸分为两种:一种是人民大众的报纸,告诉人民以真实的消息,启发人民民主的思想,叫人聪明起来;另一种是新专制主义的报纸,告诉人

① 据统计,抗战期间《群众信箱》栏目共刊发读者来信 39 封,《读者问答》刊发 22 封。

② 《新华日报史新编》,重庆出版社 1998 年版,第 37 页。

民以谣言，闭塞人民的思想，使人民变得愚蠢。长期以来，由于国民党在国统区文化上扼杀进步言论，中共只能编印地下报刊，因此到处缄默无声、一片死气沉沉。而《新华日报》《群众》周刊犹如一声惊雷，以服务人民为宗旨，竭尽全力把真理和真实的消息告诉人民；又把人民的意志集中起来，形成正确的舆论，指导人民前进。

1937 年 6 月 5 日，毛泽东在中共中央政治局会议上提出了要“普及与深入马克思主义”的任务，首次提出了马克思主义大众化的历史命题。因此，从一开始，《新华日报》《群众》周刊就肩负起了推进国统区马克思主义大众化的历史重任。周恩来在同《群众》周刊、《新华日报》编辑部同志研究工作时强调：“我们的党刊和党报是党在国民党统治区坚持抗战、坚持团结、坚持进步的一面旗帜。《群众》周刊和《新华日报》要充当大后方人民的喉舌，要敢于说出真理，也要善于说出真理。”①从内容上讲，抗战时期马克思主义大众化主要有两方面的含义：第一方面是将马克思主义经典著作和基本原理大众化，第二方面是要将马克思主义基本原理与中国革命具体情况相结合的产物，中国化马克思主义“毛泽东思想”大众化。中国化马克思主义包括了在实践中总结出的符合中国革命形势的党的路线方针政策。抗战时期，《新华日报》《群众》周刊成为中国共产党在国统区公开宣传马列主义、毛泽东思想和党的抗日民族统一战线、抗日战略方针的主要阵地，很好地发挥了传播真理的喉舌作用。正如，《群众》周刊两周年创刊的社论中说，“本刊愿作抗日救亡干部学习和培养的园地。……尽量以马列主义教育去贡献给读者”。②

《新华日报》《群众》周刊，犹如国统区黑暗统治中的一座高耸的灯塔，用真理的明灯照亮了群众前进的方向，在宣传“坚持抗战、坚持团结、坚持进步”的同时，立足国统区斗争的实际，通过创新马克思主义大众化的载体，以灵活的方式方法，努力传播马克思主义，打开了国统区马克思主义宣传的新局面，

---

① 苏胜利：《周恩来与〈群众〉的创刊》，《世纪风采》2018 年第 5 期。

② 《群众周刊大事记》，红旗出版社 1987 年版，第 74 页。

开创了马克思主义大众化的新阶段。

四、维护抗日民族统一战线的坚强阵地

面对武装到牙齿的穷凶极恶的日本法西斯帝国主义侵略，要战胜强大敌人必须动员组织全民族的力量。因此，高举“团结、抗战、救国”的旗帜是《新华日报》和《群众》周刊办报办刊的主旨。

《新华日报》发刊词强调：“加强内部团结，巩固抗日民族统一战线，是挽救时局和振兴中华的关键。”而《新华日报》的“团结”副刊更是直陈宗旨，指出“只有团结才能战胜一切困难，取得最后胜利”，同时在刊头刊载蒋介石“中国持久抗战，其最后决胜之中心，不在各大都市而是寄于全国之乡村与广大强固之民心”。创刊第二天，《新华日报》就发表题为“团结救国”的社论，并指出，相见以诚，一切为公，互相尊重，互相信任，互相帮助，共同工作，共同负责，共同发展，应该是抗战时期大家公守的信条。1938 年 4 月 29 日，《新华日报》发表的《增强抗日各党派的团结》社论再次提出各抗日党派结成某种形式的民族革命联盟，拟订共同遵守的统一战线纲领的主张。《群众》周刊在创刊号的《三民主义就是救国主义》一文中也指出，“在国共合作的基础上开展的，以国共合作为核心的抗日民族统一战线，直到现在还是不够巩固，不够广泛的。”① 据笔者粗略估计，仅《新华日报》在抗战时期发表关于抗日民族统一战线主题的相关文章和报道就多达 900 余篇。宣传中共的抗日民族统一战线方针政策，防止投降与分裂，同一切破坏统一战线的卖国行径作坚决斗争，成为《新华日报》《群众》周刊的主要任务。

总之，《新华日报》《群众》周刊坚决揭露敌人企图分裂抗日民族统一战线、“以华制华”的阴谋，抨击一切有害于抗战和破坏国共合作的言行，坚定地维护了党的抗日民族统一战线政策。

---

① 《群众》周刊创刊号，1937 年 12 月 11 日。

第二章　马克思主义大众化的前提:为争取国统区舆论话语权的斗争

争取舆论话语权是马克思主义大众化的前提,为马克思主义大众化提供了大众化传播的情感认同空间、心理认同空间和话语认同空间。当时生活在国统区的民众对共产党还很生疏,争取民众对共产党的政治信任是马克思主义大众化必不可少的基本条件。抗日战争时期中国共产党在国统区推进马克思主义大众化,其首要前提是要争取国统区的舆论话语权。

第一节　开展有理有节斗争，打破国民党新闻检查话语封锁

战斗在国民党的反动统治中心,处在国民党的高压统治下,由共产党创办的《新华日报》《群众》周刊出版发行之困难、环境之恶劣,可谓是前所未有。为了冲破国民党的压迫,使党的声音能够得到及时广泛的传播,周恩来提出了“编得好、印得清、出得早、销得多”的口号。由于采取了灵活多变的宣传营销策略,《新华日报》《群众》周刊很好地完成了党交给的揭露国民党的反共反人民以及对日妥协投降、争取国统区民主权利的斗争、反映国统区民众的疾苦、传播党中央的声音、启发民众的觉悟等重大而艰巨的任务。时任国民党中宣部部长邵力子曾对张治中说:“有道是:天子脚下多顺民。可是这陪都重庆确乎反常得很。我经常觉得奇怪,为什么控制舆论的不是《中央日报》,也不是

《大公报》，而偏偏是《新华日报》！嗨，共产党的这张机关报简直就像高悬在山城的太阳，在它的强烈的照耀下，连我们英勇骁战的张治中将军，也不时感到头晕目眩、两股颤颤哩！”当时还有人作词评价《新华日报》“声宏压群蛙，一纸行天下，立论无媚奥，析理有光华。鞭挞针见血，剥皮血溅花，破胆哀狂吠，砥柱自一家”。①

一、国民党的严密新闻封锁

抗战期间，以国共二次合作为基础的抗日民族统一战线形成，中共出版物获准在国统区内公开发行，但国民政府对进步书刊绝非放任自流。蒋介石败逃至台湾后，曾经懊悔地说，抗战八年，最大的失误，就是不该让共产党出版《新华日报》。② 蒋话虽如此，实际上中国共产党在国统区的办报，始终进行严厉的审查封锁，由战前的围剿封杀转向各种形式的明察暗禁。而且，随着国内外政局的发展变化，国统区文化控制日趋严密，钳制出版自由的条例、措施不断出台。

抗日战争时期，以蒋介石为首的国民党集团一面坚持抗战，一面又坚持对日妥协，对《新华日报》进行不间断的压制和摧残，控制其出版和发行。早在武汉时期，国民党当局针对当时中共及左派出版物迅速发展的情况，颁布了《抗战期间图书杂志审查标准》及《图书杂志原稿审查办法》，查禁了《十年来的中国共产党》、《国共合作抗日文献》、《新华日报社论集》、《民主政治与救亡运动》等书刊。③ 在重庆办报办刊时，当时审查、监管《新华日报》和《群众》周刊的，就包括国民党的军委、军委侍从室、中执委、中宣部、内政部、社会部、战时新闻检查局、重庆市新闻检查处、宪兵司令部、卫戍司令部、警察局、军统局、中统局、重庆市党部、三青团、重庆市政府和国民党控制下的重庆报业同业

① 唐正芒：《国统区抗战文化运动史稿》，中国文联出版社2001年版，第279页。

② 参见《新华日报史新编》，重庆出版社1998年版，第326页。

③ 参见张克明的《抗日战争时期国民政府查禁书刊目录》一文，《出版史料》总第4—8辑。

公会等，不下二十个。蒋介石和他的许多高级官员如何应钦、吴国祯等，都亲自策划过对《新华日报》《群众》周刊的迫害行动。至于国民党操纵控制下的形形色色的所谓“社会团体”更是经常无事生非，对《新华日报》《群众》周刊进行造谣攻击。在重庆《新华日报》总部和各分支机构所在周围每天都有国民党的军警宪特的监控。

抗战进入相持阶段后，重庆国民政府明显加强了对文化出版业的垄断和控制。1938 年 9 月，国民党中央常委会第 94 次会议通过了“限制报刊登记办法”。1938 年 10 月 1 日，当时全国最高图书审查机关——国民党中央图书审查委员会在重庆正式成立，负责指导和考核大后方各地图审活动。在国统区，有 15 个省市建立了地方图审会（后改称图审处），还设立了县级图审分处。除审批出版、注册登记、发放许可证外，图审会的主要职能就在于查禁不符合国民党当局宣传要求的各类出版物。

国民党政府不但从组织机构上完善了出版统制体系，还建立起审查图书杂志的复杂程序和标准，《修正检查书店发售违禁出版品办法》、《修正印刷所承印未送审图书杂志原稿取缔办法》、《战时图书杂志原稿审查办法》、《图书送审须知》、《审查处理已出版书刊细则》、《修正图书杂志剧本送审须知》、《出版品审查法规及禁载标准》等政策法规相继出台，条文苛细繁杂，加之主管者任意比附，使出版人动辄得咎。① 1940 年 6 月，国民党中宣部致函战时新闻检查局，传达蒋介石手令：所有稿件“凡意存挑拨、攻击或煽动者，绝对不应刊载”。由于国民党严厉的新闻封锁，大量报刊被查封。据统计，1937 年全国有报馆 1031 家，到 1941 年 11 月，大后方报馆得到国民党当局核准的只有 273 家。仅 1942 年一年，大后方的报纸杂志被封闭查封的就达 500 多种。②

国民党当局成立的所谓“新闻检查所”，制定了最严厉的新闻检查制度，

---

① 参见张静庐：《国民党政府反动法令辑要》，《中国现代出版史料》丙编，中华书局 1956 年版，第 487—520 页。

② 参见肖效钦、钟兴锦：《抗日战争文化史》，中共党史出版社 1992 年版，第 289 页。

采取了最为严苛的检查手段，对《新华日报》《群众》周刊要刊登的新闻和言论的原稿件一律要求送检，凡宣传八路军、新四军重大战绩和解放区政治经济文化方面重大成就的，一概予以涂改或删减，甚至扣留不允许刊发。据统计，“自 1938 年 2 月至 1947 年 2 月，国民党顽固派对《新华日报》的处分达 148 次，阻扰与破坏出版 105 次，下达监视与盯梢的指令 75 次，调查与迫害读者 15 次，查禁与检扣营业部的书刊 16 次”。① 另据重庆档案馆统计，仅以 1940 年 12 月至 1941 年 5 月这半年报纸检查为例，该时期经检查后的《新华日报》免登稿件 264 篇，删改稿件 156 篇，报社虽受禁令仍违检登文达 154 次。②

例如，1939 年 7 月 27 日，中央图书杂志审查委员会致国民党中央宣传部的密函，内容如下：“查《群众》周刊常有不妥文稿。尤以最近第 3 卷第 8、9 期送审之毛泽东等 6 篇为甚，已经予以扣留，检呈钧部查核，转请总裁核示，并将该刊负责人潘梓年来会交涉情形暨万一该刊不遵守国家法律，擅将令扣稿件登载时应如何处理各节，陈请部长，核转在案。”③1941 年 8 月 15 日，重庆市图书杂志审查处审查意见，据群众周刊社编辑部函称《中共中央为抗战四周年纪念宣言》及《辩证唯物论与历史唯物论》提纲二文，有刊登之十足理由，请求准予刊登等情。查《中共中央为抗战四周年纪念宣言》一文，内容颇多诋毁政府之处，触犯审查标准乙项第 2 条，故予免登。至本处对该文之处置与新闻检查所稍有差异，实因该文系中共中央之宣言，该刊社无权删改，而本处代为删改亦觉字数太多，予以免登之处置较为妥善。如该刊社认为，可照新华日报删改者刊出，亦无不可，惟用被略、空白及××××等方法以表示其被检删，则本处前已有通令，绝不允许。倘经发现，决预检扣。该刊向能遵守法律，当不至明知故犯也。《辩证唯物论与历史唯物论》研究提纲一文，其所提之纲领与列举

---

① 《新华日报史新编》，重庆出版社 1998 年版，第 347 页。

② 参见刘兴旺：《1938—1947 年〈新华日报〉发展的历史考察发展的历史考察》，《福建党史月刊》2017 年第 1 期。

③ 《群众》周刊大事记，红旗出版社 1987 年版，第 354 页。

之参考书，无一不与提倡阶级斗争，宣传偏激思想有关。而第四讲第四题阶级与阶级斗争一部分，将提纲与参考书配合研究，其鼓吹阶级斗争之意尤为显著。该文全篇之用意，在宣扬马列主义，马列主义完全为政治主张上之一派别，谈马列主义似不能谓为仅系学术上之研究，与政治无关。当此全面抗战之时，言论界为国家民族利益计，不应宣传或鼓吹三民主义以外之主义，致分散已集中之意志与力量，该刊当同有此感也。故该文仍应免登。①

国民党的军警宪特不顾《新华日报》《群众》周刊是经过蒋介石允许、并在国民党政府办理注册、登记手续的合法读物，竟然不允许正常刊登毛泽东、八路军和新四军的相关文章和报道，甚至还密令各机关、团体、学校等禁止贩卖、销售、阅读《新华日报》《群众》周刊。一旦发现有阅读者，就派特务宪兵进行跟踪调查，甚至殴打迫害。国民党当局还操控派报工会，禁止会员贩卖《新华日报》《群众》周刊，在邮局也派有特务，专门检扣，不仅外埠订户收不到，就是重庆市区周围百里范围之内的读者所订报刊，也寄不出去。国民党还调集大批军警宪特，分驻车站、码头等重要关口，公共场所，监视报贩和行人，凡查出贩卖、携带《新华日报》《群众》周刊者，轻则没收、毒打，重则逮捕、关押，他们还在报馆总部及门市部、发行处派驻大批军警层层包围，割断报馆与群众的联系，仅《新华日报》报社总馆所在的周围就部署有国民党正规军一个团的兵力。

不仅在重庆，在其他地方，《新华日报》的办报发行都被当地国民党反动势力阻碍和破坏。当时《新华日报》报馆直接管理的分馆（营业处）只有西安、桂林、成都三处。国民党陕西省党部非常害怕《新华日报》产生的革命影响，想尽办法不让当地群众看到《新华日报》。在拒绝《新华日报》在西安注册之后，又采用特务手段阻止它在西安印报。1939 年 1 月 3 日，几名便衣特务闯入《新华日报》在西安的印刷厂，没收了铅版，负责人张炳智被捕。1 月 20 日，

---

① 参见《群众》周刊大事记，红旗出版社 1987 年版，第 358 页。

西安市警察局四分局又将《新华日报》西安分馆门市部查封，后经林伯渠多次交涉，直到2月10日，西安分馆门市部才重新获得出售书报。桂林是抗战西南大后方的著名文化城，众多文化名人云集。桂林分馆发行量很大，日发行量达4000多份。看到《新华日报》在桂林的影响不断扩大，国民党广西政府在1939年1月25日下令停止《新华日报》在桂林的发行。后经叶剑英、李克农和桂林八路军办事处多次交涉，最终得以继续发行。成都分馆是各分馆中遭受迫害次数最多最严重的。1940年3月，正值第一次反共高潮，国民党特务在成都制造了“抢米事件”，以此栽赃逮捕共产党。成都分馆遭到查封，中共川康特委书记、八路军重庆办事处驻成都代表罗世文和分馆经理洪宪希等被捕。成都《新华日报》发行量从五六千份急剧跌到一千多份。①

皖南事变之后，国民党对报刊检查越发严厉，对《新华日报》《群众》周刊的迫害也日甚一日。1941年1月8日当天，《新华日报》原稿送检稿子15件，被扣竟达11件。当时重庆报业把头邓发清操纵的重庆市派报工会和其他一些国民党御用社会团体也跑出来兴风作浪，他们发“宣言”，散传单，指控《新华日报》拒不刊登国民党当局诬指新四军为“叛军”的乱命，违检发表周恩来题词题诗，“目无政府”、“目无统帅”，要国民党当局“严加惩处”、“以抑国人之公愤”。特务、流氓在街头肆横逞凶，连连发生殴打、拘押报丁报童，抢毁报纸，砸毁报馆门窗等严重事件。仅2月4日至16日的13天中，被国民党军警宪特拘捕殴打的报丁报童就有35人次，被无理扣押没收的报纸达数千份。②皖南事变后的一个月，《新华日报》的销售量曾由一万多份急剧下降到二百多份。③ 在几次反共高潮中，甚至连“共产党”、“毛泽东”、“新四军”、“八路军”、“陕甘宁边区”、“敌后抗日民主根据地”等这些名词都被禁止见报，只能以

---

① 参见韩辛茹：《新华日报史》，重庆出版社1990年版，第145页。

② 参见《新华之光——〈新华日报〉〈群众〉周刊史学术研讨论文集》，重庆出版社1993年版，第134页。

③ 参见《新华日报史新编》，重庆出版社1998年版，第326页。

“××军”、“×路军”等替代。

总之,《新华日报》《群众》周刊虽然是国民党当局准许出版的中共合法的报刊,但是由于蒋介石根深蒂固的独裁思想,让《新华日报》出版仅是权宜之计,以应付全民抗日的形势之需。随着国内外政局的发展变化,国民党钳制出版自由的条例措施不断出台,国统区文化控制愈加严厉。如潘梓年所言:“新华日报在国民党的首都出版,在它完全是被迫同意的。反动统治没有一天不在想方设法把这个报纸扼死。”①在这种“允许你办报、不允许人看报;允许你出版、不允许你发行”的极为特殊的政治环境里,《新华日报》《群众》周刊每时每刻都必须在与国民党当局的“抗争”中度过,不但需要有顽强的斗争精神,而且必须要用正确的斗争策略和高明的斗争艺术。因此,“抗争”成为《新华日报》《群众》周刊最珍贵的品质。②

二、采取灵活办报策略,冲破国民党严密舆论封锁

《新华日报》《群众》周刊始终坚持宣传党的抗日民族统一战线,同时又在实践中贯彻党的抗日民族统一战线政策要求,努力冲破国民党的新闻封锁。

第一,团结进步人士,力争民主党派支持。《新华日报》在创刊初期,为了尽快打开局面,不得不借用国民党政要的影响,“以子之矛攻子之盾”。在创刊号首先就登出了国民党要员孔祥熙、王宠惠、邵力子、吴国桢等人的题词,之后又陆续刊出了于右任、冯玉祥、白崇禧、陈铭枢、李根源、何键、黄旭初、贺国光、盛世才、贺耀祖、汤恩伯等的题词。一方面借此扩大报纸的社会影响,另一方面也是保护报纸能够顺利办刊的客观需要。

《新华日报》《群众》周刊还紧密团结了一批进步的作者群。包括国民党内左翼作家、进步分子和社会各界知名人士,如邀请国民党元老于右任为《新华日报》题写报头。郭沫若、田汉、沈钧儒、老舍、陶行知、黄炎培、沈雁冰、翦

① 潘梓年、吴克坚、熊瑾玎等:《新华日报的回忆》,重庆出版社 1959 年版,第 6 页。

② 参见赵剑波:《潘梓年与他回忆中的〈新华日报〉》,《青年记者》2019 年第 4 期(下)。

伯赞、冯玉祥、马寅初等许多进步的艺术家、作家都曾为《新华日报》《群众》周刊撰稿或接受过它的采访。郭沫若作为无产阶级领导的抗战文化主将，党的许多重大决定都是通过他传达贯彻到文化界人士和民主党派人士中。据不完全统计，《新华日报》1938 年 1 月 11 日创刊至 1947 年 2 月 28 日被迫停刊的九年一个月零十八天期间，以及与此同一时期的《群众》周刊上，先后刊登郭沫若各种稿件 302 篇（包括政论、杂感、诗歌、戏剧、小说、散文、日记 97 节、书信、题词、访问记和学术论文等）。①

此外，《新华日报》还开辟了《友声》专栏，专门刊载民主党派人士、工商联、教育界、医药卫生界等名流的文章，发表他们希望发表的东西。就连国民党党政机关中少数倾向进步和正义的干部也经常公开或私下供给《新华日报》一些记录反动派倒行逆施的材料，这些是其他报纸没有的新闻来源。除了《友声》专栏之外，《新华日报》还重视在日常版面中，派记者、编辑访问党外知名人士，写访问记，或约他们写稿，如：《沈钧儒谈青年修养》、《张伯苓谈教育》、《邓初民谈我是怎样受教和教人》，等等。

第二，派出记者深入战地，忠实报道抗战信息。《新华日报》创刊伊始，就派出两名特派员，陈克寒同志到敌后战场，陆诒同志到正面战场，连续不断实事求是地报道战事消息和战地新闻，将事实真相告诉全国人民。甚至总编辑华西园（即华岗），以及章汉夫、石西民，张企程、孟秋江等同志，都曾先后到战地去采访。② “截至武汉失守前，就先后派出记者 37 次”。③《新华日报》刊登的战地新闻、通讯比一般的报纸及时，数量更多。“九个月之内，仅战地通讯，就有 100 篇。其中报道台儿庄战役和徐州战役的，就达 30 篇之多。”④初步统

---

① 参见廖永祥、陶月：《从〈新华日报〉〈群众〉周刊看抗战时期的郭沫若》，《郭沫若学刊》1990 年第 4 期。

② 参见石西民、范剑涯编：《新华日报的回忆》（续集），四川人民出版社 1983 年版，第 239—240 页。

③ 廖永祥：《新华日报史新编》，重庆出版社 1998 年版，第 20 页。

④ 廖永祥：《新华日报史新编》，重庆出版社 1998 年版，第 20 页。

计，对中国共产党领导的百团大战，《新华日报》的新闻报道110篇，通讯稿17篇。与之相比，《中央日报》和《大公报》对百团大战的消息报道只有70来篇。《中央日报》没有安排记者专门针对百团大战进行采访报道，只写有1篇综合性的通讯稿件。《大公报》也只有2篇评论文章。《新华日报》通过特派记者开辟新闻来源，对于全面忠实地报告记录抗日战争起到重要作用，打破了国民党当局对敌后战场新闻的封锁，让全国人民了解八路军、新四军开辟敌后战场、打击敌军、收复失地的辉煌战绩，坚定了人们对抗战必胜的信心。

第三，关注底层群众，反映人民心声。由于国民党代表的是大地主、大资产阶级的利益，这就决定了国民党的报纸不可能刊登民间疾苦、反映人民愿望和要求的新闻。深入到各阶层去，调查人民群众的状况和要求，这又是一个广阔的新闻来源。《新华日报》创办之初，就关注这方面的新闻。其创刊《发刊词》明确宣布：本报愿“成为全国民众的共同呼声”。通过派出自己的记者，深入基层，了解人民疾苦，揭露各个时期重要的政治、经济和社会问题，将国民党的横征暴敛、贪污腐化、造成民不聊生的种种罪行巧妙地反映到报纸上来，表达了人民的心声，深受读者欢迎。在重庆谈判期间，《新华日报》记者关注民生，了解民意，报道了诸如《黔北农村血泪斑斑》、《工业衰落工厂停工渝市工人纷告失业》、《我们在胜利的欢笑中失了业》。这些报道有场景、有见闻、有数据，真实可信，表达了人们的心声，展示了国统区人民盼望和平发展的愿望，成为《新华日报》上最受读者关心和欢迎的篇章。

第四，依靠群众办报，加强读者互动。密切联系群众是党的优良传统和党的三大优良作风之一。作为共产党的报刊，就必须忠实地执行党的群众路线的办报方针。《新华日报》《群众》周刊是党的报刊，认真贯彻党的群众路线，与各阶层群众建立紧密的联系。而且，在国民党高压政策下，如果没有人民群众和读者的同情和支持，报刊是很难生存下去的。处在国民党重重新闻封锁高压环境中的《新华日报》《群众》周刊要想打开局面，就必须密切联系群众，依靠广大群众一起来办好报纸。从创刊开始，《新华日报》《群众》周刊就非常重视读者的作用，提出了“每个读者都是本报作者”的办报理念，设置了“读者信箱”“读者来信”专栏。设立《读者信箱》专栏，用于登载读者的来信，解答读者提出的种种问题。这种做法在当时国统区报纸中是十分少见的，因为“旧中国的报社编辑部一般很少与读者直接联系，……对读者的需求和疾苦并不关心”。①

在《新华日报》的创刊号上，“读者信箱”栏目负责人吴敏发表了《我们的信箱》一文，提出不仅出名的作家可以写文章，每一个普通民众也可以写出自己那小范围内的具体生活与工作经验。“只有工人、农民、店员、兵士、学生将他们所想的东西都写出来，我们的报纸才能真正反映出全国在抗战中的动态。”②在“每个读者都是本报作者”的办报思路指导下，《新华日报》《群众》周刊对待读者来信，有信必复有问必答，几乎到了无微不至的地步，备受读者喜爱。据统计，“从报纸创刊的 1 月 11 日至 8 月 9 日，在短短 7 个月时间里，‘新华信箱’专栏共登载读者来信达 105 封之多”。③ 当时，国统区的许多工人、学生、教师、机关职员等各行各业的人都给《新华日报》报馆寄信投稿，叙述个人的想法或提出问题。对于选登出来的读者来信，每封信都附有编者运用辩证唯物主义和历史唯物主义观点的答复，见解独到，不落俗套，因此深受广大读者的喜爱。报馆还经常召开读者座谈会，建立与读者联络的“读者服务部”专门机构。正是因为《新华日报》《群众》周刊坚持全心全意为人民为抗战的办报思想，对读者的极度热忱，从而赢得了群众的广泛认同和支持。有的读者说，“饭可以少吃一顿，《新华日报》可不能少看一张”。④

三、采取多手段经营策略，提升话语宣传效果

《新华日报》《群众》周刊表面上获准在国统区公开出版，但实质却是与狼

---

① 韩辛茹：《新华日报史》，重庆出版社 1990 年版，第 1 页。

② 韩辛茹：《新华日报史》，重庆出版社 1990 年版，第 13 页。

③ 姚德超：《〈新华日报〉：抗日战争时期先进文化的代表——略述武汉时期的〈新华日报〉在抗战中的突出贡献》，《湖北广播电视大学学报》2006 年第 2 期。

④ 韩辛茹：《新华日报史》，重庆出版社 1990 年版，第 2 页。

共舞、险象环生。自创刊伊始，就遭到国民党的迫害。《新华日报》出版第七天，二三十名反共匪徒手持短斧闯进《新华日报》营业部，对排字房、机器房狂施捣毁，并放出《新华日报》要停刊的谣言。随后，蒋介石集团先后制定了苛刻的《战时图书杂志原稿审查办法》、《抗战期间图书杂志审查标准》、《战时新闻检查办法》、《战时新闻违检惩罚办法》阻止中共舆论在国统区的传播。国民党新闻检查局对稿件有权任意删削或处以缓登、免登甚至查扣原稿的处罚。其目的是允许出版，但却封堵其喉咙，不让其讲真话。以1940年12月至1941年5月这半年的报纸检查为例，根据重庆档案馆统计，该时期经检查后的《新华日报》免登稿件264篇，删改稿件156篇。①《新华日报》《群众》周刊克服国民党顽固派的刁难和封锁，采取合法与非法、公开与秘密相结合的经营策略，推进了中共抗战路线方针在国统区的大众化宣传。

一是在发行渠道上采取公开与秘密斗争相结合的方式。《新华日报》《群众》周刊送审的许多稿件经常遭到国民党当局的无理扣压，或是改得面目全非，致使阐发中国共产党方针政策的重要文件、反映广大人民群众呼声的信息以及揭露反动派丑恶行径的文章都得不到发表。为此，《新华日报》就将这些文件和文章印成单页或传单，夹在其他报纸中发送，或者装在信件和包裹中寄出，或者通过“开天窗（即在报纸上留白）”、加括号注明“免登”“遵检”“打×××”等方式来发挥党报的宣传作用。如在“皖南事变”后，为了进一步揭露顽固派破坏团结、损害抗战的严重罪行，中共中央南方局指示将有关情况写成《新四军皖南部队被歼真相》一文，由《新华日报》印成秘密传单，通过《新华日报》报馆的同志与外界建立的秘密关系，经各种渠道直接将这一传单送到各界人士、各国驻华人员和中外记者手中，由中共地下党员带到工厂、商店以及军队中，使“皖南事变”真相大白于天下。皖南事变后，面对更加恶劣的政治环境，为了在国统区保持住党的思想、文化战线的阵地，《群众》周刊根据周

---

① 参见刘兴旺：《1938—1947年〈新华日报〉发展的历史考察》，《福建党史月刊》2017年第1期。

恩来指示,不一定天天、期期都有社论,而是要刊发多方面材料,且不要每篇都是政治化的面孔,实行烘托宣传。

二是在纸张来源方面也采取了公开和秘密斗争相结合的方式。纸张问题是办好党报党刊的有力保障。《新华日报》报馆迁到重庆后,由于战事紧张,工业缩减纸张十分严重,更由于国民党的严格控制,纸张供应成为了大困难。当时,《新华日报》买纸只有两条路子,一是凭注册向政府申请分配纸张。另一条就是通过市场购买。政府分配纸张时,总是偏袒自己的报馆,给《中央日报》、《扫荡报》等多分,对《新华日报》则百般刁难,压减数量。为解决纸张供应问题,一方面与国民党当局进行公开合法的斗争,以《新华日报》是合法报纸为由,要求国民党当局公平分配纸张。另一方面,采取秘密斗争的方式,打破国民党的封锁,从市场上零星收购纸张,在民间以相对高的价格与一些赞同抗战的纸商秘密建立长期合作关系。《新华日报》报馆通过熟人关系,购买土纸加以解决。当时四川梁山一带有大片竹林,当地有用竹子作原材料生产土纸的传统。当时报馆工作人员苏芸在梁山有熟人,社长熊瑾玎就派他常驻梁山收购纸张,之后还和他人合股经营自己的纸厂(川东纸厂)。纸厂创办开工之后,每天发至重庆《新华日报》报馆的纸张可达百担。① 然而,国民党又打起了破坏《新华日报》《群众》周刊纸源的坏主意。重庆社会局局长包华国准备密令逮捕苏芸,查封川东纸厂储存在重庆的纸张,幸好中共地下党组织事前得到消息,立即通知苏芸躲避,同时急电纸厂暂停运纸,并将已经运到重庆存放在货船和货栈的纸迅速抢运到报馆和“生活”等三家书店,结果国民党特务扑了一个空。② 后来,为彻底打破敌人对办报所需纸张的控制,《新华日报》报馆又合资开办了“正大纸厂”和“正大纸号”、“正升纸号”等,进一步扩大了纸张供应的来源,从而保证了《新华日报》的正常发行。

---

① 参见韩辛茹:《新华日报史》,重庆出版社 1990 年版,第 140 页。

② 参见韩辛茹:《新华日报史》,重庆出版社 1990 年版,第 141 页。

四、采取高超销售策略,扩大话语传播影响

提高党报党刊的受众面是推进中共抗战路线政策在国统区大众化的前提条件。为了扩大党报党刊发行量,《新华日报》《群众》周刊采取了高超的销售策略,不断拓宽销售渠道,最多时日发行量达五万份。而国民党的《中央日报》靠强行摊派、强行订阅,甚至“礼送”等手段,日发行量最多不过一万份,形成了鲜明的对比。

第一,设立营业部和分销处。《新华日报》为了扩大销售量,设立了营业部,营业部里有两个主要的工作部门,一个是发行课,任务是发行《新华日报》;一个是图书课,任务是发售国内外的革命书刊。还在一些地区设立分馆、分销处,并广设发行网点。相继在山西、重庆、广州、西安设立分馆,在黄陂、宜昌、郑州、洛阳、许昌、南昌、潼关设立代销处,扩大了《新华日报》的销售范围,增加了销售数量。1938 年 5 月以前,《新华日报》在全国发行份数大致为 1.3 万份,到武汉撤退时已达到 3 万份。1940 年皖南事变时,单在重庆一市的最高销量就已达到 5000 份。与老牌《大公报》20000 份、《扫荡报》5000 份平分天下。①

第二,组织竞赛,做到“编得好,出得早,销得多”。据统计,抗战期间重庆有 70 多家报纸,各报之间的竞争相当激烈,报纸提早发行就能争取更多的读者,从而扩大报纸的影响力。报馆根据周恩来的“编得好,出得早,销得多”的口号,组织各部门开展劳动竞赛,充分发挥干部职工的积极性和创造性,克服物质层面的重重困难,改进技术,改善管理,提高工作效率,力争在报纸内容、印刷质量上超过国民党主办的报纸和其他报纸,保证了《新华日报》每天第一个与读者见面。国民党《中央日报》不甘心,组织了各大报刊的排印技术竞赛和印刷竞赛,结果《新华日报》先后拿了第一名和第二名的好成绩。这也是

---

① 参见刘兴旺:《1938—1947 年〈新华日报〉发展的历史考察》,《福建党史月刊》2017 年第 1 期。

《新华日报》争取读者、扩大发行量的重要举措。据统计，抗战时期《新华日报》的发行量“从开始的一万多份增加到后来的五万多份，发挥了党报应有的作用。”①

第三，组织发行队伍，打开报纸销路。最初，《新华日报》报馆的发行，由于国民党的新闻封锁，报馆不得不上至社长，下至编辑、记者、行政人员，都出动卖报。为了争取更多读者，除了分派馆里的工作人员上街发行外，还招收了一批贫苦家庭出身的孩子来做报纸投送发售工作。这些报丁报童年龄大都在十四到十六岁，最小的才十一岁。报馆竭尽所能为他们提供生活上的关怀，遇到报丁报童被特务打伤或拘捕，南方局和报馆领导总是打电话或亲自出面交涉抗议，直到报丁报童安全返回。报馆同志还经常教他们学习政治和文化知识，提高他们的阶级觉悟和文化水平，向他们说明共产党和国民党的区别，讲述老一辈革命先烈的英勇斗争事迹，使他们感受到《新华日报》是一张为穷苦人民说话的报纸，增强了斗争的信心。四五年间，报童数量就由最初比较固定的五六个发展到一百三十多人。他们不畏严寒，不惧风雨，早出晚归，每天步行几十里甚至百里送报卖报，灵活应对敌人的威逼利诱，千方百计把报纸送到读者和订户手里。报丁报童们还不断开辟新的发行路线，勇于承担报馆交给的任务，尽可能多地发展订户，无形当中扩大了党报的影响力，增加了抗日力量。报童们机智灵活，“趁工人下班、学生下课的机会，挤进人群之中，将折成小方块的报纸塞给订户，或与订户附近的商店、诊所、摊贩搞好关系，建立‘转送站’，把报纸装进烟盒、药瓶，巧妙地送到读者手中。他们常常借用《中央日报》的口袋来装《新华日报》，把报纸送到军、警戒备森严的兵工厂去；有的报丁还与国民党部队的兵士交朋友，把《新华日报》送给集中营的‘政治犯’阅读，甚至进入了高射炮阵地”；有的“还设法弄到不少国民党政府重要部门的大信封，把《新华日报》装在里面，寄给一些处

---

①　《〈新华日报〉的回忆》，四川人民出版社 1979 年版，第 10 页。

境困难的读者。"①

第四,制定优惠报价争取读者。"创刊初期征求基本订户,特价每份 0.8 元。对一般公教人员按定价订阅,工人按定价七折或八折,学生按定价八折或九折,对那些经济十分困难的工人和学生免费赠阅或半价订阅。订十份寄递一处者,按批发价计算。帮助推销四份党报的读者可免费自得一份;对于努力推销报纸成绩显著的报贩,每月另发津贴。"②报馆实行先送报后收款的方式,订户可以随时订阅和停订报刊。报丁报童们很是热情地开展读者服务工作,经常帮忙代购生活用品和代取货物等。通过优惠的价格、便利的服务,在一定程度上争取到了不少读者,扩大了《新华日报》在国统区的销售量。1938 年 4 月,《新华日报》在生活书店贵阳分店开始零售。为扩大用户、保护读者,中共贵州省工委指派党性强、能吃苦耐劳的吴同尘专职送报。1938 年冬,订数已超过 200 份。贵阳分销处的同志通过各种形式发送,有段时期每天发行量可达 500 份。发行对象多为党员和进步人士,也有国民党机关团体的上层人士,甚至有时还送到国民党监狱。③ 为了保证党员和进步人士的安全,团结一些国民党人士,分销处的同志只能将收订报纸的人名、地址默记心中,从不留任何文字依据。

第二节　塑造中共在国统区的媒介形象,消解国民党的话语诽谤

随着日寇的疯狂进攻,在武汉失守之后,当时许多国内外新闻机构相继迁入重庆。当时在重庆出版发行的比较重要的报纸达二十多家,既有国民党的

---

① 《新华日报史新编》,重庆出版社 1998 年版,第 328 页。

② 1938 年 1 月至 1947 年 2 月的《新华日报》[DB/OL][2008-01-03].(2014-03-17).http://zl.xhby.net/system/2008/01/03/01017883_09.shtml.

③ 参见杨胜友:《〈新华日报〉贵阳分销处》,《当代贵州》2015 年第 35 期。

中央机关报《中央日报》，隶属于国民党军事系统的《扫荡日报》，中间派人士主办的《大公报》、《新民报》等，也有属于工商界的、政治上处于中间状态的《国民公报》，也有偏重财政经济金融等业务知识的《商务日报》，有坚持团结抗战、业务上和《新华日报》联系紧密的《新蜀报》，还有地方实力派办的《济川公报》、三青团主办的《西南日报》以及《大江日报》等。此外，还有美联社、合众社、路透社、法新社、德新社、海通社、塔斯社以及《纽约时报》、《洛杉矶时报》等众多外国的新闻机构。毫无疑问，在国统区掌握话语权的是国民党。所谓话语权，简而言之就是说话权、发言权，即控制舆论的权力。正是因为话语权如此重要，抗战时期中共要在国统区推进马克思主义大众化，要让全国人民了解中共抗战建国的主张，就必须想办法打破国民党的严厉舆论封锁，通过艰苦斗争以争取中共在国统区的舆论话语权。

良好的政党形象是促进民众政党认同、赢得话语权的先决条件。政党形象是一个政党的实际表现和总体特征在公众舆论中的投影，是一个政党的精神面貌所在，也是一个政党的软实力。它关系着政党内部成员的政治忠诚和外部群众的信赖与支持，更影响着政党在社会中的地位和认可度以及在社会舆论中的话语权。政党媒介形象则是借助大众媒体塑造并传播政党的形象，反映大众媒体对于政党的基本认知情况，直接或间接影响公众对该政党的社会评价和心理认同。在国共实现第二次合作之前，国民党凭着其垄断新闻舆论的话语霸权优势，长期以来不遗余力地丑化中国共产党，使得共产党在国统区不明真相的百姓心中一直以“共产共妻”、“杀人放火”的“赤匪”形象存在。因此，重塑中共形象是极其紧迫和重要的任务。《新华日报》《群众》周刊作为中共在国统区发行的党报党刊，是帮助民众正确认识中国共产党的重要渠道和窗口，担负着重塑中国共产党在国统区媒介形象的重大使命。《新华日报》《群众》周刊通过集中对抗日民族统一战线的建立、边区建设的巨大成绩、中共领袖群体等方面的宣传报道，鲜明地展示了中国共产党具有的团结抗战爱国形象、民主进步的执政形象、开放开明的领袖形象，有效地消解了国民党长期以来对中国共产党的丑化诽谤，极大地提升了国统区民众对中国共产党的认同，增强了党在人民群众中的吸引力、凝聚力，为马克思主义在国统区的大众化传播提供了空间和可能。

一、坚持团结抗战，塑造中共爱国担当形象

“九一八”事变之后，中华民族民族面临着空前严重的危机。中国共产党从战略上着眼，从各民族的根本利益出发，号召全民族团结抗战，为建立抗日民族统一战线而斗争。特别是 1936 年 12 月 12 日震惊中外的“西安事变”发生后，中国共产党对蒋介石集团不计前仇，力促“西安事变”的和平解决，率先举起抗日民族统一战线旗帜，拉开国共合作序幕。第二次国共合作的实现，粉碎了国民党亲日派制造内乱的阴谋，使全民族抗战出现了新局面，展示了中国共产党勇于担当、团结抗战的爱国形象。

1. 大力宣传国共合作团结抗战

《新华日报》和《群众》周刊作为当时在国统区唯一能够获准公开发行的党报党刊，自始至终贯彻党的抗日民族统一战线。为了向国统区民众阐明中国共产党抗日民族统一战线的政策，1937 年 12 月 25 日，《群众》周刊第 1 卷第 3 期就发表了题为《抗战到底，争取最后胜利——拥护蒋委员长宣言》的社论，就 12 月 17 日蒋介石在《告国民书》提到的“贯彻抗战到底之主旨，求得国家民族最后之胜利”的口号予以赞扬，并作了积极评论，进而宣传了中国共产党坚持抗战到底、反对中途妥协的主张，同时严厉批判了妄图妥协苟安、幻想和平的错误思想。这篇社论还强调，贯彻抗战到底是一个长期艰苦的过程，贯彻抗战到底要靠全国人民的力量，只有黄帝的儿女都在抗日的原则下团结起来，才能取得民族解放的最后胜利。之后，《群众》周刊又连续发表了《坚持持久战》、《武汉撤退与我们的任务》、《武汉撤退后的抗战形势》、《粉碎一切汉奸组织》、《揭破敌寇阴谋与巩固内部团结》等社论和文章。1938 年 1 月 1 日《群众》周刊第 1 卷第 4 期再次发表社论，题为《加强民主抗日力量的团结》。

社论列举了国共双方一些重要人士发表的言论，指出这都证明国共两党领袖们对于加强团结，争取最后胜利已经立下了更大的决心，采取了更切实的有效步骤，并且进一步强调转变目前严重的抗战局势，关键就在我国两个最大的政党国民党和共产党加强合作的基础上，扩大和巩固民族抗日力量的团结。

同样，《新华日报》创刊伊始，《新华日报馆章程》就明确规定，“本报以报道新闻、发扬文化、巩固抗日统一战线为宗旨”。在《新华日报》创刊号的报头一侧，就刊登了胡考的一幅木刻画作品，内容是一个军人在振臂高呼，标题为“巩固团结，抗战到底”。而专门邀请国民党元老、国民政府监察院院长于右任题写《新华日报》报头，也充分展现了第二次国共合作的时代背景以及中共诚邀国民党共同抗日、维护抗日民族统一战线之决心。在创办第二天，即1938年1月12日，《新华日报》就发表社论《团结救国》，提出只有团结，才能救国的口号，挽救民族危亡的唯一生机和唯一办法，便是“我四万五千万同胞的空前民族觉醒和空前民族团结”。据不完全统计，《新华日报》在抗战时期关于宣传和维护抗日民族统一战线的相关报道和文章就有900多篇。

1938年中国共产党六届六中全会召开之后，《新华日报》对会议精神进行了大篇幅的报道，反复宣传国共合作团结抗战的决心和重大意义。1938年11月23日，《新华日报》发表社论《中国共产党扩大的六中全会》，指出“全会的伟大意义，更在于对巩固扩大抗日民族统一战线和国共长期合作采取了进一步的具体步骤，正如六中全会所正式决定的：‘不在国民党中及其军队中建立共产党的秘密组织，再一次地正式宣言，中国共产党对于拥护三民主义，拥护蒋委员长，拥护国民政府的诚心诚意。’六中全会再一次指出国共两党合作的组织形式适当解决，对于亲密两党关系及保证两党长期合作有重要的意义。”①同时，当日《新华日报》又刊登了毛泽东的“解放中国人民的唯一道路，就是巩固和扩大抗日民族统一战线，尤其是建立国共两党的长期合作”的题

① 《新华日报》1938年11月23日。

词，并全文转发了《中国共产党扩大的六中全会决议》。

1938 年秋，日军攻占武汉和广州之后，抗日战争进入到战略相持阶段。日本帝国主义加紧了对蒋介石国民党的拉拢。国共合作在经历了比较密切的时期之后，国民党开始蓄意制造破坏国共合作的摩擦。为维护好国共合作、巩固抗日民族统一战线，1939 年 1 月 8 日，《群众》周刊第 1 卷第 5 期发表社论《坚决抗战与争取胜利》。社论中说，去年 12 月 17 日，蒋介石发表的《告全国国民书》和王明以中共中央名义发表的《对时局宣言》，这两个具有重要历史意义的文献，使全国国民一致振奋，澄清了一些人对抗战的疑虑，抗日民族统一战线更进一步地巩固和扩大，奠定了今后继续坚持抗战和争取最后胜利的基础。并且针对国民党出现的投降倾向和反共行为，提醒全国人民目前应当更加注意与努力做好以下几件事情："第一，一致帮助政府使其日趋充实与坚强。第二，一直检举日寇走狗，托派及其他各种汉奸、敌特、挑拨离间的行动和言论。第三，一致帮助抗战军队的巩固与充实。"①同时，1939 年 1 月 11 日，中共中央致电《新华日报》董事会和全体同志祝贺该报创刊一周年，贺电说，一年来《新华日报》正确地执行了党的路线，坦白地反映了全中国同胞的意志，坚定地发扬了坚持抗战、坚持持久战、坚持统一战线的主张，忠实地执行了坚持抗战到底，争取最后胜利的责任。中央深信，《新华日报》在党的六中全会方针的指导之下，对于巩固和扩大全民族团结，巩固国共长期合作的伟大任务，对于争取民族独立、民族自由、民族幸福的新"中华民国"的伟大事业，更能尽其应尽的作用。1939 年 1 月 27 日，《新华日报》又专门刊登了中国共产党致国民党五届五中全会的贺电，"同仁深信抗战高于一切，团结必能胜敌，国共两党之长期团结，乃与团结全国，各抗日党派，实现民族解放之伟大事业，丝毫不可分离。抗战虽为一艰难过程，团结则为无坚不摧，无敌不克之利器。同心断金之义，同舟风雨之思，知诸现实必有同情也。"②

---

① 《群众》周刊第 1 卷第 5 期，1939 年 1 月 8 日。

② 《新华日报》1939 年 1 月 27 日。

《新华日报》《群众》周刊对中国共产党中央全会和中国国民党中央全会精神、国民党领袖的公开报道，深刻表达了中共愿与国民党精诚合作、团结抗战的意愿，有力地推动了国共合作和抗日民族统一战线的维护与发展。

2. 批判揭露国民党反共分裂行径

抗日战争进入相持阶段之后，蒋介石日益消极抗日、积极反共，先后掀起了三次反共高潮。蒋介石于1939年1月在重庆召开了国民党五届五中全会，会议制定并通过了“溶共”“防共”“限共”“反共”的反动方针。随后，国民党秘密发布了《限制异党活动办法》等诸多反共文件，大搞特务活动，制造了湖南平江等地的惨案，并在华北解放区搞军事摩擦，掀起了第一次反共高潮。国民党内暗藏的汪精卫分子，为呼应日寇的诱降政策，也大肆制造主和、投降、反共的舆论空气。在日益滋长的反共逆流环境中，《新华日报》《群众》周刊克服重重困难坚持党的抗日民族统一战线，创造性地贯彻执行了“坚持抗战，反对投降；坚持团结，反对分裂，坚持进步，反对倒退”的方针，对国民党顽固派实行“有理、有利、有节”的斗争。如《新华日报》及时刊登毛泽东的重要讲话，出版“七七”特刊和追悼平江烈士遇害专刊等，还增辟了《二三事》和《老实话》杂文专栏，加强了《新华日报》的舆论阵地作用，有力地配合了军事上的反击，在打退国民党第一次反共高潮中起了重要作用。

1939年7月7日，《新华日报》出版了抗战两周年的纪念特刊。在这期特刊上，全文刊登了中共中央的《为抗战两周年对时局的宣言》。同时，还发表了毛泽东、洛甫、周恩来、王稼祥、博古、董必武、吴玉章、叶剑英等中共中央领导人和中共南方局负责同志的文章。针对当时的复杂形势，党中央适时地提出了“坚持抗战到底，反对中途妥协；巩固国内团结，反对内部分裂；力求全国进步，反对向后倒退”这个新的重大方针。毛泽东等中央领导同志的文章从不同的方面详尽阐释了这一重大方针。次日，《新华日报》以“七七”特刊（续）的名义刊登毛泽东撰写的代论《当前时局的最大危机》。这是一篇在特殊环境中发表的论战文章，阐明了抗战阵营中的一小撮动摇分子和顽固派反共的原因,呼吁一切爱国党派,一切爱国同胞,必须认清当前形势中“投降是主要危险,反共即准备投降”这一主要特点,向全国人民敲响了警钟,也进一步指明了抗战未来的方向。

1939 年 9 月,毛泽东《关于国际新形势对新华日报记者的谈话》和《和中央日报、扫荡报、新民报三记者的谈话》分别于 9 月 1 日和 16 日在《新华日报》上全文发表。在对《新华日报》记者的谈话中,毛泽东就苏德两国签订互不侵犯协定对世界形势,特别是远东局势的影响,以及中国抗战的前途,作出了“在新的国际环境中,在日本更加困难和我国决不妥协的条件下,我国的战略退却阶段便已完结,而战略相持阶段便已到来”的科学论断。同时指出,由于日本加紧“以华制华”的政治进攻和“以战养战”的经济侵略,加上英国的远东慕尼黑政策,“这就极大地加重了中国内部投降和内部分裂的危险”。因此,中国抗战的总任务是“准备反攻”,而实现这一总任务的总方针是“三坚持三反对”:即坚持抗战的立场,反对任何的妥协运动;坚持团结的立场,反对任何的分裂运动;坚持进步的立场,反对任何的倒退运动。在同《中央社》、《扫荡报》、《新民报》记者的谈话中,毛泽东针对蒋介石国民党实行所谓“限制异党办法”,开始搞大规模的军事摩擦,打击杀害我八路军和新四军的许多后方机关人员的分裂活动,提出了“人不犯我,我不犯人;人若犯我,我必犯人”这个著名的自卫原则。

湖南平江惨案发生后,为了能起到揭露国民党反动派的作用,在《新华日报》复刊的当天,刊登了叶剑英等中共中央南方局军事组起草的讣告《追悼新四军平江留守处遇害烈士启示》。讣告全文长达两千多字,历数国民党反动派杀害我新四军平江留守处涂正坤等同志的残暴经过,对国民党的反共暴行、投降阴谋和制造分裂的罪恶行径进行了强烈谴责。在 8 月 14 日的《新华日报》第四版的《追悼新四军平江遇害烈士专刊》,还刊登了中共中央、毛泽东以及新四军军长叶挺和项英的挽联,以及董必武和戈矛的挽诗、石西民的文章《血战大江南北的新四军》和涂正坤等烈士的生平。同时刊登了在红岩咀八路军办事处举行追悼会的消息。消息中说,追悼会开会时正值狂风暴雨大作,“风嘶雨号”,以此说明国民党反动派残忍屠杀新四军的暴行引起了天怒人怨、神人共愤。《新华日报》向全国人民以及全世界公布的这两个重要谈话,对于从政治上打退国民党的第一次反共高潮,在全党、全军和全国人民中起了动员、积累和组织巨大力量具有非常重大的意义。

当国民党反动派掀起的第一次反共高潮失败后,他们并没有因此善罢甘休,而是配合日寇的诱降阴谋,疯狂地掀起了第二次反共高潮。“皖南事变”是抗战以来国内政治生活中最严重的事件。这次反共高潮把国共两党关系推到了濒临破裂的边缘,标志着蒋介石亲自发动的第二次反共高潮达到了顶点。

1941 年 1 月 12 日,《新华日报》遵照周恩来的指示,发表了“庆祝本报三周年”的消息,在记述周恩来的讲话中有意地插了一句“新 X 军最近在向北移动中被敌寇重重包围。”这句话夹在两千字的消息中虽不显著,却是最早透露的关于皖南事变的消息。1 月 17 日,蒋介石悍然以国民政府军事委员会名义发布《通令》,诬蔑新四军为“叛军”,宣布取消“新四军番号”,“将叶挺交军法审判”,并“通缉项英”副军长。根据周恩来的指示,《新华日报》严正拒绝刊登蒋介石的反动《通令》和国民政府军委的《发言人谈话》。1 月 18 日,《新华日报》通过千方百计刊登了周恩来亲笔写的“为江南死国难者志哀”的题词和“千古奇冤,江南一叶。同室操戈,相煎何急!”的四言挽诗。尽管周恩来同志的题词和挽诗一共只有二十五个字,但它揭露了“皖南事变”的真相,在全国人民和世界人民面前公开揭露了国民党残害抗战有功部队,破坏国共合作和抗战大局的罪行,对打退国民党掀起的反共高潮,维护国共关系,挽救抗战危局起了重大作用。

为了争得舆论上的主动权,《新华日报》遵照党中央的部署,印发了《新四军皖南部队惨被围歼真相》和中共中央军委重建新四军军部,任命陈毅为代军长,全军改编为七个师,一个独立旅,共 9 万多人的消息,随报发行。为了使国外人士了解“皖南事变”真相,争取国际舆论同情和支持,周恩来将《新华日报》编印的大量材料，动员外国记者带到海外发表，一时中外舆论震动。与此同时，日本仍不满意国民党的反共行为，认为蒋介石驱逐华中的共产党去华北，这不符合日本的愿望，破坏了日本的利益，于1月18日集结了七个师团的兵力，在24日发动对河南的进攻，将蒋介石的嫡系汤恩伯部15万人予以包围、聚歼。在国内外舆论的强烈谴责下，蒋介石不得不在反共高潮刚展开的情况下就匆忙收场。为了缓和国共两党关系，蒋介石要求与周恩来恢复国共谈判，并力邀中共参加即将召开的第二届国民参政会，被周恩来拒绝。《新华日报》为配合党中央和周恩来领导的政治反击，1942年3月7日，《新华日报》准备发表《中共七参政员未出席参政会真相》的重要新闻，但遭到国民党当局扣压，只好在版面上开了“天窗”。3月10日，《新华日报》顶住压力紧急编印了一期增刊，将中共参政员拒绝出席本届参政会的经过以及中共中央提出的《解决“皖南事变”的十二条办法》等七个文件加以公布，有力地回击了蒋介石集团的政治阴谋。由于中共中央采取了坚决的反击，蒋介石被迫在3月6日参政会的演说中表示：“保证以后绝无剿共的军事”，之后又通过7日的《中央日报》社论称：“即使中共不出席，剿共事实亦不至发展”。至此，国民党的第二次反共高潮结束。《新华日报》在这次斗争中，出色地完成了各项战斗任务，澄清了事实真相，赢得了国统区广大民众对共产党的同情。中共中央《政治情报》这样评价《新华日报》：在“皖南事变”等反共重大事件的较量中，《新华日报》这支劲旅起到的作用是巨大的。它的报道“引起全国及全世界人士的注意”，是“蒋介石遭到的真正劲敌与攻不开的堡垒”，使蒋介石“不得不考虑他自己的地位与态度”①。

皖南事变后，蒋介石统治集团由于受到国内外舆论的谴责，反共气焰一时有所收敛。1943年5月22日，共产国际执委会建议解散共产国际。在蒋介石等人看来，存在了二十五年的共产国际（即“第三国际”）突然宣布解散，为

① 萧一平、郭德宏：《中国抗日战争全史》（中篇），四川人民出版社2005年版，第460页。

他们提供了“解决中共的理由。”于是,国民党和蒋介石一方面大肆制造“解散共产党”,“交出边区”的反动舆论,一方面由包围陕甘宁边区的胡宗南部队积极准备进攻边区,并在淳化地区多次进行军事挑衅,掀起了第三次反共高潮。《新华日报》和《群众》周刊在这次反共高潮中,揭穿国民党利用解散第三国际企图取消中国共产党的图谋,同时揭露国民党破坏国共合作和抗日民族统一战线的严重罪行。

一是连续刊登文章引导读者正确理解解散第三国际的必要性。1943 年 5 月 26 日,在共产国际宣布解散后的第四天,中共中央作出《关于国际执委会主席团提议解散共产国际的决定》,《决定》中说,“在现在的各种条件下,共产国际之解散是比继续存在更加有利”,“必将使全世界反法西斯战争的胜利与全人类的解放更加迅速地到来,亦必将使中国共产党人的自信心与创造性更强,使党与中国人民的联系更加巩固,党的战斗力更加提高。”从这天起,《新华日报》就选择了一些有关解散国际的议论陆续刊登。如转载了斯大林在答记者问时列举的共产国际解散的四大好处。斯大林认为,共产国际解散适合时宜,有利于增强盟国及其他国家对法西斯德国作战的联合阵线。《新华日报》还刊登了英美两国对国际解散有积极意义的舆论。

二是发表了从第一国际到第三国际演变的历史资料,并以社论和论述的形式向人们阐明解散国际的有关问题。在 1943 年 6 月 10 日,《新华日报》三版刊登了乔冠华以笔名“于怀”写的《国际述评》,该述评分别以《划时代的大事》、《葱茂的希望》、《失意的逡心》为题评价第三国际解散。这三个抽象标题,表示共产国际解散促使各同盟国之间的合作,呈现了一幅反法西斯战争葱茂的胜利前景,而德意日轴心国因担心失败显得逡巡不安。这些时评述评对于人们从正面理解第三国际的解散具有重要影响。

为帮助人们进一步正确认识共产国际解散问题,1943 年 6 月 1 日,《群众》周刊第 8 卷第 9 期也发表了共产国际执委会主席团的提议《解散共产国际的决议》全文。同时,发表中共中央《关于国际执委会主席团提议解散共产国际的决定》全文和伍明的《从第一国际到第三国际》一文。文章概述了共产国际发展演变的历史，以及目前世界反法西斯战争的形势和各国工人运动的状况，指出共产国际的解散，不仅没有减弱各国反法西斯的斗争，反而考虑到了各国共产党在斗争中已经逐步成熟，更加鼓励了各国共产党用全力去进行反法西斯的民族解放斗争，对国际解散后所引起的普遍注意和人们的思想困惑问题进行了及时的解答。

1943年7月7日，党中央发表《七七宣言》，进一步揭露国民党破坏团结抗战、准备进攻边区的阴谋。但是，国民党新闻检查所禁止《新华日报》刊登《七七宣言》，并指派宪兵特务加强对《新华日报》的封锁和压迫。7月9日，在淳化事件发生后，朱德总司令致电蒋介石和胡宗南，抗议国民党顽固派大举进攻陕甘宁边区，呼吁停止内战，团结抗日。同日，延安也举行群众大会，向全国发出呼吁团结抗战，停止内战的通电。新华社也发表揭穿国民党西安特务机关制造"解散共产党"，交出边区的所谓"民意"新闻报道。同日，中共中央电告董必武，要《新华日报》把党的《七七宣言》、朱德的电报、延安群众大会的通电和《新华社》的新闻报道，迅速而秘密地印发给各报馆、各外国使馆、各中间党派和文化人士及川滇桂的地方实力派。《新华日报》强烈抗议了国民党的反动宣传，对制止反共分裂活动起到了舆论引导、宣传动员的作用，为这次斗争的胜利奠定了坚实的基础。

在共产国际解散后的一段时间，国民党顽固派更加紧了反共活动。1943年3月，蒋介石的《中国之命运》一书出版，此书是陶希圣按照蒋介石的意图所写。其中心内容是反对共产主义，宣扬法西斯主义和封建主义，诋毁共产党领导的八路军、新四军及各抗日根据地为"新式军阀"、"武力割据"，并暗示要在两年之内"解决"中共。国民党组织出版宣传《中国之命运》，除借此抬高蒋介石的声望，另一目的就是为发动第三次反共高潮提供理论工具。为彻底揭穿其阴谋，7月20日，《新华日报》专门刊登了陈伯达《评中国之命运》一文，从思想上、理论上揭露蒋介石封建的、买办的法西斯体系。1943年7

月25日，法西斯头子墨索里尼在内外交困中被迫向意大利国王提出辞职。《新华日报》就此一连发表了《希特勒·墨索里尼怎么办？》、《法西斯的丧钟敲响了》、《彻底消灭法西斯毒害》等一系列社论、短评及资料性文章，内容都是借外讽内，指西说东，将蒋介石比作墨索里尼，将国民党比作意大利法西斯组织。还刊登了一些影射国民党反共的标题，如7月29日转载塔斯社的一条消息《墨索里尼走了，法西斯制度还存在》，7月30日的短评《应该解散的是法西斯党》。这些讽喻文章，迂回曲折，用借外喻内的方法揭露了中国法西斯的罪行。广大读者一眼就明白，蒋介石眼下的所作所为与意大利墨索里尼的法西斯独裁行径多么相似！在国内外一致反对之下，蒋介石不敢一意孤行，只得悬崖勒马，包围陕甘宁边区的胡宗南部队在做了几次试探性进攻之后便缩了回去，未敢大举进犯。到1943年10月，第三次反共高潮结束。

总之，《新华日报》和《群众》周刊利用舆论阵地最大默契地配合了中共中央粉碎国民党第三次反共高潮的战略部署，同国民党顽固派以及那些热衷法西斯独裁、害怕民主进步的思想行为进行了坚决的斗争，有力地揭露和打击了蒋介石集团破坏团结，坚持内战，杀害八路军、新四军的反革命罪行，向国民党顽固派展开了强大的政治攻势和舆论攻势，有力地维护了抗日民族统一战线。

3. 客观报道中国军队抗战业绩

《新华日报》几乎每期都有各地抗战的战情报道，在宣传抗战上对国民党正面战场和国民党军一视同仁，充分显示了中共坚持团结抗战的诚意。以对抗战进程有重大影响的广州战役、百团大战为例，对《新华日报》《大公报》《中央日报》三报的报道数量进行统计分析。这些数据一定程度也展现了中共能够客观、公正报道国民党领导的战役。

广州战役是在战略防御阶段国民党在广州领导的与日军展开直接对抗的大规模战役。《新华日报》刊发相关新闻报道高达45篇，评论11篇，报道次数都略高于《中央日报》。而对中国共产党领导的百团大战，《新华日报》的新闻报道110篇。与之相比,《中央日报》和《大公报》对百团大战的报道只有70来篇,而且基本上都是消息类报道。《中央日报》没有安排记者专门针对百团大战进行采访报道,只写有1篇综合性的通讯稿件。《大公报》也只有两篇评论文章。以上数据表明,《新华日报》虽为中共的党报,但对国民党军战绩同样给予客观而全面的报道,展示了中共博大胸襟,在国统区民众心中树立了客观、公正的形象。

《新华日报》、《大公报》、《中央日报》对广州战役报道体裁及稿源情况统计表

	新华日报	大公报	中央日报
篇数	45	21	43
体裁			
消息	31	16	37
通讯	0	0	0
评论	11	4	7
其他	2	1	4
稿源			
自写	9	8	6
外稿	36	13	37

《新华日报》、《大公报》、《中央日报》对百团大战报道体裁及稿源情况统计表

	新华日报	大公报	中央日报
篇数	110	72	71
体裁			
消息	79	70	70
通讯	17	0	1
评论	11	2	0
其他	3	0	0
稿源			

续表

	新华日报	大公报	中央日报
自写	43	2	1
外稿	67	70	70

1938 年 8 月 25 日是八路军成立一周年。《新华日报》发表社论评述八路军一年来的对日作战的光辉成绩。一年来,八路军参加大小战斗六百余次,消灭敌军三万四千多人。1938 年 12 月 16 日,《新华日报》第二版刊载了“本报长治专电”,报道了十月、十一月两个月的八路军的战斗总结。两个月中,八路军参加大小战斗五百余次,击毙日伪军一万八千多人,俘获一千多人,缴获各种枪炮二千七百多支(架),还有一架飞机。用铁的事实对国民党散布的八路军“游而不击”、“只壮大力量不抗日”的种种谣言和污蔑进行了有力驳斥。1939 年 1 月 8 日,《新华日报》又以一版半的篇幅刊登八路军副总指挥彭德怀的讲话《华北抗战概况与今后形势估计》,介绍了八路军在晋东南区、晋察冀边区及津浦线一带收复了五十多个县的全部土地的情况。在 1941 年《新华日报》各战场的战况报道中,八路军和华北各地游击队的战绩取得了令人鼓舞的成绩。包括:《反扫荡晋西北粉碎了敌十三路的围攻》、《配合中条山战斗,华北我军屡捷,长城县游击战发展公路伪满境内》、《华北我军打击敌人治安强化运动》、《晋察冀粉碎敌所谓十万大战》,新四军、华中华南游击队也有显著的战果,如《新四军活跃京沪杭线》、《东江纵队出击》、《配合英军香港保卫战》,另外还有东北义勇军各地的民兵自卫队的战况。关于国民党统治区战场的报道数量也有很多,其中 1—2 月份的报道《豫南战事吃紧》,3 月战况《粤沿海敌登陆,海丰朝阳失守》、《赣北上高激战》,4 月份战况《浙闽沿海战事趋紧,国民党军弃守绍兴、宁波、温州、福州、华北、笛梵、中条山》,5 月份战况《中条山激战之一,晋、豫、鄂、粤均有激战》,9 月份战况《犯闽敌至福州等地撤退》、《第二次湘北会战》,10 月份战况《长沙激战,湖北敌陷宜昌、河南重镇郑

州亦一度弃守》等。1943年《新华日报》关于解放区战场的报道有《华北我军反扫荡大捷鲁南，我军俘敌近千》、《晋、冀、鲁、豫均有激战，太行山击溃敌三万，毙敌两千》、《华北敌后军民反抢粮斗争大捷，三个月内毙、伤、俘敌伪近万人》、《鲁西我克朝城，鲁南剿灭伪匪大捷》。关于国民党正面战场的战况报道，包括《敌犯鄂、皖，大别山区激战》、《华中激战，奉新失守，华南敌在雷州半岛登陆》、《鄂南湘北激战，华容失守》、《敌犯湘鄂边，洞庭湖畔激战》、《鄂西之战，粤东激战》、《苏浙皖边战事激烈》、《湘鄂边激战，敌猛犯常德》。关于正面战场的这些激战报道也充分说明《新华日报》的客观全面。

《新华日报》《群众》周刊遵循"发扬中国抗战中每一个英勇的事迹和胜利，激发每个中国人民的民族热忱"①宣传工作思想，对共产党及其领导下抗日军民的抗战业绩报道，有力地驳斥了国民党顽固派散布的对共产党领导的人民军队"只保存实力""不抗战、不爱国""游而不击"的诬蔑和攻击，树立了中国共产党在敌后坚持抗战的正面形象，提升了中国共产党在国统区的威望，使得"广大人民钦佩中国共产党人不怕强暴，不怕流血牺牲，为国为民九年如一日的崇高风格。人民坚定地拥护中国共产党和她领导的军队。"②《新华日报》关于正面战场和敌后战场的全面报道，使广大国统区民众在全面抗战十七个月来眼见国土一块块沦丧，国民政府从南京迁到武汉又迁到重庆，而与此同时八路军却在不断收复失地的鲜明对比，在坚定国人抗战必胜的信心的同时，也进一步认识到中共抗日方针政策的正确。《群众》周刊虽是党的理论刊物，但对八路军、新四军的抗战业绩同样给予了大篇幅地宣传报道。有学者初步统计，从创刊号开始到1943年底，《群众》周刊曾刊登有关中共抗战事迹和成绩的文章70余篇。如在第1卷第12、14期都开辟了《一周来战局的简述》，报道了新四军在华东地区战绩。此后，在第7、9、10卷上又刊登了一系列综合介绍八路军和新四军战绩的文章，如《八路军抗战第五周年战绩》、《新四军抗

① 《群众》第1卷第23期，1938年5月21日。

② 《群众周刊回忆录》，群众杂志出版社1989年版，第71页。

战五周年战绩》、《八路军抗战第七年战绩》、《第十八集团军抗战第七年战绩》、《八路军新四军及华南抗日纵队抗战以来战绩》等等。这些文章从各时段全面介绍了八路军和新四军等中共抗日部队所取得的功绩，极大地提高了中国共产党和八路军、新四军等人民军队的声誉。

4. 科学认识抗日战局变化规律

《新华日报》在抗战时期几乎每日都会刊发关于时局的社论，不仅经常登载毛泽东等主要领导人的论著作为代论，而且其上级主管部门中共中央南方局主要负责人周恩来等同志写过大量社论和代论来评析抗战局势。在抗战防御阶段，《新华日报》就刊载了毛泽东的《关于国际新形势对新华日报记者的谈话》，指出："中国的前途有两个：一个是坚持抗战、坚持团结、坚持进步的前途，这就是复兴的前途。另一个是实行妥协、实行分裂、实行倒退的前途，这就是亡国的前途"①，批判了以汪精卫为代表的抗战必败论和部分人的抗战速胜论。

抗战进入相持阶段后，局势更加复杂多变。一方面，日本偷袭珍珠港引发太平洋战争，美国对日宣战，国内出现了一股美国参战将使抗战很快会胜利的盲目乐观言论，而蒋介石为首的国民党顽固派趁机掀起数次反共高潮，国共合作、抗日民族统一战线岌岌可危；另一方面，日军在太平洋战场和东南亚连续得手，中国远征军入缅作战失利，中国抗战物资的国际陆上运输线被切断，国民党军队厌战情绪出现，甚至出现豫湘桂战役中国民党军大溃败的现象。为了正确地引领时局，鼓励群众克服困难、增强抗战必胜的信心，《新华日报》在1941年12月14日刊载了周恩来亲自撰写的《太平洋战争与世界战局》长文，深刻剖析了太平洋战争给中国抗战带来的影响，同时强调太平洋战争和中国的抗日战争是持久的，反侵略国家的人民和各民族团结一致，通过艰苦卓绝的斗争一定会赢得最后的胜利，再次批评了抗战必败论和速胜论的错误观点。

① 《新华日报》1939年9月1日。

二、宣传建设成就,塑造边区党和政府民主进步形象

抗战初期,由于国民对党新闻的封锁,使得国统区民众缺乏对中共领导的抗日根据地的了解。为了使国统区民众对抗日根据地有一个客观、全面的了解,《新华日报》和《群众》周刊在介绍八路军、新四军坚持敌后抗战的同时,还用了很大篇幅介绍根据地的各项建设。《新华日报》特别为此开辟了边区借鉴专栏,在这个专栏里面主要是敌后抗日根据地抗日和建设的具体情况。据不完全统计,仅在1938年底到1943年底《新华日报》报道的"抗日根据地的建立和发展"类文章有15篇、"根据地政权建设"类文章有4篇、"根据地经济建设"类文章有11篇、"根据地文教建设"类文章有4篇、"根据地群众运动和群众工作"类文章有12篇。通过专栏介绍,国统区的广大民众对中共的抗日政策有了新的认识,共产党边区政权和敌后抗日根据地的建设成就给广大民众以深刻的影响。《群众》周刊也发表了大量关于陕甘宁边区和根据地建设的文章。据初步统计,从创刊号开始至1943年底,《群众》周刊刊登有关根据地建设的文章约46篇,包括《冀察晋边区概况》(第1卷第24期)、《晋东南抗日根据地的政权》(第2卷第19期)、《陕甘宁边区生产运动的浪潮》(第2卷第23期)、《坚持华北抗战枢纽的晋冀豫抗日根据地》(第3卷第1至7期)、《精兵简政在晋冀鲁豫边区》(第7卷第19期)、《挺进在敌人后方的晋西北》(第9卷第1期)等。从1945年6月25日起,又开辟了《解放区报道》专栏以及《苏北印象记》栏目,刊发了"鲁苏记行"之系列文章,对解放区进行了专门报道。这些文章涉及根据地政治、经济、文教以及群众运动等各个方面,向国统区的广大民众展示了根据地建设的巨大成绩,塑造了中国共产党清正廉洁、民主高效、执政有方的政党形象,中共领导的敌后根据地尤其是当时的红都延安成了广大有志青年向往的圣地。

1. 宣传解放区政治建设

在介绍根据地各项建设的过程中,《新华日报》《群众》周刊作为党报党刊

普遍重视根据地政权的民主政治建设，着重对“三三制”的理论和实践进行了考察分析。《群众》周刊第9卷第16、17期合刊登载了香汀（张友渔）的《论三三制》一文，文章介绍了中国共产党在加强抗日民主政权建设方面所取得的伟大成绩。文章首先阐述了今日中国所要树立的民主政权是“抗日统一战线的政权”，也就是“一切抗日的革命的阶级，对于反动反革命、汉奸们的专政的政权”，即是几个阶级联合专政的政权。唯有采取“三三制”的具体形式，才能表现它是各革命阶级联合专政的民主政权。文章引用了毛泽东同志的话解释“三三制”，并认为“三三制”是“真正适合中国国情的政策。我们希望不但在陕甘宁边区实行，不但在各敌后各抗日根据地实行，并且在全国也实行起来。”文章对“三三制”高度肯定，从理论上阐明了“三三制”与建立各革命阶级联合专政政权的关系。

实践上，按照“三三制”原则，各根据地先后通过民主选举建立起临时参议会和政府机关。《群众》周刊第9卷第13期刊登了民主政团同盟人士刚文撰写的《苏北见闻记》，文中介绍：“行政专员区有区级参议会，其构成的成分有民众团体代表，有共产党员，有地方绅士。但他们（共产党）根据自己所公布的‘三三制’，共产党员在选举中，占有优势时，自己只退保三分之一席数，不足三分之一时，也不要求增加。”同期还刊登了慕伊的《冀察晋解放区的民主建设》一文，详细记录了晋察冀边区民主选举的过程。“大会选举了行政委员会的正副委员宋韵文、胡仁奎，高等法院院长王斐然，参议会正、副参议长成仿吾、于力，参议会驻会委员五人和政府委员九人。这里面有各党派，各民族和无党无派的地方人士。晋察冀边区国民党党务联合办事处的郭经天先生被选为参议会驻会委员，正副委员中的宋助文、胡仁奎、刘奠基等也都是国民党员。这次大会采取平等的，不记名投票的办法，也注意到了中共的“三三制”政策。”从上述地区的实际情况可以看出，“三三制”是真正落到了实处。各地“三三制”政权的建立，密切了政府与群众的联系，推动了根据地各项事业的发展。

通过对根据地政权建设的介绍，帮助人们了解了什么是“三三制”，“三三制”的民主政治建设为什么是一个创新的制度，有力地反驳了日伪及国民党顽固派对于抗日根据地的各种诬蔑和造谣，中共民主进步的政党形象跃然纸上，与当时国民党实行的一党专制的政治制度形成了鲜明的对比，使各解放区成为国统区人们向往的地方。

2. 宣传解放区经济建设

发展边区经济，增强抗战实力是建设解放区的首要问题。中国共产党大力发展经济，举措得力，边区经济建设取得巨大成绩。对此，《新华日报》和《群众》周刊不遗余力地宣传和报道了根据地经济建设。从1938年到1945年抗战胜利，《新华日报》报道解放区经济建设成就的文章有百余篇。仅1938年《新华日报》报道解放区经济建设的文章就有亚达的《促进国防经济建设，延安工人制造品竞赛展览会速写》（2月17日），吴力永的《陕甘宁边区的春耕运动》（4月28、29日），《陕甘宁边区建设厅对于今年春耕动员工作意见之提纲》（6月5日），《陕甘宁边区安定县的春耕运动》（6月5日），郭弼昌的《军民合作的秋收》（10月3日），杜映的《陕甘宁边区是怎样进行秋收动员的?》（10月8日）。寿山的《秋收运动在晋西北》（11月6日），《继续发展中的陕甘宁边区合作事业》（6月5日）等十余篇。《群众》周刊也刊发有关“根据地经济建设”的文章十多篇。

随着抗战局势的不断发展，根据党中央提出的“发展生产，保障供给”，“自己动手，丰衣足食”的方针，解放区在坚持严酷的军事斗争的同时，按照各自的条件开展了经济战线的斗争和建设，取得了巨大的成绩。对此《群众》周刊予以了详细报道。1943年，仅太行区各部队就种地10万亩以上，其中开荒地8万亩，总收入1500万元以上。为了宣传太行山经验，《群众》周刊第9卷第1期专门刊登了邓小平《太行区的经济建设》一文，强调了经济生产与取得政治及军事胜利之间的重要关系，并就具体的各项政策作了详细介绍，最后总结了太行区经济建设经验。对于晋西北经济建设，在《晋西北的经济建设》一文用了翔实的数字记载：首先是农业耕地面积大幅度增加。1941 年，对 25 个县的统计，开荒 30.5 万亩。1942 年，仅 13 个县的统计，开荒 20 万亩。其次是水利建设有了很大的发展：1941 年，12 个县的统计，增加水地 1.3 万余亩。1942 年，8 个县的统计，增加水地 1.6 万余亩。14 个县共有水地 7.2 万余亩，已超过抗战前的水地数量。农业生产的发展还表现在：植棉事业得到迅速发展，1941 年植棉 3.2 万亩，1942 年增加到 5.6 万亩，1943 年再增加到 7.1 万亩。许多过去从未栽种过棉花的地区也开辟成新的产棉区。耕畜的繁殖也取得了很大的成绩，以耕牛为例，1941 年，9 个县的统计，共增加 3600 余头，1942 年，15 个县的统计，共增加 7000 余头，1943 年，政府拨出 390 万元贷款，帮助贫苦农民解决购买耕畜的困难。①《群众》周刊还刊登了大量有关陕甘宁边区经济建设的文章。如《飞进中的延安商业》、《陕北的“变工队”》、《雄飞突进的陕甘宁边区经济》等文章，展示了陕甘宁边区经济建设的巨大成就。正如毛泽东在陕甘宁边区劳动英雄会议上的讲话所言：“陕甘宁的军队，今年凡有地的，每个战士做到平均耕地十八亩，吃的菜、肉、油，穿的棉衣、毛衣、毛袜，住的房屋、窑洞，开会的大小礼堂，日用的桌、椅、板凳，烧的柴火、木炭、石炭，差不多都可以自己造，自己办。我们用自己动手的方法，达到了丰衣足食的目的。”发展经济建设的巨大意义就在于，“这一个创造，对于我们民族解放事业，该有多么伟大的意义呀！”②

此外，《新华日报》和《群众》周刊还刊登了外国友人观察陕甘宁边区经济建设的文章。如《群众》周刊第 9 卷第 14 期刊载了《外国记者的陕北印象记》，文中描述到，“边区曾经为八路军的部队创造了足够食粮和衣服，而八路军是记者在中国其他任何地方没有看见过的衣食最丰足的军队。”③从外国记者笔下，呈现了解放区经济建设欣欣向荣的局面，展示了中国共产党开展经济

---

① 参见《群众》周刊第 9 卷第 3、4 期合刊，1944 年 2 月 25 日。

② 《群众》周刊第 9 卷第 3、4 期合刊，1944 年 2 月 25 日。

③ 《群众》周刊第 9 卷第 14 期，1944 年 7 月 13 日。

建设的能力。

3. 宣传解放区文化建设

中共在边区和其他解放区十分注重发展文化教育事业，努力“消除文盲”和“提高民众的政治文化水平”。① 1944 年 10 月，毛泽东在陕甘宁边区文教工作者会议上所作的讲演——《解放区文化统一战线方针》中指出，我们的工作“首先是战争，其次是生产，然后便是文化。没有生产的军队是饥饿的军队，没有文化的军队是愚蠢的军队，而愚蠢的军队是不能战胜日寇，解放人民和建设工业化的新中国。”②可见，“文化的军队”对抗战有着十分重要的作用。

抗战时期，陕甘宁边区积极开展文化教育、卫生事业、社会教育运动。潘梓年在《抗战两年的文化界》一文中列举了两年来文化界为抗战所做的贡献：“主要的是分派力量散到各处深入群众，于是歌咏、话剧、鼓词、唱本、训练班、补习学校以及其他各种形式的宣传教育工作就比较突出。文化界在这一时期很是做了一些埋头苦干的功夫。”③艾思奇在《两年来延安的文艺运动》一文中，介绍了延安抗战两年来在文艺运动中所取得的成绩，并指出延安文艺运动的“内容是三民主义的，也即是革命民主主义的，而形式是民族的。”④延安文艺座谈会之后，《群众》周刊刊登了大量歌颂人民、鞭挞敌人的优秀作品，如《表现新的群众的时代》、《移民难民的乐园》、《论秧歌剧的形式》、《敌后人民英雄颂》、《略谈农家生活》，诗歌《文化活跃的延安》、《十月》，小说《工作圈外》、《金菩萨》以及木刻漫画等作品。这些作品通过不同的体裁歌颂人民，揭露和讽刺社会的黑暗，体现了“文艺服务从政治”的原则。

陕甘宁边区还兴办了社会教育事业，大大提高了边区人民的政治觉悟和

---

① 《陕甘宁边区教育资料·教育方针部分(上)》，教育科学出版社 1981 年版，第 134 页。

② 《群众》周刊第 10 卷第 2 期，1945 年 2 月 10 日。

③ 《群众》周刊第 3 卷第 6、7 期合刊，1939 年 7 月 2 日。

④ 《群众》周刊第 3 卷第 6、7 期合刊，1939 年 7 月 2 日。

文化素质。《群众》周刊先后刊登了《陕甘宁边区一年来的文教运动》、《开展大规模的群众文教运动》、《人民文化的时代——陕甘宁边区文教运动的成果》等文章。这些文章介绍了文教运动所取得的成果,正如《人民文化的时代——陕甘宁边区文教运动的成果》一文所报道的:“动员‘全边区一百五十万人民自己起来和自己的封建迷信、文盲、不卫生等恶习惯的斗争’。这在边区文化史上破天荒第一次,是一种前所未有的创举。”文章从“一个创举”、“和迷信不卫生作斗争”、“新的教学方法”、“群众的文艺”、“大家看报大家办报”、“一幅轮廓图”六个方面详细介绍了边区文教运动在“一切为了群众”的总方针下,“大大发展了群众生产,得到很大显著收获。生产建设,促进了文化建设,提高了人民的文化水准文化生活,这运动发展下去,反过来又促进了生产运动更向前发展,同时也会促进其他的运动,那灿烂的远景,那辉煌的成果,在今天是完全可以预见的。”①

如许涤新所言:“1944 年重庆曾经有一些民主人士和记者到延安访问,回来之后有的写了文章,写了小册子,大体上也证实边区建设的成就,证实《新华日报》和《群众》周刊的介绍之正确。”②党报党刊通过客观报道解放区的生产建设、民主政治、文化教育的发展成就,初显了中共局部执政的能力,有力地驳斥了日伪及国民党顽固派对于解放区的各种诬蔑和造谣,使国统区民众对解放区的建设有了较为全面、客观的认识。

三、报道领袖社会活动,塑造党的开放开明形象

《新华日报》《群众》周刊是党在国统区与读者进行沟通的枢纽,也是国统区民众了解中共领袖毛泽东的重要窗口。

一是报道毛泽东的抗日政治活动。“政治路线确定之后,干部就是决定

---

① 《群众》周刊第 10 卷第 3,4 期合刊,1945 年 3 月 8 日。

② 《群众周刊回忆录》,群众杂志出版社 1989 年版,第 71 页。

的因素。”①抗战时期，中国共产党提出了全面的全民族抗战路线和抗日民族统一战线方针政策。为能更好地贯彻执行党的路线方针政策，毛泽东整躬率物，以身作则，积极动员和团结一切力量为保卫祖国抗战到底，为全党树立了榜样。《新华日报》《群众》周刊对毛泽东的政治活动进行了系列报道。1939年9月17日，《新华日报》刊登《延安各界欢迎北路慰劳团》的新闻报道，全国慰劳总会北路慰劳团11日到达延安，延安军民为北路慰劳团的到来举行盛大欢迎会，毛泽东在会上致欢迎词：“当此大敌当前，国家危机，敌机轰炸，不分南北之际，全国应加紧团结，澈底抗战，力求进步。”②毛泽东的致词，传递了中国共产党在国统区的呼声，全国人民不分天南地北，团结起来抗战到底，这就是贯彻抗日民族统一战线的最好表现。1940年6月19日，《新华日报》刊登了《延安各界热烈欢迎陈嘉庚，陈氏演说坚持团结抗战，毛泽东同志特设席欢宴》一文，陈嘉庚是南洋华侨领袖、国民参政员，他在延安发表“坚持团结抗战”的演讲，表达了对中共提出的抗日民族统一战线的支持和认同。与此同时，也说明了毛泽东对各方人士加入抗日民族统一战线队伍表示热烈欢迎，鼓舞着抗日有识之士自觉地加入到党的队伍中来，从而壮大抗日队伍的力量。诸如毛泽东的政治活动还有很多，如《中共领袖毛泽东欢迎尼赫鲁去延安，代表中共及人民致慰问，感谢印度援华之医疗队》、《陕甘宁边区参议会上，毛泽东同志的演说》、《接见中外记者参观团，毛泽东论中国需要民主，兼论第二战场的意义和影响》等，《新华日报》通过报道中共领袖的抗日政治活动，及时传递了党的声音，将中国共产党提出的全面抗战的路线，抗日民族统一战线方针，通过领袖的实践活动展示在国统区民众的面前，指导着全国人民如何积极参与全面的全民族抗战。毛泽东的抗日实践活动，丰富了《新华日报》《群众》周刊抗日宣传的内容，指导着党报党刊宣传的方向和尺度。抗日民族统

① 《毛泽东选集》第二卷，人民出版社1991年版，第526页。

② 《新华日报》1939年9月17日。

一战线是国内外各政党、各阶级、各阶层、不同群体团结起来，反对日本侵略的联合行动。只要是有利于动员民众参与抗战的言论、英勇事迹都可以在党的正确领导下大胆宣传报道，为壮大抗日力量，削弱日本侵略者力量充分发挥宣传作用。

二是报道毛泽东的社会活动和社会评价。1937年12月25日，《群众》周刊第3期刊载了马骏的《毛泽东会见记》，文中描述了毛泽东的“温文尔雅，书生一表”的形象，“自1927年国共分家，十年来他领导着中国共产党，为了整个民族和无产阶级做不断的奋斗，经历了千百次的磨难。”他（毛泽东）谈吐持重，音调很深沉有力，所用的字句带着很浓厚的幽默感。同时，因为他时常在群众大会上演讲，所以他谈起一切来都是很通俗。可是这通俗并不是庸俗。他讲的话听上去是极普通，极平凡，但过后回忆起来，却都很深刻。《群众》周刊关于毛泽东的描述，有效改变了国统区民众长期受国民党丑化宣传和污蔑遮蔽的影响，对中国共产党及其领袖有了新的认识。1939年8月28日，《新华日报》发表了苏联记者罗曼·卡尔曼的《毛泽东会见记》，卡尔曼通过记录毛泽东的日常生活为我们展现了一个无产阶级革命领袖特有的气质。卡尔曼眼前的毛泽东，吃的穿的住的用的非常简单，与边区普通士兵没什么区别。“他穿着兵士的单上装”，居住的屋子里面“有写字桌，床，都是粗木造成的，有书架和藤椅，”在书架上有许多“马克思，恩格斯，列宁，斯大林的书籍”。毛泽东工作辛苦，“从第一颗星出现，才开始他的劳动”，“从夜到第二天早上都劳动着”，工作累了，“便依靠在椅子上闭目休息一会。”①《新华日报》通过报道毛泽东朴实的社会生活，向国统区民众展示了马克思主义革命领袖的伟大形象，呈现了中共领导边区政权实行民主自由平等的真实生活。通过报道毛泽东参与社会活动，又向国统区民众展现了别样地领袖风采，使毛泽东领袖形象更为立体与真实。

---

① 《新华日报》1939年8月28日。

除卡尔曼外，到延安采访过毛泽东的斯坦因、爱泼斯坦、斯特朗、贝特兰等外国记者对他的第一印象都是“朴实”，然而朴实的外表掩盖不了其超凡脱俗的才华。特别是重庆谈判期间，毛泽东在谈判之余忙于拜访党政要士、民主人士及社会团体，《新华日报》密集报道毛泽东社会活动，展现了毛泽东协调与各党派关系的谋略和智慧，打破了人们对毛泽东“乡野书生”①的印象。1945年9月2日，《新华日报》发表虞英挺《从我们青年看毛泽东》一文，引用了多位记者、名人对毛泽东的评价，如黄炎培评价毛泽东“是一位思想丰富，精锐又勇于执行者。”重庆谈判期间，毛泽东的个人才华最集中绽放是他与柳亚子的诗歌唱和。10月7日，毛泽东手书旧作《沁园春·雪》赠送给柳亚子。随后，柳氏和韵作词一首，并与毛泽东词一起交给《新华日报》。其中耽搁，虽然直到11月《新华日报》、《新民报》、《大公报》才发表毛泽东和柳亚子的词作，但《沁园春·雪》公开刊登后，轰动山城，一时之间洛阳纸贵，人们争相传颂。重庆各种报刊纷纷发表和词与评论。据不完全统计，当年刊发的和词不下50首，评论将近20篇，这在我国词史上是绝无仅有的。②《沁园春·雪》充分展示了毛泽东的人格魅力，其文韬武略亦因此为全国人民所获悉，从而备受人们推崇。

三是刊登有关毛泽东的传记文章和歌颂作品。在传记方面，1945年9月25日，《新华日报》刊登爱伯斯坦的《这就是毛泽东，中国共产党地领袖》一文。在爱伯斯坦看来，“毛泽东是我们这个世纪的伟大人物之一。我并不觉得这话说错了，凡是见过他的人，包括政治立场上完全反对他的人在内，都是同样的印象。”“毛的性格内混杂着深沉的严肃性和俚俗的幽默，忍耐和决断。思想和行动，自信和谦逊。”通过这位外国记者的记录，充分展现了毛泽东作为人民领袖的人格魅力，远见卓识。在诗歌评论方面，1944年8月19日，报

---

① 彭子冈：《毛泽东先生到重庆》，《大公报》1945年8月29日。

② 参见王树人等：《毛泽东〈沁园春·雪〉公开发表轰动 蒋介石恼火》，《党史众横》2008年第7期。

纸刊登艾青所作诗歌《毛泽东》："毛泽东在哪儿出现，哪儿就沸腾着鼓掌声——'人民的领袖'不是一句空虚的颂词，他以对人民的爱博得人民的信仰；他生根于古老而又庞大的中国，把历史的重载驮在自己的身上；他的脸常覆盖着忧愁，眼瞳里映着人民的苦难；是政治家、诗人、军事指挥者，革命者——以行动实践着思想……"重庆谈判期间，还大量刊登了诸如《毛泽东颂》、《毛泽东，你是一颗大星》、《毛泽东的歌》、《千万双眼睛盼望着毛泽东》等歌颂毛泽东的诗歌作品。这些诗歌直面宣传歌颂毛泽东，以其通俗化、具体化、散文化、歌谣化等特性，深切地表达了人们对毛泽东的热爱之情，扩大了毛泽东领袖形象的传播力与影响力。

《新华日报》《群众》周刊通过非事件性的报道，运用多样化的报道体裁如诗歌、散文、传记等，生动形象地刻画了毛泽东的民族领袖、人民领袖形象，展现公众对毛泽东的认知、情感和评价，特别是以第三者的视角描绘了毛泽东形象，更具客观性和现实性，更容易让国统区民众所认同。

第三节　进行广泛抗日政治动员，争取有利的话语空间

毛泽东在《论持久战》中指出，"如此伟大的民族革命战争，没有普遍和深入的政治动员，是不能胜利的"①。动员的目的，就是要"唤起全国民众，发扬民族觉醒，提高民族信心，使全国人民均能抱'不共戴天'的民族仇恨去对待日寇侵略者，用誓为祖国流最后一滴血的民族热情去保卫自己的国家。"②报纸刊物是进行舆论动员的主要载体和基本途径，中共主要借助《新华日报》《群众》周刊对国统区民众进行抗日舆论动员，在唤起了民族的觉醒和提升了民族凝聚力，形成了全民族抗战局面，为国统区马克思主义的传播争取了有利

---

① 《毛泽东选集》第二卷，人民出版社 1991 年版，第 480 页。

② 《群众》周刊第 1 卷第 23 期，1938 年 5 月 21 日。

的舆论空间。

一、反对投降主义,坚定抗战信心

《群众》周刊和《新华日报》自创刊之时就强调了抗战必胜的重要性。如《新华日报》在创刊的第二天便发表了《团结救国》的社论,社论中说道:挽救民族危亡的唯一生计和唯一办法,便是我四万五千万同胞的空前民族觉醒和空前民族团结,只有团结,才能救国,已经成为举世公认的天经地义。团结则生,分裂则死,已经成为我国各党各派各军各界各团体各个同胞的共同坚定的信念,巩固团结,扩大团结,以贯彻抗战到底,争取国家民族的最后胜利,已经成为我国全体同胞的共同奋斗的目标。在《新华日报》创刊的第二天便刊登了这样的社论,我们可以看出《新华日报》是非常重视持久抗战和团结抗战的。

1. 揭露批判卖国投降主义

毛泽东在《论持久战》中明确指出,抗日战争的政治目的是“驱逐日本帝国主义,建立自由平等的新中国。”因此,党报党刊在进行抗日舆论动员时,就要旗帜鲜明地反对投降主义。

抗战一开始,国民党内的亲日派就散布投降妥协的言论。对此,1937 年《群众》周刊在其创刊号《由失败到胜利的枢纽——肃清民族失败主义》的社论中就明确指出肃清民族失败主义对抗战的重要性。“跟着东战场上的失利,华北许多著名汉奸,跑到南方来进行妥协运动,德意两国也出来调节,一些亲日分子更大为活跃,为促使国民政府接受日寇亡国灭种的条件,四处散放悲观失望的情绪。”①他们认为“四个月来的经验,更证明我们是无力抗日的,失败是唯一的命运”,而这种情况的发生使得“形势是很严重的:军队不断北败退下来,没有教育没有组织的后方民众们,被恐怖的气息包围着,终日惶惶,不

① 《群众》周刊创刊号,1937 年 12 月 11 日。

知所措。”社论明确指出，“这是目前最大的危险”，因此，“只有在肃清民族失败主义的过程中，我们才能改变抗战方法，取得最后胜利”。① 紧接着，《群众》周刊第2期发表了梓年的《投降主义及其各式各样的表现》一文，进一步分析当时投降主义者的危害性及投降主义存在的三种表现形式。

抗战进入相持阶段后，由于日本的诱降和英、美等国对日本侵略采取绥靖主义政策，国民党内的投降主义倾向愈发严重。1938年12月18日，国民党副总裁、国民参政会议长汪精卫逃离重庆飞往昆明。第二天，汪精卫和陈璧君、陈公博、周佛海、陶希圣、傅斯年等离开昆明飞往河内。在12月29号，汪精卫等人在河内发表“艳电”，响应日本的《近卫声明》，赞同日本提出的“善邻友好”、“共同防共”、“经济提携”调整中日关系的三原则，公开投降日本帝国主义。为此，中共中央《关于汪精卫出走后时局的指示》指出，在目前的形势下，党的任务是拥护蒋介石、国民党坚持抗战，开除汪精卫国民党党籍的进步行动，坚决打击卖国汉奸汪精卫和一切投降反共活动，批判其汉奸理论，并且指出汪精卫的反共主张是其汉奸理论的组成部分，而一切反对八路军、新四军、边区和共产党的主张者，实为汪精卫之应声虫。

针对国民党的投降活动，《新华日报》《群众》周刊连续发表了系列社论、短评和理论文章予以抨击。1939年1月2日，《新华日报》在第一时间内发表《汪兆铭遗臭万年，通敌求降背党叛国，永远开除党籍褫夺职务》和《国民党政府应严缉惩办民族叛徒傀儡汉奸》两篇文章，向全国人民通报了汪精卫叛国投敌的消息，并刊载了《汪兆铭背党叛国，（国民党）中宣部政治部共同对外声明，并指示各级党部政训人员》，以及国民党永远开除其党籍和撤销其一切职务的决定及社会各界对汪精卫的声讨批判。同时，还发表了《汪精卫叛国》的社论，指出从抗战一开始，汪精卫满脑子就充满着“妄自菲薄的民族失败主义”，因为他只看到敌人的武力强大，敌人的政治力量和经济力量的暂时优

① 《群众》周刊创刊号，1937年12月11日。

势。同时还指出，汪精卫的叛国投降是“自绝于中国民族，自绝于黄帝子孙”。① 与此同时，1939 年 1 月 10 日，《群众》周刊第 2 卷第 13 期，发表题为《民族败类汪精卫》的社论。社论揭露了汪精卫的罪恶行径，批判了汪精卫之流对抗战前途丧失自信心的恐日病和丧失民族自信心的投降求和的亡国论调。在社论中还指出，汪精卫认贼作父，是国民党的叛徒，也是中华民族和世界爱好和平人士的敌人。国民党中央决定永远开除出他的党籍，我们中国共产党完全拥护，并且也提出要开展广泛的肃奸运动，动员群众侦查和除此汉奸。同时普遍深入地宣传抗战的伟大成绩，来提高全民族自尊自信。

为进一步批判汪精卫的投降主义，《新华日报》《群众》周刊连续发表了系列社论和文章。如：《反汪派斗争的关键（社论）》、《卖国贼不容逍遥法外（社论）》、《彻底肃清汪派叛逆（社论）》、《更进一步扩大反汪除奸运动（社论）》、《驳斥汪逆的“和平运动之目的与手段”（社论）》、《粉碎汪派汉奸的谬论（社论）》、《汪精卫叛国（短评）》、《叛逆的归宿（短评）》、《汪派汉奸无耻已极！（短评）》、《精诚团结坚持国策》、《各将领电请通缉汪逆》、《汪精卫叛国难道是偶然的吗？》、《彻底肃清汪派叛逆》、《抗战到底反对投降》、《粉碎汪派谬论》、《汪逆叛逆的卖国不是偶然的》、《汪精卫已经充当日寇侵略中国的先锋队了》、《汪逆匪帮三年来的罪恶活动》、《全国一致拥护抗战到底》、《坚持持久战的信念》、《如何加强反对汪逆的斗争》等，据统计，仅 1939 年《新华日报》共刊发揭露批判汪精卫投降主义的社论（专论）11 篇、短评 6 篇，以及各类消息和电文等共计 252 篇，在全国掀起了一场轰轰烈烈的讨汪舆论高潮。

2. 同破坏团结抗战行为作坚决斗争

《新华日报》在创刊伊始就明确提出，本报将成为中华民族在反抗日本法西斯主义浴血斗争中“一切可歌可泣的伟大事迹之忠实的报道者、记载者”，并“将无情地抨击一切有害抗日与企图分裂国内团结之敌探汉奸及托派匪徒

① 《新华日报》1939 年 1 月 2 日。

之阴谋”。[①]《群众》周刊在《本刊出版二周年》的社论中明确指出:“本刊与新华日报及延安的解放,同为中国共产党的机关报刊。本刊的使命就是传播中国共产党一贯主张的坚持抗战到底,巩固国内团结,力求进步,反对倒退的政治路线。对于一切有利于民族国家,有益于抗战建国的工作,竭力推动。对于一切阻碍团结抗战的有害言论和行动,则尽量地予以批判和揭露。”[②]在国统区,《群众》周刊和《新华日报》携手合作,发挥好党的喉舌作用,共同揭露和挫败日寇、汉奸的诱降阴谋。

一是对国民党破坏国共合作和团结抗战的批判揭露。《新华日报》《群众》周刊在抗战政治动员宣传中,不仅对汪精卫集团叛国投敌的罪恶进行了猛烈的批判,对国民党顽固派限共反共破坏抗战的阴谋和行径也进行了揭露批判。1939 年 1 月,国民党在五届五中全会上确定了“溶共、防共、限共、反共”的方针,之后多次掀起在抗日战争中的反共高潮,破坏抗日民族统一战线和全民族团结抗战的大局。在抗战期间,国民党掀起了三次反共高潮,其中影响最恶劣的就是 1941 年蒋介石制造的震惊中外的“皖南事变”。事变发生后,国民党竟然以新四军不遵守命令而受到军事制裁为由进行造谣污蔑。对此,中国共产党采取了坚决有力的回击措施。随即《新华日报》刊登了周恩来“千古奇冤,江南一叶,同室操戈,相煎何急”题词的文章,深刻揭露“皖南事变”的真正阴谋,表达了中共对国民党破坏抗日民族统一战线的强烈谴责和广大抗日军民的巨大悲愤。

二是对附和支持国民党独裁反共政策的中右势力的污蔑攻击予以坚决回击。抗战爆发之后,中国共产党实行了正确的全面抗战路线,牢牢坚持独立自主的原则,采取灵活机动的游击战争策略,根据地、抗日武装力量和敌后战场不断发展壮大,逐渐成为抗日战争的实际领导者和中流砥柱。但是,由于各阶

---

① 《新华日报》发刊词,1938 年 1 月 11 日。

② 《群众》周刊第 3 卷第 24 期,1939 年 12 月 21 日。

级间利益的不同和秉持的政治主张不同,中共的全民族持久抗战路线遭到了国民党的反对和一些中间势力的非难。以蒋介石妄图实现个人独裁和国民党一党专政的目的,强调抗战必须坚持“一个政党、一个主义、一个领袖”。以国家社会党领袖张君劢为代表的中间势力对国民党独裁反共、片面抗战政策认识不清,唯恐中共的政策主张危害其利益,时常攻击中共坚持的独立自主游击战争抗战路线,甚至提出取消中共政治上和军事上的独立性,将军队和根据地交给蒋介石,以实现所谓“全国政令军令的统一”。中国国家社会党党刊《再生》于 1938 年 12 月 16 日头版发表了其领袖张君劢的《致毛泽东先生的一封公开信》,该信长达 2 万 3 千余字,从所谓近代立国论的角度要求军队属于国家即归于蒋介石手中;还在思想上否认马克思主义,说其不适合中国社会;甚至歪曲陕甘宁边区是封建割据,不利于全国抗战等等方面对中共进行歪曲性攻击。张君劢等的言论极不利于团结抗战,但正中国民党政府的下怀,蒋介石政府趁机推波助澜,对其公开信大肆宣扬,妄图混淆视听。

为了正确引导舆论导向,维护抗日民族统一战线大局,在中共中央南方局的领导下和周恩来的亲自组织下,《新华日报》《群众》周刊进行了坚决回击。例如,《新华日报》1939 年 1 月 14 日发表了署名林北丽的文章《请教张君劢先生》,以读者来论的形式表达中共维护抗日民族统一战线的决心和坚持独立自主原则的立场。文章针对张君劢“军队属于国家,不可使军队与特殊主义发生联系”的观点,作者指出:“世界上任何之国家,必有所以立国,立国之道,主义而已。故军队一方面固可为国家之工具,而另一方面必其能为一国家所以立国之主义而奋斗,其军队始有价值。”①文章还严正指出,张君劢发表《致毛泽东先生的一封公开信》的严重后果,只能是造成和加剧国共之间的摩擦,削弱中国抗战的力量,破坏团结抗战的大局,“客观上就是帮助日寇和汪精卫”,“实际上就是反对抗战。”②

---

① 《新华日报》1939 年 1 月 14 日。

② 《新华日报》1939 年 1 月 14 日。

三是与国统区中右势力的媒体进行论战交锋。当时,国统区的《大公报》、《扫荡报》等代表着中右势力的利益。在抗日战争期间,《新华日报》通过公开辩论的方式,与《大公报》、《扫荡报》等媒体进行了多次论战交锋,大力宣传中国共产党的抗战政策、方针和业绩。如1941年5月,国民党军队在中条山战役遭受到严重失败,而国民党蒋介石政府却将作战失利的原因归咎于八路军不坚持团结抗战,不配合友军作战,妄图通过制造舆论掀起新一轮的反共高潮。为积极配合国民党的阴谋,《大公报》于5月21日发表《为晋南战事作一呼吁》的社评,说八路军"集中晋北,迄今尚未与友军协同作战,则系事实",又貌似公正地呼吁:"在国家民族的大义名分之下,十八集团军应该立即参加晋南战役……"①对于这种混淆视听,污蔑攻击,破坏抗日民族统一战线的卑劣行为,《新华日报》全文发表了周恩来同志的《致大公报书》,信中列举了八路军在国民党的重重限制封锁,甚至连最起码的作战必需的一般军需供给都不提供的艰难情况下仍坚持团结作战的事实,揭露了蒋介石集团的表面抗战、实则反共的阴谋。《新华日报》所采取的这些回击与斗争,既批判了中间与落后势力不明是非、不辨时局而盲从的思想和行为,又帮助他们提高思想认识,追随正确的抗战路线。尤其是向国统区民众和全国人民有效宣传了中共的独立自主抗战原则和全民族抗战的主张,为夺取抗日战争的胜利做出了重要贡献。

3. 大力宣传党的持久抗战方针

持久战是中国共产党为赢得抗日战争胜利所提出的总的战略方针,"只有战略的持久战才是争取最后胜利的唯一途径"②。在1938年9月底至11月初召开的中共六届六中全会上,毛泽东在其所作的《论新阶段》报告中,明确提出将持久战作为指导抗战胜利的"唯一正确方针",指出:"抗日战争是长期的不是短期的,战略方针是持久战不是速决战",因此"我们的战略方针,决不能是速决

---

① 《大公报》1941年5月21日。

② 《毛泽东选集》第二卷,人民出版社1991年版,第459页。

战,而应该是持久战。持久胜敌——这就是抗日战争的唯一正确方针。"①在中共六届六中全会通过的决议案中也明确指出:"抗日战争是艰苦的持久战。……我是半殖民地国家,……我在长期抗战中将转弱为强,转败为胜,一直到最后胜利。这个过程将表现在持久战的三个阶段:在敌方为进攻——相持——退却,在我方为防御——相持——反攻。"②这标志着持久战作为中国共产党的战略指导方针被正式确定下来。尽管由于王明右倾投降主义思想影响,《新华日报》《群众》周刊未能全文刊载毛泽东的《论持久战》。但是,《新华日报》《群众》周刊对我党提出的持久抗战思想还是进行了宣传报道,为中华民族抗战指明了方向,让民众认识到了抗战的长期性和艰巨性,坚定了抗战必胜的信心。

在《群众》周刊第 2 期发表了吴敏的《巩固团结反对分裂》一文,文中针对当时的消极失败情绪和投降主义横行的严峻形势,指出"军事的实力,并不是最主要的,最主要的,还是民族统一战线的弱点,民族团结分裂的危机。因为这是决定抗战胜败,决定中国民族存亡的根本条件。"③因此,就要"用一切力量去巩固扩大抗日民族统一战线,坚决揭露和打击日寇所发动的分裂阴谋,这是目前最急迫的任务,这是战胜日寇,复兴中国必要的前提。"④此外,《群众》周刊第 2 期还转载了周恩来于 1937 年 11 月 16 日在山西临汾党政军民一次群众大会上的演讲——《目前抗战危机与坚持华北抗战的任务》,指出"抗战的危机不在于部分军事实力与领土丧失,而在于汉奸亲日派的活跃","坚决反对投降主义、失败主义是争取持久战的先决条件"⑤。1937 年 12 月 25 日,《群众》周刊第 3 期发表了周恩来的《目前抗战形势与坚持长期抗战的任务》

---

① 《解放》第 57 期,1938 年 11 月 25 日。

② 《建党以来重要文献选编(1921—1949)》第十五册,人民出版社 2011 年版,第 756—757 页。

③ 《群众》周刊第 1 卷第 2 期,1937 年 12 月 18 日。

④ 《群众》周刊第 1 卷第 2 期,1937 年 12 月 18 日。

⑤ 《群众》周刊第 1 卷第 2 期,1937 年 12 月 18 日。

指出："只有长期抗战，才能决定整个抗战的最后胜负"。①

1938年1月11日《新华日报》创刊，周恩来为创刊专门题词："坚持长期抗战，争取最后胜利"。② 1938年2月14日至15日，《新华日报》发表任弼时的《怎样渡过抗战的困难时期》的文章，指出："抗战愈持久，力量就愈加壮大；而敌人的侵略战争愈延长，则其不能解决之困难将愈增加，恰成相反的发展。故我利于持久以取胜；敌须速决，持久必遭失败。"③1938年5月21日、28日，《群众》周刊第23、24期连载了八路军副总指挥彭德怀的《第二期抗战与我们的任务》，指出："虽然敌人在军事上取得了些胜利，占领了我国许多重要的城市与大块领土，然而这只是军事上暂时的部分的失利，绝不能认为是最后的失败。只有在持久战争中，才能解决最后胜负问题。"④

1938年4月7日，台儿庄战役胜利喜讯传来，《新华日报》发表社论肯定了国民党正面战场对此次战役胜利的重大意义，同时着重指出此次的胜利还不过是局势的开端，必须准备长期抗战，进行持久抗战。针对《大公报》"这一仗就是敌人的最后挣扎"、徐州会战是"准决战"的错误言论，《新华日报》按照毛泽东的指示电文，发表《坚持长期抗战》的社论，指出徐州会战"既不是战略上的决战，也不是二期抗战中决定胜负的战斗"，"我们自卫战争的战略方针，是长期抗战"。⑤

1939年7月7日，《新华日报》出版了抗战两周年的纪念特刊。在这个特刊上，全文发表了党中央《为抗战两周年对时局的宣言》，同时还发表了毛泽东、洛甫、周恩来、王稼祥、博古、董必武、吴玉章、叶剑英等中共中央领导人和南方局负责同志的文章。针对当时的时局，党中央提出了"坚持抗战到

---

① 《群众》周刊第1卷第3期，1937年12月25日。
② 《新华日报》创刊号，1938年1月11日。
③ 《新华日报》1938年2月14日、15日。
④ 《群众》周刊第2卷第23、24期，1938年5月21日、28日。
⑤ 《新华日报》1938年4月7日。

底，反对中途妥协；巩固国内团结，反对内部分裂；力求全国进步，反对向后倒退”这个新的重大方针，表达了中共的政治主张和要求。随后毛泽东等中央领导人的文章又从不同的方面详尽阐释了这个重大方针。特别是7月8日，《新华日报》以“七七”特刊（续）的名义继续出报。一版社论位置刊登毛泽东撰写的代论《当前时局的最大危机》，驳斥了抗战阵营中的一小撮动摇分子和顽固派，指出“投降是时局最大的危险，反共是投降的准备步骤”这一主要特点。这对于帮助国民认识当时形势、动员一切爱国者密切注视并反对投降派的活动、号召全民坚持团结抗战到底并最终取得抗战胜利具有重大的警示和指导作用。

《新华日报》《群众》周刊刊发的这些文章对于动员全国人民特别是国统区人民坚持抗战，树立和坚定抗战胜利信心，肃清民族失败主义妥协投降主张的影响，无疑起了巨大的作用。

二、揭露日寇暴行，激发民族觉醒

全面抗战爆发不久，毛泽东在《论持久战》中就指出，我们的抗战政治动员非常不普遍、不深入，尤其是我们的部分偏远地区还听不到炮声的人民尚未觉醒。因此，非常有必要动员全国老百姓，形成“陷敌于灭顶之灾的汪洋大海”的全民族抗战局面，才能取得抗日战争的彻底胜利。揭露敌人在战争中的残暴行径，激发民众对侵略者的仇恨和奋起反抗的精神，是战争时期政治动员的最基本的方式。正如《群众》周刊在《抗战中的宣传工作》一文所指出的，“必须用每一个具体的事实，来作为宣传材料。应当在一切文字的，或者是口头的宣传上揭露日寇一切残暴兽行，激发每一个中国人民对日寇侵略的民族仇怨，用革命仇怨态度来教育每一个中国人民，去对付日寇侵略者。”①因此，《新华日报》和《群众》周刊通过揭露日军的残暴行径，有效地唤起民众，激发

① 《群众》第1卷第23期，1938年5月21日。

全民族的忧患意识和救亡图存的觉醒，坚定抗战到底的决心。

抗日战争时期，日寇在中国烧、杀、抢、掠、奸淫妇女无恶不作，实行惨无人道的“三光”政策，甚至利用毒气形成一个个无人区，制造了无数起惨绝人寰的惨案。因此，深刻揭露敌人在战争中的残暴行径，更能有效激发民众对侵略者的仇恨和奋起反抗的精神，从而坚定对敌抗战的决心。《新华日报》从创刊一开始就强调：“本报愿为一切受残暴的日寇蹂躏的同胞之痛苦的呼吁者描述者”，重点抓住日寇侵略过程中的重大事件，尤其是日寇令人发指的野蛮和残暴行径所造成的典型暴行予以全面细致的连续报道以教育民众。

日寇暴行最典型、最突出的案例就是南京大屠杀，它被称为是“现代史上最黑暗的一页”，“现代史上破天荒的残暴记录”。① 南京大屠杀发生之后，1938 年 1 月 23 日，《新华日报》就以《恐怖的南京城》为题，对日军在南京的血腥大屠杀事件进行了详细的报道，指出南京被日寇占领三十九天后，许多地方仍有大火燃烧，整个南京已成废墟，野狗纷出，人迹罕见，变成一座鬼城。两天后，《新华日报》又转载来自日本《朝日新闻》的消息，以《南京紫金山杀人竞赛》为醒目标题，对臭名昭著的“百人斩”杀人竞赛进行了强烈谴责。1938 年 3 月 9 日，《新华日报》刊登了《日寇在南京兽行》一文，指出“吾民族认为最耻辱最痛心疾首者，厥为奸淫，而敌竟不顾一切，除烧杀掠夺外，复大肆奸淫，稍具姿色者，几无一幸免，甚至赤身裸体，公然白昼宣淫，迭经外国人士目睹当场斥为禽兽，悄然遁去，恬不知耻”。② 在报道中，描述了有的女难民逃难到金陵大学和金陵女子大学里被收容，渴望求得保护。但是一到天黑，就有日本兵士乘夜钻洞爬墙，绑架去强奸。被掳去的妇女，有的是一去不返，有的虽然能够回来但却被折磨得不能起。几乎每天都有不堪凌辱的妇女悬梁跳井的事件发生。甚至还报道了一位五十余岁的老妇，被日寇强行非礼，儿子二人，奋起反

① ［英］田伯烈：《1937：一名英国记者实录的日军暴行》，杨明译，湖北人民出版社 2005 年版，第 16 页。

② 《新华日报》1938 年 3 月 9 日。

抗最后全家被杀的事件。观此报道足以让每一个中国人怒不能遏,同仇敌忾起来抗击日寇。

据笔者粗略统计,从 1938 年《新华日报》创刊到 1945 年抗战胜利,仅在《新华日报》上发表的 3000 余篇社论、代论、短评之中关于揭露和谴责日寇侵华暴行的文章就有 400 余篇之多。另外,如《群众》周刊在 1938 年 12 月 18 日《游击县长与游击队》一文中痛斥日本侵略者是“以杀人为儿戏的野兽。”①其第 4 期短评《人类共弃的敌军暴行》,谴责它“开了人类有史以来空前未有的血腥残暴兽行记录”。② 第 8 期短评《杀人比赛》揭露日寇向雄和野田分别杀了 105 人和 106 人,之后两人相约再进行第二次比赛,看谁先杀满 150 人。③通过大量的数据和具体事件对日寇暴行所进行了全景式的描述,激起了四万万全国民众对日本帝国主义的无比愤怒,使抗日成为全民族的自觉行动。正如《山西抗战的回忆》文章末尾所指出的,“这种悲惨残酷的事实,是最能激发同胞的民族仇恨的。只要我们能够很好地抓住这种日本的‘王道’,加以‘宣扬’,是容易把民众发动起来的。”④这对警醒教育国人不当亡国奴,唤起民众奋起反抗精神,呼吁国际社会对日本帝国主义进行强烈谴责,并给予中国抗战支持,具有强烈的宣传效果。

三、广泛动员民众,坚持全民抗战

抗战开始后,当时“参加抗战的民众还不够广泛”,“估全国人口最大多数农民还有许多地方不大了解抗战的意义,为抗战中坚的工人有许多地方还没能够充分发挥出他们的力量”⑤,而“我国有六倍于日本的人口,四亿五千万的有生力量,如果真能发动起来参加抗战,这真是一种‘取之不尽、用之不竭’的

---

① 《群众》周刊第 1 卷第 2 期,1937 年 12 月 18 日。

② 《群众》周刊第 1 卷第 4 期,1938 年 1 月 1 日。

③ 参见《群众》周刊第 1 卷第 8 期,1938 年 1 月 29 日。

④ 《群众》周刊第 1 卷第 10 期,1938 年 2 月 20 日。

⑤ 《群众》周刊第 1 卷第 17 期,1938 年 4 月 10 日。

力量啊!”①因此,只有动员全国的老百姓,才能“造成了陷敌于灭顶之灾的汪洋大海”②。这一论断,说明了全民抗战与抗战胜利的内在关系。只有当全国民众奋起抗战,才能取得抗日战争的彻底胜利。作为党报党刊的《新华日报》和《群众》周刊,发出了全民族团结抗战的强烈呼声,为促进全民族抗战局面的形成做出巨大贡献。《群众》周刊和《新华日报》自创刊之时起就强调了全民抗战的重要性。

1937年12月18日,《群众》周刊第2期发表《给敌人以坚强的答复》的社论,社论中提到:只有团结一切力量来争取抗战的最后胜利,大家才有命活。日趋巩固的统一战线,是我们战胜敌人的唯一基础与力量。③ 在穷凶极恶的日本帝国主义侵略之下,“覆巢之下无完卵”,这篇社论实际告诉我们一个浅显又明白的道理,那就是号召包括国民党、共产党在内的一切政治力量、中国社会各阶级、各团体,都应不分彼此共同为抗战努力。

1938年1月12日,《新华日报》在创刊的第二天便发表了《团结救国》的社论,社论中说道:挽救民族危亡的唯一办法,便是我四万万五千万同胞的空前民族觉醒和空前民族团结。只有团结,才能救国,已经成为举世公认的天经地义。团结则生,分裂则死,已经成为我国各党各派各军各界各团体各个同胞的共同坚定的信念,巩固团结,扩大团结,以贯彻抗战到底,争取国家民族的最后胜利,已经成为我国全体同胞的共同奋斗的目标。在《新华日报》创刊的第二天便刊登这样的社论,我们可以看出《新华日报》是非常重视动员全民抗战的。

在抗战时期《新华日报》《群众》周刊的办刊时间里,像以上这样有关号召全民族团结抗战的相关文章、社论、代论和短评等,据笔者不完全统计约有三千多篇。这充分表明《新华日报》《群众》周刊在抗战的关键时期把发动全民

---

① 《群众》周刊第3卷第10期,1939年7月23日。

② 《毛泽东选集》第二卷,人民出版社1991年版,第480页。

③ 参见《群众》周刊第1卷第2期,1937年12月18日。

族团结起来共同抗战一直作为舆论宣传的首要任务。

1. 团结农民、工人与妇女等人民群体

中国共产党对抗战动员的重要性有着深刻的认识。农民、工人、妇女等群体占据当时中国绝大部分人口,能否获取这最广大人口的力量,成为抗战能否获取最终成功的关键。因此,中国共产党报刊中尤其注重对这类群体发动广泛动员。1938 年 10 月 19 日,《新华日报》发表社论《动员全体人民参加抗战》。社论提出,动员群众的目的是为了“要人民多贡献自己的一切力量来参加抗战”。怎样使民众动员起来呢?“根据抗战以来的经验,最能动员群众,最容易动员群众,最能使广大的民众起来,就是各种抗战动员和社会运动,如工会,农会,商会,文化的、青年的、妇女的以及其他各种职业和特殊性质的团体。”①

工农是抗战的主力。1938 年 2 月 16 日,《新华日报》发表《如何动员工人群众积极参加抗战事业》一文提出,“提高工人的文化水平,进行深入的政治教育,发动工人群众参加抗战的积极性,是目前的要务,而要达到这目的,只有加紧扩大工人的组织”,②并建议政府根据国民第一、第二次代表大会的宣言和决议精神,积极地扶植职工运动,充分允许职工组织工会的自由,动员职工自觉地起来组织工会,以真正民主的方式来组织工会,来加强和扩大职工组织化,更好地参与抗战。1938 年 5 月 1 日,周恩来为《新华日报》五一纪念专刊题词:“全中国工人阶级在抗战中来纪念‘五一’,实具有两方面的意义,一方面全中国工人阶级应努力于民族解放以谋自身的解放,另一方面应联合全世界工人阶级反抗暴日的侵略以保障世界和平。”这一题词阐明了工人阶级在抗战中的重要使命。1938 年 4 月 10 日,《群众》周刊发表《抗战中的工人》,提议政府“注意改善工人的生活”,对工人实施“军事政治教育”,以便“充实现有

---

① 《新华日报》1938 年 10 月 19 日。

② 《新华日报》1938 年 2 月 16 日。

的军队，建立新的国防军队。”①

妇女是群众运动中巨大的力量。对于妇女，尤其是广大农村妇女，是动员农村工作中非常重要的一部分。1938 年 4 月 21 日，《新华日报》发表社论《动员广大农村妇女》。社论指出，要动员农村，必须加紧动员农村妇女的工作，因为“她们可以鼓励自己的丈夫、儿子、兄弟勇敢走上前线，参加保卫家乡和民族的战斗。”而发动农村妇女，“不仅是妇女团体的责任，而且是一切救亡团体的任务。”要求妇女救亡团体，“用极大的力量去注意农村，使自己的工作方式适合农村妇女的生活习惯，政治认识和工作的要求。”在组织工作方面，“充实农村中原有的各种简单、不健全的姐妹团之类的团体，发展它的组织，健全它的领导。把它们变成包含农村妇女各种分子的统一战线的机构。”②不仅如此，为了能够让妇女更好的抗战，“就必须要为他们争取平等的待遇，使已动员的妇女，在其职务和岗位上得以更发挥其力量，同时社会上要能给妇女大众以服务和就业的机会，并予以平等之待遇和生活的保障。”③这表明要动员妇女参加抗战，在抗战中争取妇女的自由与平等。

2. 积极动员知识分子与青年参与抗战

青年是抗战最积极最活跃的力量。全面抗战爆发之后，《新华日报》发表了《青年目前的责任》《用笔来发动民众捍卫祖国》《动员全国知识分子参加抗战》《记者在战斗岗位上》等一系列社论，赋予了“作为生力军”知识分子与青年的重要的历史地位与使命，指出青年的任务就是“要多多的动员大后方优秀的青年到敌后去，去领导民众，去发展游击战争”④。据统计，《新华日报》在 1938 年至 1943 年期间，发表动员青年自愿参军的社论和消息达 200 多篇（条）。如 1938 年 1 月 21 日，《新华日报》发表社论《怎样做征兵运动》进行政

---

① 《群众》周刊第 1 卷第 17 期，1938 年 4 月 10 日。
② 《新华日报》1938 年 4 月 21 日。
③ 《新华日报》1943 年 3 月 8 日。
④ 《新华日报》1940 年 8 月 17 日。

治动员，指出要让民众“人人都懂得日寇的强暴、亡国奴的惨痛”，并激起民众为“保卫家乡、保卫民族、保卫自己的子子孙孙”积极“应征上前线”①。在抗战期间，全国有1400多万青年应征入伍。不可否认，《新华日报》《群众》周刊的抗战宣传对鼓励全国民众积极参与抗战产生了重要影响。

对于广大知识分子、文人，《新华日报》的《动员全国知识分子参加抗战》一文提倡“要保护知识分子”，并进一步指出“在中国，知识分子具有重要的地位，许多知识分子都是在当时运动中起了重大的倡导作用的人物，并且日本正在与中国争夺知识分子，知识分子对中国是宝贵的，应当安抚自己的知识分子，培养出自己的优秀的知识分子，给他们以各种帮助，最重要的，要使知识分子充分发挥其作用，成为抗战与革命坚强干部。”②而《用笔来发动民众捍卫祖国》一文对于如何动员知识分子参加抗战提出了四条建议：一是发动广大的作家运到敌人的后方去，进行敌后文化的工作；二是加强“文章入伍”的工作；三是实现“文章下乡”；四是在伟大的民族抗战中，需要有更伟大的文艺创作，真正能反映现时代的中华民族的英勇斗争。③

此外，根据党发展进步势力，争取中间势力，孤立顽固势力的方针，《群众》周刊和《新华日报》在新闻界广交朋友，在不同程度和不同范围内同其他各报的新闻工作者加强联系与合作，建立和扩大新闻界的统一战线。对于记者这一类特殊的知识分子，《记者在战斗岗位上》一文提出，记者“应当是时代的先驱者”，要把历史前进的方向和正确知识教给人民大众，同时“又是民众的代言人”，要把民众的生活与情绪，欢乐与悲苦，正确地表达出来，作为抗战中决定大政方针的根据。因此，政府不仅必须给予记者必要的协助，而且记者自己要以自己的团结，来推动工作的开展，并促进全国的团结。④ 只有这样，

---

① 《新华日报》1938年1月21日。

② 《新华日报》1940年12月18日。

③ 参见《新华日报》1939年4月9日。

④ 参见《新华日报》1940年9月1日。

记者才能在整个工作中发挥重大作用。

紧密团结爱国民主人士。《群众》周刊通过“笔谈”、“书评及其他”专栏，登载左舜生、张申府等民主人士关于实行民主政治和开展民主运动言论的文章。《新华日报》的“友声”专栏，专门刊登爱国民主人士对团结抗战、发展经济的意见和建议，成为政治界、文化界、教育界、实业界代表人物的言论阵地。

3. 团结少数民族，号召海外侨胞共同抗日

建立最广泛的抗日民族统一战线，不仅需要人数最多的汉族人民，也离不开少数民族人民的参与。不仅要动员国内民众抗日，也需要海外侨胞共同抗日。因此，少数民族和海外侨胞也是抗战动员的对象之一。

为了使少数民族群众积极参加抗战，增强抗战的力量，《新华日报》在1938 年 4 月发表社论《巩固国内各民族的团结》，社论提出，“在我国进行全民族的抗战当中，我们必须动员整个中华民族，也就是说，要动员汉族，也还要动员蒙回藏以及一切少数民族参加抗战，才能获得抗战的最后胜利。”①在动员少数民族共同抗日过程中，最重要的是“要确立并执行正确的少数民族政策”，保障“其宗教信仰的自由”，建立“更深刻的相互了解，相互帮助”②。对于西南与西北各少数民族的团结问题上，正确的做法是“发挥他们政治上的积极性，促进他们的经济文化的发展，加强少数民族的抗战动员。”要解决少数民族问题最重要的关节“就是要反对大汉族主义，实现真正的民族平等”③。对于如何解决国内少数民族问题，章汉夫在《群众》周刊发表了《抗战时期的国内少数民族问题》。文章指出，“我们在基本原则上，是坚决主张民族自决的。”而中共对国内少数民族问题的原则“是承认国内少数民族是有革命能力的，是有抗战力量的，也是同受敌寇侵略，必须驱逐日寇出中国，才能得到解放的观点出发，而主张废除一切民族团结的障碍，实施一切足以促进和巩固团

---

① 《新华日报》1938 年 4 月 24 日。
② 《新华日报》1938 年 4 月 24 日。
③ 《新华日报》1938 年 11 月 22 日。

结,增强抗战力量的办法。这正是在‘抗日高于一切,一切服从抗日’‘扩大和巩固抗日民族统一战线’的大原则下,来解决国内少数民族问题的。”①这些社论和文章对党的少数民族政策和少数民族群众的抗战功绩进行了宣传,为动员少数民族群众团结在抗日的旗帜下发挥了积极的促进作用。

同时,《新华日报》《群众》周刊还注重宣传海外侨胞对民族抗战所做出的重大贡献。《新华日报》在《侨胞在开展援华制日运动中的作用》一文中高度赞扬抗战以来,各地侨胞对祖国的贡献,不单是他们援助前方将士的捐款,还有其他形式的援助,同时号召散布在欧美各国的侨胞,应当利用英美政府对远东问题政策的积极态度,善于发挥他们在组织推动援华制日运动中的作用,以此争取各民主国家对我援助的增加,并且集成各国施行联合制裁日本的决议②。在社论《加紧侨胞抗战工作》中,《新华日报》动员侨胞积极参加抗战领导,发扬应有的民主精神,开展和充实华侨救国组织,统一华侨救亡运动的领导,发扬应有的民主精神,特别在募捐方面“有更大之努力”③,并应组织大批义勇队、工程队,救护队,慰劳队,携带大批防毒面具,医药用品回国参战。在社论《开展华侨救国运动》中,《新华日报》呼吁政府加紧侨胞对救国运动的开展与宣传,侨胞的国际宣传工作应当更进一步去推动各国,特别是南洋一带的反侵略的和平阵线之建立,我们侨胞的工作应执行“有钱出钱”的原则,并且提出首要的“是在政府下面建立统一华侨救国运动的领导机构”④,主张政府应该派遣代表到各地去开展侨胞的组织工作。

除此之外,《新华日报》还发表了如《劝大后方士绅》《动员人民调查敌寇罪行》《动员壮丁到军队中去》等文章,动员不同阶级的人士,团结一切能团结的力量,建立起了最广泛的抗日民族统一战线。在《劝大后方士绅》一文中,

---

① 《群众》周刊第2卷第12期,1938年12月25日。

② 参见《新华日报》1938年12月23日。

③ 《新华日报》1938年10月14日。

④ 《新华日报》1938年2月27日。

《新华日报》提出在抗战时期的中国社会中，士绅还有其重要的地位和作用，他们的言论和行动是常对社会有影响的，同时需要士绅们严肃自身的生活，提高抗战的情绪，积极抗战的工作，以身作则给予人民以鼓励和表率①。对于士绅这种带有浓重封建气息的阶级，《新华日报》不仅没有排斥，而且给予了他们在抗战事业中充分的信任与支持。

总之，《新华日报》《群众》周刊在国统区充分发挥了“争取民族生存独立的伟大战斗中作一个鼓励前进的号角”的作用，号召全国民众团结起来，动员各民主党派与进步人士以及广大的工青妇群众与读者，结成最广泛的统一战线，共同抗战，以达到全民族抗战之目的。

① 参见《新华日报》1943年7月10日。

第三章 《新华日报》《群众》周刊推进国统区马克思主义大众化的历史进程

在抗战的战略防御阶段，国民党抗战态度较为积极，对《新华日报》《群众》周刊的检查、干预相对宽松一些。而到了战略相持阶段，国民党五中全会制定了“限共、熔共、防共、反共”的方针，中共在国统区的舆论斗争日益艰难。但是，《新华日报》《群众》周刊坚决执行党的“坚持抗战，反对投降；坚持团结，反对分裂；坚持进步，反对倒退”的方针，正确处理各方面矛盾，发挥了中共在国统区喉舌和马克思主义大众化“方面军”的重要作用。

第一节 武汉时期的《新华日报》《群众》周刊

一、《新华日报》在武汉时期办刊情况

作为中国共产党在国统区公开发行的第一份机关报纸和理论刊物，《新华日报》《群众》周刊担负着多方面的使命和任务：其一，做好统战工作，努力团结各方力量，维护抗日民族统一战线；其二，在国统区宣传中共的抗战主张和方针，进行抗战政治动员，营造中共在国统区舆论宣传中的“在场”；其三，扩大中共的政治影响，宣传介绍马列主义，推进马克思主义大众化。

《新华日报》创刊之后，经党中央批准，由潘梓年担任社长，总编辑为华岗，总经理为熊瑾玎，章汉夫任编辑部主任。1938 年 5 月，熊瑾玎来报馆工作，潘梓年改任社长，由熊瑾玎担任总经理。刚创刊的《新华日报》参照了苏

联办报模式，建立了由编辑部领导和工作人员组成的编辑委员会。此外，还有一批著名的文化人如许涤新、蔡馥生、石西民、高松涛、何云、楼适夷、戈宝权、张尔华、杨慧琳、谢佩玲等也积极参加了筹创工作。创刊时期的主要编辑人员多为职业革命家，在国民党统治区长期从事革命活动，很多人刚从国民党监狱里释放出来，经历过严酷斗争的锻炼，政治成熟，具有较深厚的文化素养和马克思主义理论修养。编辑部人员的具体分工是：吴敏负责撰写评论，石西民编辑国内新闻，何云编辑国际新闻，楼适夷编辑《团结》副刊。采访科除陆诒、杨慧琳外，张企程有一半的时间参加新闻采访活动，同时帮助楼适夷编辑副刊。为加强领导，《新华日报》创办后归中共中央长江局领导（书记王明），长江局撤销之后由中共中央南方局领导。

初创时的《新华日报》版面设计是全张对开四版，一版的主要内容为社论，二、三版分别为国内要闻和国际新闻，四版为"团结"副刊和"读者信箱"。《新华日报》创刊之初就在《大公报》上刊登发刊广告："本报是：抗战中坚，人民喉舌。任务是：团结全国抗战力量，巩固抗日统一战线，发表正确救亡言论，讨论救亡实际问题，报道翔实抗战消息。内容有：社论短评；战地通讯；电讯要闻；特约专论；本市消息；精辟副刊；救亡情报；民族喉舌。"从 1938 年 1 月 11 日创刊到 1938 年 10 月 25 日武汉沦陷，《新华日报》在武汉共出版了 287 期，并于武汉被日寇攻陷的当天出完最后一期才撤离。

在武汉的九个多月时间里，《新华日报》发表了不少马列主义的著作及一些中共中央领导人毛泽东、周恩来、朱德等和高级军事指挥员的文章。如：列宁的《马克思传》和《马克思主义的三个来源与三个组成部分》（1938. 5. 5）、《论民族战争——节录列宁论尤尼乌士之小册子一文》（1938. 5. 7）、《马克思主义与民族战争问题》（1938. 7. 9）、《落后的欧洲与先进的亚洲》（1938. 10. 10）等马列主义经典著作的文章；还发表了《纪念"革命中之圣人"——列宁》、《列宁纪念，苏联举行盛大仪式》、《千万群众瞻仰列宁遗容，十四年来达千二百万人》、《列宁博物馆近况》等纪念报道，以及《斯达林关于苏联新宪法草案得报告》等新闻活动报道10篇;另外,还刊发毛泽东的著作2篇——《抗日游击战争的战略问题》(附照片)(1938.6.21)和《论新阶段——抗日民族战争与抗日民族统一战线发展的新阶段》(1938.12.7),以及其他关于毛泽东的个人访谈、电文、题词书信等10篇(份)。通过这些文章和报道在国统区公开宣传马列主义以及中国共产党的主张。此外,《新华日报》还充分报道了包括国民党将士在内的中国军队英勇抗战的事迹,极大地鼓励和动员了大后方的民众,并积极为国统区争取民主权利改善民众生活呐喊,成为为民主党派和知名人士提供揭露黑暗、鞭挞投降的舆论阵地,因而产生了巨大的影响。仅仅过了半年,到1938年7月份《新华日报》在全国的发行数量就突破了两万份大关,9月份更迅速上升。至武汉失守前夕,仅武汉三镇发行量就由原来两千份猛升到一万余份。①

但是需要指出的是,受王明右倾错误思想影响,创刊初期的《新华日报》在宣传党的理论方针路线方面未能完全发挥出应有的作用。1937年8月22日至25日中共洛川会议确立了党在抗战时期的基本方针,即中共必须在军事和政治路线上坚持"统战原则下的独立自主"。但是,刚从苏联回国的王明却提出"建立全国统一的军队"、"统一的政权"、"一切经过统一战线"等错误主张,把抗战的希望完全寄托在国民党政府和军队身上;反对党对抗战独立领导权及在统一战线中独立自主原则。1937年12月18日,经党中央批准成立长江局,王明任书记。12月23日《新华日报》党报委员会成立,王明任主席。1938年1月《新华日报》成立董事会,王明又担任董事长,成为《新华日报》实际领导者。受王明错误思想的影响,武汉出版的《新华日报》在国共政治合作初期坚持围绕"一切经过统一战线"、"一切围绕统一战线"的中心进行宣传,主动放弃共产党和人民军队的独立自主地位,将抗战领导权拱手让给国民党,在马克思主义大众化方面既有贡献也有明显不足。而且,在宣传方面王明又

---

① 参见唐正芒:《国统区抗战文化运动史稿》,中国文史出版社2001年版,第78页。

比较喜欢突出自己，直接影响了中共中央方针政策的解释宣传。根据《新华日报》索引统计，在1938年，《新华日报》刊发的与王明有关的报道、文章达18篇，而同时期刊发与毛泽东有关的报道、访谈、著作仅10篇。

二、《群众》周刊在武汉时期办刊情况

《群众》周刊虽然早于《新华日报》创刊，但隶属于《新华日报》报馆管理领导，与《新华日报》是两块牌子一套人马。潘梓年既是《新华日报》社长，也是《群众》周刊主编。但《群众》周刊的实际负责人是许涤新，编辑主要有戈宝权、乔冠华、郑新如、李仲和等。由于日军的进犯，武汉三镇于1938年10月25日沦陷。《新华日报》《群众》周刊被迫同时迁往重庆继续办刊。从1937年12月11日于汉口创刊，到1938年10月25日武汉沦陷，《群众》周刊共出版了36期。

在武汉办刊期间，由于种种原因，《群众》周刊曾被迫停刊了三个月之久。作为党的理论刊物，《群众》周刊根据周恩来的指示，更多地从马克思列宁主义出发，更多地从理论角度出发，帮助广大读者理解抗日战争的正义性和抗战胜利的必然性，同时，还从理论的角度出发，去批判当时一切不利于抗战以致破坏抗战的各种反动谬论。因此，在宣传马列主义和党的方针政策方面做了不少工作。武汉办刊时期，在《群众》周刊上刊发的马克思主义和党的理论政策的文章有以下几类：

（1）关于介绍马克思生平与传记的著作1篇：凯丰的《马克思与中国》（第1卷第22期，1938年5月14日）；

（2）关于列宁的著作：有《列宁论青年的学习问题》（1920年10月2日在苏俄共产青年团第3次全国代表上的演说）（第2卷第4期，1938年的7月2日）；唯真译《马克思主义与民族战争问题》（第2卷第5期，1938年7月9日），《“我的位置，是在别人前面，是在前线上。”》（1919年10月24日对司维德洛夫大学毕业生的演讲）（第2卷第6、7期，1938年7月23日）；柯柏年译《纪念恩格斯》（第2卷第8、9期，1938年8月13日）。

（3）关于斯大林的著作，包括有：吴敏译《史达林复伊凡诺夫的信》，（第1卷第18期，1938年4月17日）；海浪译《斯大林论红军的三个特点》（红军成立10周年纪念日在莫斯科苏维埃大纪念大会上的演说，1938年2月28日在《真理报》上发表）（第1卷第21期，1938年5月7日）；可夫译《斯大林的演说》（1938年5月17日在克里姆林宫招待高级学校工作人员宴会上，1938年5月19日《真理报》上发表）（第2卷第8、9期，1938年8月13日）。

（4）关于毛泽东的著作：《毛泽东先生与延安新中华报记者其光先生的谈话》，（第1卷第10期，1938年2月12日）；《抗日游击战争的战略问题》（第2卷第3期，1938年6月25日）。

（5）关于“第三国际”的文章有：宝权译《共产国际五一节的宣言》（第2卷第1期，1938年6月11日）；《共产国际执行委员会主席团的决定》（译自《共产国际》七月号）（第2卷第10期，1938年9月10日）。

（6）关于党的会议和党的文献，以及阐述党的路线政策等方面的文章，包括：《关于准备召集党第七次全国代表大会的决议》（第1卷第4期，1938年1月1日）；陈绍禹的《三月政治局会议的总结——目前抗战形势与如何继续抗战和争取抗战胜利》（第1卷第19期，1938年4月23日）；周恩来《关于所谓“中国共产党的策略路线”一书问题的公开信》（第1卷第21期，1938年5月7日）；《中共中央关于党报问题给地方党指示》（转载解放三十六期）（第1卷第22期，1938年5月14日）；洛甫的《读了“张国焘敬告国人书”之后》（第2卷第4期，1938年7月2日）。《中国共产党湖北省委员会为纪念“八一三”告同胞书》（第2卷第8、9期，1938年8月13日）；《中共湖南省委为保卫湖南宣言》（第2卷第10期，1938年9月10日），《中国共产党湖北省委会纪念“九·一八”七周年宣言》（第2卷第11期，1938年9月18日）。

但是，同样受王明错误思想影响，武汉时期《群众》周刊也有着一些明显的错误和缺点。“对于国民党的压制民主、压制群众运动的反动行径，批判得很不够”，“在那种‘一切服从统一战线，一切通过统一战线’的右倾机会主义的领导之下,自然只注意团结而忽视了斗争”①。据统计,1938 年六届六中全会长江局撤销之前,陈绍禹(王明)在《群众》周刊上就发表了 8 篇文章(整个抗战期间王明在《群众》周刊总共发文 11 篇,主要集中在其担任长江局书记期间,其他分别是 1939 年刊发 2 篇,1940 年刊发 1 篇)②。

虽然说,在国民党严格新闻审查的高压下,刚创办的《新华日报》《群众》周刊为求得生存和迅速打开舆论局面,在宣传策略上需要灵活一些,多报道了国民党当局正面战场的消息以促进其积极抗日是必要的。同时,又因为远离党中央,通讯联络比较困难,在办刊过程中出现一些失误和挫折也是在所难免,但是,作为中国共产党的机关报刊,在某个时期过于突出王明个人,未能贯彻中央要求及时全面准确地报道党的抗日方针政策,这其中很大一部分原因是受到长江局的主要领导王明错误思想的消极影响干扰。由于王明的右倾投降主义错误路线,在武汉时期,《新华日报》日销售量一直徘徊在一万二三千份,在武汉报界处于中游。而同时期影响较大的大牌老报《大公报》销售量达两万左右。③ 后经中央严肃批评和组织上的及时调整,局面很快发生变化。

第二节 重庆初期的《新华日报》《群众》周刊(1938 年 10 月—1939 年 12 月)

为进一步推动全民族抗战形势发展,中共中央及时纠正了王明的错误,撤

① 《〈群众〉周刊回忆录》,群众杂志社 1989 年版,第 13 页。

② 分别是:《挽救时局的关键》(1938. 1. 1)、《苏联社会革命二十周年与中国人民的对日抗战》(1938. 1. 22)、《抗战中的几个问题》(1938. 1. 29)、《三月政治局会议的总结——目前抗战形势与如何继续抗战和争取抗战胜利》(1938. 4. 23)、《陈绍禹、周恩来、秦博古三先生答复子健先生的一封公开信》(1938. 5. 7)、《世界青年与中国青年的团结》(1938. 6. 4)、《我们对于保卫武汉与第三期抗战问题底意见》(1938. 6. 18)、《关于“拥护国民政府实施抗战建国纲领提案”底说明》(1938. 7. 23)、《陈绍禹题词:五一纪念劳动创造世界》(1939. 5. 28)、《坚持抗战国策克服投降危险》(1939. 7. 16)、《促进宪政运动努力的方向》(1940. 2. 20)。

③ 参见韩辛茹:《新华日报史》,重庆出版社 1990 年版,第 48 页。

销长江局。1938 年 9 月 26 日，成立由周恩来担任书记的中共中央南方局领导国统区和长江以南区域的抗战工作，同时负责《新华日报》的出版发行工作。10 月 25 日，武汉被日寇占领。《新华日报》总馆迁到重庆化龙桥虎头岩继续办报。在以周恩来为书记处书记的南方局领导下，从新闻宣传、政策表述上与党中央确定的政治路线、军事方针保持一致，并进行了充分的贯彻与宣传，逐步纠正和肃清了王明对报社的影响，使得《新华日报》《群众》周刊走上了健康发展的道路。《新华日报》迁到重庆之后发行量迅速增长，最高日发行量曾达到五万份，不仅极大地扩大了中共在国统区的政治影响，也迎来了国统区马克思主义大众化的高峰。据统计，从 1938 年 12 月到 1945 年 8 月，《新华日报》和《群众》周刊总共发表了马列主义经典著作相关文章 167 篇，其中《新华日报》上发表文章 91 篇，《群众》周刊上 76 篇。① 以及大量关于延安整风、中国共产党领袖著作、语录、活动报道和介绍各国共产党状况、国际共产主义运动等方面的许多文章。②

有学者提出，从 1938 年末到 1939 年是马列主义在重庆地区传播的起步

① 参见肖艳：《抗日战争时期重庆地区马列主义传播》，西南大学硕士学位论文，2013 年，第 21 页。

② 如：《菲律宾共产党为建立反军阀法西斯主义统一战线致菲律宾与中国人民书》（第 3 卷第 3 期 1939 年 6 月 4 日），世纶译《我们继续斗争，我们一定胜利！摘译自西班牙共产党卡达龙纳统一社会党五一联合宣言》（第 3 卷第 4 期，1939 年 6 月 11 日），朱世伦《二十年来英勇奋斗的法国共产党》（第 3 卷第 18、19 期，1939 年 10 月 29 日），《法国共产党宣言》（第 5 卷第 9、10 期，1940 年 10 月 30 日），《意大利共产党反战宣言》（第 5 卷第 11 期，1940 年 11 月 15 日），吴文焘译《德国共产党宣言》（第 5 卷第 15、16 期，1940 年 12 月 25 日），《加拉彻同志谈英国共产党政策》（第 6 卷第 7 期，1941 年 6 月 30 日），《英国共产党宣言，号召和苏联团结起来》（第 6 卷第 7 期，1941 年 6 月 30 日），《美国共产党宣言》（第 6 卷第 7 期，1941 年 6 月 30 日），《西班牙共产党中央委员会宣言》（第 7 卷第 19 期，1942 年 10 月 15 日），柯山的《日本共产党的诞生》（第 7 卷第 21 期，1942 年 11 月 15 日），柯山《日共党内两条战线的斗争》（第 7 卷第 22 期，1942 年 11 月 30 日），《冈野进同志告日本国民书》（第 8 卷第 16 期，1943 年 9 月 30 日），汉夫《美国共产党解散了吗?》（第 9 卷第 12 期，1944 年 6 月 30 日），《法国共产党的新任务——1944 年 4 月 21 日在阿尔及尔共产党大会上的报告书》（第 9 卷第 14 期，1944 年 7 月 30 日），《日本共产党简史》（第 10 卷第 15 期，1945 年 8 月 5 日）等。

阶段。[1]《新华日报》《群众》周刊迁至重庆出版的初期，正是国民党节节败退，抗战处于防御阶段的时期。因此，为维护和争取抗日民族统一战线的团结，为坚定全国军民抗战必胜的信心，主要是发表团结抗战、坚持持久抗战的文章。在报道倾向上，对蒋介石的抗战活动给予了正面评价，且多刊发在要闻版的显著位置，以显示对蒋介石政治领袖地位的认可。仅 1938 年 10 月至 1939 年 10 月的一年时间，《新华日报》发表 10 多篇社论。包括：《坚持持久战》（1938. 10. 26）、《希望于第二次参政会者》（1938. 10. 28）、《拥护蒋介石告全国国民书》（1938. 11. 2）、《对基本国策不许含糊》（1938. 11. 5）、《蒋介石斥敌声明》（1938. 12. 27）、《民族自尊心》（1938. 12. 30）、《除奸与抗战》（1939. 1. 5）、《全国一致拥护抗战到底》（1939. 1. 13）、《响应蒋介石的新号召》（1939. 1. 22）、《为实现中山先生遗教而奋斗》（1939. 3. 12）、《蒋介石的谈话》（1939. 4. 19）、《汪派汉奸无耻已极！》（1939. 4. 28）、《反汪派斗争的关键》（1939. 8. 19）、《彻底肃清汪派叛逆》（1939. 8. 26）、《检举汉奸》（1939. 8. 30）、《汪逆丑剧》（1939. 9. 1）、《蒋委员长重要谈话——抗战到底反对投降，抗战建国目的不达不止》（1939. 10. 2）、《抗战到底，反对投降》（1939. 10. 3），等。

但是，作为中国共产党的机关报刊必然要承载理论宣传和马克思主义大众化的使命与任务。在这一阶段，《新华日报》与《群众》周刊刚刚迁入重庆，由于重庆是当时国民党政府的战时首都，面对着国民党严厉的新闻舆论监管，显得举步维艰。据统计，从迁到重庆办刊到 1938 年底，《新华日报》总共刊登关于马列主义著作的文章 8 篇，还基本上是在马克思、列宁诞辰或逝世纪念日刊登。而在《群众》周刊上，由于《群众》周刊偏重于理论且影响力远不如《新华日报》，对于一般普通民众而言显得较为深奥，因此国民党对于它的监控也

---

① 参见肖艳：《抗日战争时期重庆地区马列主义传播》，西南大学硕士学位论文，2013 年，第 21 页。

没有像《新华日报》那样严格，所以这时期的一年多里总共发表了关于马列主义的文章21篇。① 但是，总体而言对于马列主义经典原著翻译的文章还是太少，且主要是潘梓年、章汉夫等人对于马列主义原理的阐释性文章。

红军长征结束和国共合作抗日局面的形成，使得中国共产党有可能对长期党内存在的主观主义特别是教条主义错误思想进行清理。1938年10月，党的六届六中全会提出了马克思主义在中国具体化的时代任务。为适应中国革命和抗战形势发展的需要，加强党的建设，解决党内的思想矛盾，提高全党特别是党的高级干部运用马克思主义的水平，会后在全党特别是在高级干部中掀起了学习运动，之后又开展了整风运动。受干部理论学习运动和延安整风运动影响，《新华日报》和《群众》周刊从最初偏重毛泽东、朱德等中国共产党领导人著作的宣传介绍，到1940年之后越来越加大了传播经典马列主义的力度，关于介绍马列主义原著的文章，以及马恩列斯著作出版的广告、马列主义著作的翻译以及解读性文章的分量越来越多。这一时期，《新华日报》刊发的关于马克思列宁主义著作及其发行情况、毛泽东著作和中国共产党的文献主要有：

一是介绍马列著作销售情况的消息报道。主要有：《苏联：列宁全集共印三六四五版，销出一万万余册》（1939年4月1日），《苏联文化突飞猛进，马恩列斯的著作销售惊人》（1939年4月28日）等。

二是发表了大量的纪念马克思和列宁逝世15周年的社论、消息和著作。如《苏联各地积极筹备列宁逝世纪念日》（1939年1月11日），《列宁的事业是人类解放的事业（社论）》（1月21日），凯尔任采夫著、邓静溪译《在克里姆林工作的列宁——列宁传里一章》（1939年1月21日），许力原的《高尔基笔下的列宁——“和列宁相处的日子”读后感（书报评价）》（1939年1月21日）《苏联各地举行列宁逝世纪念日》（1939年1月23日），《各国纪念伟大的列

① 参购肖艳：《抗日战争时期重庆地区马列主义传播》，西南大学硕士学位论文，2013年，第16页。

宁》(1939 年 1 月 24 日),《苏联举行列宁展览》(1939 年 1 月 25 日),《(苏联)人民纷往谒列宁墓》(1939 年 1 月 26 日),《各国热烈纪念列宁——在法国、在瑞典》(1939 年 1 月 26 日),高尔基作、戈宝权译《纪念伟大的导师列宁》(1939 年 4 月 22 日),《纪念两个伟人马克思和孙中山(社论)》(1939 年 5 月 5 日)等。

三是关于马列主义学习的著作:《读什么哲学书?》(读者信箱 1939 年 2 月 4 日),艾思奇《正确的工作态度和工作方法就是辩证法——研究哲学的基本认识》(1939 年 9 月 5 日),秦正邦、孙起孟《从我们的工作经验说起》(1939 年 10 月 15 日),席特考夫斯基作、吴敏译《马克思主义辩证法的法则及其运用》(1939 年 12 月 18 日)。尤琴著、博古译《马列主义哲学上底不可估价底贡献》(1939 年 12 月 21 日),姆·叶果洛夫作、吴敏译《思想在社会发展中的作用》(1939 年 12 月 25 日)等。

四是关于列宁的著作和传记有:1939 年 3 月 6 日刊发列宁著、吴敏译《第三国际和它在历史上的地位》(附列宁的照片)、《社会主义的原则与一九一四年的战争》(1939 年 11 月 4 日、5 日)等。

五是关于毛泽东著作和毛泽东活动的消息:这一时期,《新华日报》共刊登 17 篇涉及毛泽东的活动报道,报道内容除了毛泽东的谈话、电文和重要文件外,还有毛泽东的专访及日常活动等。如:毛泽东著《中国军队应当学习苏联红军——为苏联红军 21 周年纪念——2 月 23 日应苏联真理报征文而作》(1939 年 3 月 17 日),《五四运动》(1939 年 5 月 5 日),《当前时局的最大危机(代论)》(1939 年 7 月 7 日),《中共领袖毛泽东论目前国际形势与中国抗战》(1939 年 9 月 6 日);消息报道有《陕甘宁组织生产队,毛泽东等同志参加劳动》(1939 年 4 月 19 日),卡尔曼作、卢竞成译《毛泽东会见记》(1939 年 8 月 28 日)、《毛泽东与秦邦宪等联衔:我们对于过去参政会工作和目前时局的意见》(1939 年 9 月 9 日),《中国共产党领袖毛泽东同志与中央社等记者谈话》附相片(1939 年 10 月 19 日),毛泽东《斯大林是中国人民的朋友》(1939 年 12

月 21 日)，等等。通过《新华日报》的一系列报道，国统区民众对毛泽东和延安共产党人有了更多的了解，毛泽东的领袖形象和个人魅力开始在国统区民众中得以树立。在版面的安排上，关于毛泽东活动的报道也从原来的三、四版位置调整为一、二版的比较显著的位置。同时这也说明了毛泽东在中国共产党中的领袖地位正在逐步形成和巩固。

除了《新华日报》，这一时期《群众》周刊刊发的关于马克思列宁主义著作及其发行情况、毛泽东著作和中国共产党的文献主要有：

第一类，介绍经典马克思主义著作以及学习的理论文章。1939 年 3 月 25 日，《群众》周刊第二卷第 19 期何思敬的《资本论自修——列宁的指示(拾零)》，1939 年 4 月 15 日，第二卷第 22 期，吴敏译，米丁著《马克斯—列宁的理论不是教条二是行动的指南》，1939 年 5 月 1 日，曹若茗译，曼努意斯基著《列宁与国际工人运动》，1939 年 10 月 29 日，《群众》周刊第 3 卷第 18、19 期，许涤新的《马克思论战争》、艾思奇《怎样研究辩证唯物论》、许涤新译《理解资本主义所必需底预备知识——怎样研究资本论第一章》，1939 年 12 月 31 日，第三卷第 25 期，戈宝权译，米丁作《论马克思的“政治经济学批判”——“政治经济学”批判出版 80 周年纪念》等。

第二类，介绍和学习《联共(布)党史简明教程》的辅导资料和相关文章。1938 年 10 月苏联出版了由斯大林亲自主编的《联共(布)党史简明教程》一书，将其作为全苏党员干部学习马列主义的指定教材。1938 年底该书传入中国，中共掀起了学习该书的高潮。因此，《群众》周刊从 1939 年起刊发了大量的相关学习文章和学习资料。如：1939 年 1 月 10 日，《群众》周刊第二卷第 13 期发表章汉夫的介绍《辩证唯物主义和历史唯物主义——苏联共产党(布)史简明教程第四章第一节》(译者博古，出版者中国出版社)文章。1939 年 2 月 28 日第二卷第 16 期发表了凯丰的《联共布党史简明教程的历史意义和国际意义》一文，以及学习《联共(布)党史简明教程》的系列辅导资料，如：A.西道罗夫作，戈宝权译《关于列宁著〈俄国资本主义发展〉一书——联共(布)党史研究资料之一》(第3卷第1期,1939年5月21日),I.拜尔兴作、戈宝权译《俄国为什么废除了农奴制度?——联共(布)党史研究资料之二》(第3卷第2期,1939年5月28日),M.伏林作、戈宝权译《〈劳动解放〉社——联共(布)党史研究资料之三》(第3卷第3期,1939年6月4日),戈宝权译《什么是乌托邦社会主义?——联共(布)党史研究资料之四》(《布尔维克》杂志)(第3卷第5期,1939年6月18日),雅罗斯拉夫斯基作、戈宝权译《革命的民粹派和自由主义的民粹派——联共(布)党史研究资料之五》(第3卷第6、7期,1939年7月2日),叶高罗夫作、戈宝权译《关于普列汉诺夫的〈我们的分歧〉一书——联共(布)党史研究资料之六》(第3卷第8、9期,1939年7月16日),雅罗斯拉夫斯基、戈宝权译《列宁的革命活动之开始及彼得堡的争取工人阶级解放斗争同盟(上)——联共(布)党史研究资料之七》(第3卷第10期,1939年7月23日),《列宁的革命活动之开始及彼得堡的争取工人阶级解放斗争同盟(中)——联共(布)党史研究资料之七》(第3卷第11期,1939年8月13日),《列宁的革命活动之开始及彼得堡的争取工人阶级解放斗争同盟(下)——联共(布)党史研究资料之七》(第3卷12期,1939年8月20日),V.李绍夫作、戈宝权译《"争取工人阶级斗争同盟"——联共(布)党史研究资料之八》(第3卷第13期,1939年8月27日),V李绍夫作、戈宝权译《谁是"经济派",为什么列宁要和他们做斗争?——联共(布)党史研究资料之九》(第3卷第14期,1939年9月3日),戈宝权译《什么是合法的马克思主义?——联共(布)党史研究资料之十》(布尔什维克杂志)(第3卷第15、16期,1939年9月17日),戈宝权译《一九〇五年前俄国工人革命运动的高涨——联共(布)党史研究资料之十一》(《青年布尔什维克杂志》)(第3卷第17期,1939年9月24日),I.明支作、戈宝权译《论正义与非正义的战争(上)——联共(布)党史研究资料之十二》(第3卷第18、19期,1939年10月29日),《论正义与非正义的战争(下)——联共布党史研究资料之十二》(第3卷第2期,1939年11月7日),I.巴康诺夫作、戈宝权译《论布尔塞维克党在一九一四年至一九一八年战争中的策略（上）——联共（布）党史研究资料之十五》（第3卷第23期，1939年12月10日），等等。

第三类，关于中共中央的重要文献以及解读党的方针政策的理论文章。1938年12月25日，《群众》周刊第二卷第12期刊发社论《中国共产党六中全会的决议及其他文件》，汉夫的《抗战时期的国内少数民族问题》、《抗日民族自卫战争与抗日民族统一战线发展的新阶段》（中国共产党扩大的六中全会根据毛泽东同志报告通过的决议）、《中共扩大的六中全会关于召集第七次全国代表大会的决议》《中国共产党扩大的六中全会告全国同胞、全体将士和国共两党同志书》《中国共产党扩大的六中全会致蒋委员长电》《中国共产党扩大的六中全会致东北义勇军及全体同胞电》《中国共产党扩大的六中全会致八路军新四军电》等，以及1939年刊发的《中国共产党中央委员会为开展国民精神总动员运动告全党同志书（1939年4月26日）》（第3卷第1期，1939年5月21日）、《中国共产党中央委员会为纪念抗战两周年对时局宣言（1939年7月6日）》（第3卷第8、9期，1939年7月16日）。

第四类，介绍苏联和中国共产党领导的根据地建设成就的文章。1939年3月11日，《群众》周刊第二卷17、18期刊发《晋察冀边区抗日根据地是怎样创造起来的》。1939年3月25日，第二卷第19期发表克寒的《晋东南抗日根据地的政权》。1939年4月1日，第二卷第20期发表社论《学习学习再学习》、莫洛托夫的《第三个五年计划》。1939年5月1日第二卷第23期“五一特刊”刊发了朱世纶的《日益改善的苏联工人生活》、杜映的《陕甘宁边区生产运动的浪潮》等。

第三节　共产国际解散前的《新华日报》《群众》周刊（1940年1月—1943年5月）

抗战进入相持阶段之后，形势越发复杂。国民党加紧了分裂摩擦和反共剿共的步伐。以毛泽东同志为主要代表的中国共产党人与之进行了坚决的斗争，及时对国民党展开了“全面的、进攻的宣传战”，不仅在理论、政治、军事、文化、文艺、教育、经济以及历史科学和自然科学等“各方面建立和巩固了我们的作战阵线”，而且以“科学的立场，解释共产主义和中共适合中国国情之需要”，“努力于马列主义中国化的事业”。[①] 重庆的《新华日报》和《群众》周刊也发表了一系列文章进行坚决还击，如《纪念马克思与孙中山》、《列宁与中国》等，正确介绍了共产主义与三民主义及其联系，大力宣传了马列主义及其与中国革命实践的结合，有力批驳了陶希圣、叶青等人对马列主义和共产主义的歪曲和攻击。据笔者统计，从 1940 年 1 月到 1943 年 5 月共产国际宣布解散之前，《新华日报》共发表与马列主义相关的文章与评论共 52 篇，《群众》周刊共 51 篇。党报党刊使得马列主义在国统区的传播更加广泛深入，民众对于马列主义也有了更好的认识。

一、1940 年《新华日报》《群众》周刊刊发马列主义和毛泽东著作等情况

1.《新华日报》的刊发情况

一是关于纪念学习马克思的社论、传记和学习著作。包括：1940 年 5 月 5 日就发表了《伟大的五五纪念（社论）》，马克思像（木刻），列宁著、戈宝权翻译的《马克思的生平、著作及其事业》，以及李卜克内西作、曼生译的《作为革命者的导师和教育者的马克思》（5 月 5 日），7 月 10 日《毕生在穷苦斗争中的马克思》，7 月 24、25 日发表柯柏年的《马克思的读书方法》。在纪念马克思 122 周年诞辰时，这一年又是恩格斯诞辰 120 周年，因此，《新华日报》刊发了不少关于纪念恩格斯 120 周年诞辰的文章。如 11 月 28 日发表《纪念恩格斯的诞生（社论）》。同一天，11 月 28 日刊登《今日恩格斯诞辰 120 周年，苏联各

① 中共中央文献研究室：《毛泽东著作专题摘编》，中央文献出版社 2003 年版，第 344 页。

地热烈纪念》(附木刻像),还有葆荃编译的《恩格斯的生平、著作及其事业》(11 月 28 日),《恩格斯著作风行全苏联,各书用 10 余种文字运印行,销数大半超过百万册》(11 月 29 日),以及华赓抗《纪念恩格斯感言》(11 月 29 日)、《〈真理报〉(载文)纪念恩格斯诞辰 120 周年》(12 月 1 日)。

二是关于列宁著作和传记。主要有:列宁著、徐冰译《巴黎公社的教训》(附木刻"巴黎公社万岁")(3 月 18 日),列宁作,黎平、石巍合译《马克思学说的历史命运》(5 月 5 日),列宁作、戈宝权译《写给女工们——妇女问题理论介绍之一》(8 月 22 日),列宁作、戈宝权译《迎接国际女工节——妇女问题理论介绍之二》(9 月 6 日),列宁作、戈宝权译《列宁论托尔斯泰》(11 月 20 日),文晖《读列宁帝国主义论以后》(1 月 23 日),威哥茨基作、卢竟如译《列宁著的"帝国主义是资本主义的最高阶段"一书》(7 月 18),美国著名人民作家德莱塞论列宁《为列宁精神所渗透的人民,誓必为人类解放永远奋斗》(4 月 24 日),《苏联七万人民拜谒列宁墓》(1 月 26 日),《列宁遗迹,卡芬新区内有 11 处之多》(4 月 9 日),《光荣之发掘:列宁曾在基西尼夫秘密印刷"火花报"》(7 月 13 日),《罗夫树立列宁纪念碑》(9 月 14 日),济尼夫斯基作、林大译《列宁年轻的时候》(10 月 26 日),另外,纪念列宁逝世 16 周年,也发表了系列的纪念文章和社论,包括《纪念列宁逝世十六周年(社论)》(1 月 21 日)和木刻、照片和宣传画。许涤新《列宁的合作社计划与社会主义建设》(1 月 21 日),汉夫《列宁论战争》(1 月 21 日),吴敏《列宁与被压迫民族解放运动》,钟灵的列宁像(木刻),石西民《列宁与十月革命——为纪念列宁逝世 16 周年而作》,杨慧琳《列宁是妇女解放的明灯》(1 月 22 日)等相关文章。还有纪念列宁 70 周年诞辰发表的报道文章:《全苏人民热烈筹备庆祝列宁诞辰,纷组旅行团赴各地瞻仰遗迹》(1940 年 4 月 11 日),梓年《纪念革命的圣人列宁的诞辰》(附照片)(4 月 22 日),杜伯洛夫斯基作、范剑涯译《被压迫人类解放的伟大导师》(附照片两张)4 月 22 日,戈宝权《列宁的著作在苏联和各国》(4 月 22 日),《苏联全国人民热烈纪念列宁七十诞辰,各城市纷纷举行展览会》(1940 年 4

月23日），以及关于斯大林著作与传记：席特考夫斯基作、慕刚译《斯大林对马列主义哲学的发展》（2月5日），《斯大林——人类爱戴所宗》（2月4日）。

三是关于马克思列宁主义学习的著作。包括：席特考夫斯基著、慕刚译《斯大林对于马列主义哲学的发展》（2月5日），《关于哲学上的几个问题（信箱）》（1月25日），伊林《我学习新哲学的经验》（2月9日）、梓年《怎样学习哲学?》（2月21日），《内容与形式、现象与本质》（信箱）（6月16日），铁马《关于学习哲学的二三见解》（11月17日），斯里辅克尔作、慕刚译《列宁主义是马克思主义的发展》（11月9日），春江译《什么是教条的马克思主义与创造性的马克思主义?》（9月26日）。

2.《群众》周刊的刊发情况

关于马克思著作学习的文章不多，仅有许涤新的《论马克思的雇佣劳动与资本》（《群众》周刊第4卷第12期1940年4月30日）。

关于列宁、斯大林、毛泽东的原文著作发表比较多，且主要是关于列宁和斯大林的。主要有以下这些篇章：《论斯托哥尔摩会议》，徐冰译，第四卷第二、三期，1940年1月30日，《关于苏维埃共和国中女工运动底任务》（1919年9月23日在第四次莫斯科全市非党女工大会上的演说），焦敏之译，第四卷第7期，1940年3月8日，《纪念巴黎公社》（1911年4月25日《工人报》第415期），徐斌译，第4卷第8期，1940年3月18日，《学生运动与目前形势》（1908年10月16日《无产阶级》报第36期），徐冰译，第四卷第13期，1940年5月10日。《抵制布里根国会》（1905年8月16日《无产阶级》第12期），徐冰译，第四卷第15期，1940年5月30日。《应该抵制杜马吗？——〈布尔什维克〉底纲领》（1906年1月），徐冰译，第4卷16、17期，1940年6月20日。《无产阶级和无产阶级政党——关于党章第一条》，1940年7月25日第5卷第1期。《斯大林论民族文化》，戈宝权编译，1940年8月10日第5卷第2期。《斯大林论苏联文化革命》，戈宝权编译，1940年11月15日第5卷11期。《新的民主主义的政治与新的民主主义的文化》，1940年4月10日第4

卷第10期。

关于介绍和学习《联共(布)党史简明教程》的辅导资料和相关文章。包括:亚罗斯拉夫斯基作,徐冰译《马克思列宁主义基本认识底一部百科全书——为〈联共(布)党史简明教程〉出版周年纪念而作》(第4卷第7期,1940年3月8日),《联共(布)党史简明教程》的参考书目(第5卷第9、10期,1940年10月30日),《论布尔什维克党在一九一四年至一九一八年战争中的策略(下)——联共(布)党史研究资料之十五》(第4卷第1期,1940年1月10日),F.耿金娜作、博古译《关于列宁的〈什么是"人民之友"和他们如何反对社会民主派〉一书——联共(布)党史研究资料之十六》(第4卷第2、3期,1940年1月30日),M.希密特作、戈宝权译《关于列宁的〈做什么?〉一书——联共(布)党史研究资料之十七》(第4卷第4期,1940年2月10日),I.梯特金作、戈宝权译《列宁的〈做什么?〉一书的提要——联(布)党史研究资料之十八》(第4卷第5期,1940年2月20日),E.希尔若洛夫作、戈宝权译《列宁的〈进一步退两步〉一书——联共(布)党史研究资料之十九》(第4卷第6期,1940年2月29日)、A.谢斯塔科夫作、戈宝权译《一九〇四年至一九〇五年的日俄战争——联共布党史研究资料之二十》(第4卷第8期,1940年3月18日),乌拉索娃作、戈宝权译《俄国社会民主工党第二次代表大会——联共党史研究资料之二十一》(第4卷第9期,1940年3月31日),戈宝权译《布尔塞维克对一九〇四年至一九〇五年日俄战争的态度——联共(布)党史研究资料之二十二》(第4卷第10期,1940年4月10日),A.库奇金作、戈宝权译《一月九日——是第一次俄国革命的开始——联共(布)党史研究资料之二十三》(第4卷第11期,1940年10月20日),M.巴甫洛夫作、戈宝权译《论列宁的〈在民主革命中社会民主党的两个策略〉(上)——联共(布)党史研究资料之二十四》(第4卷第12期,1940年4月30日),《论列宁的〈在民主革命中社会民主党的两个策略〉(上)——联共(布)党史研究资料之二十五》(第4卷第13期,1940年5月10日),A.比亚思科夫斯基作、戈宝权译《〈前进报〉与一九〇五年革命的思想上的准备——联共(布)党史研究资料之二十六》(第4卷第14期,1940年5月20日),S.科库西金作、戈宝权译《一九〇五年的工人代表苏维埃(上)——联共(布)党史研究资料之二十七》(第4卷第16、17期,1940年6月20日),《一九〇五年的工人代表苏维埃(下)——联共(布)党史研究资料之二十八》(第4卷第18期,1940年7月7日),A.比乔尔斯基作、戈宝权译《"波乔姆金号"战斗舰上的起义——联共(布)党史研究资料之二十九》(第5卷第1期,1940年7月25日),A.顾勒维奇作、戈宝权译《一九〇五年莫斯科十二月武装起义及其教训(上)——联共(布)党史研究资料之三十》(第5卷第3期,1940年8月25日),《一九〇五年莫斯科十二月武装起义及其教训(下)——联共(布)党史研究资料之三十一》(第5卷第4、5期,1940年9月10日),戈宝权译《俄国社会民主工党第五次伦敦代表大会——联共(布)党史研究资料之三十二》(第5卷第6期,1940年9月25日),《第一次俄国革命中的各个阶级——联共布党史研究资料之三十三》(第5卷第8期,1940年10月15日),雅罗斯拉夫斯基作、戈宝权译《俄罗斯社会民主工党第三次代表大会——联共(布)党史研究资料之三十四》(第5卷第9、10期,1940年10月30日),A.彼亚斯科夫斯基作、戈宝权译《斯托雷宾的反动——联共(布)党史研究资料之三十五》(第5卷第11期,1940年11月15日),E.哥罗杰支基作、戈宝权译《俄罗斯社会民主工党第五次代表大会第五次代表会议——联共(布)党史研究资料之三十六》(第5卷第12期,1940年11月25日),《普拉格代表会议及其历史意义——联共(布)党史研究资料之三十七》(第5卷第13、14期,1940年12月5日),《一九一二年至一九一四的新的革命高潮——联共(布)党史研究资料之三十八、三十九》(第5卷第15、16期,1940年12月25日),雅罗斯拉夫斯基作、戈宝权译《第一次帝国主义战争时期中的布尔什维克党》(第5卷第15、16期,1940年12月25日)等数十篇学习资料。

由于1940年是恩格斯诞辰120周年和列宁诞辰70周年。因此,关于介绍恩格斯、列宁的生平与传记,纪念恩格斯和列宁的社论,以及关于列宁著作的学习和研究的文章刊发相对往时要多一些。包括:葆荃译《恩格斯的生平、著作及其事业》(第5卷第13、14期,1940年12月5日)。王拓的《列宁的战斗精神及其工作作风》(第4卷第2、3期1940年1月30日),邓格尔作、企程译《列宁与工人阶级的统一》(第4卷第2、3期1940年1月30日),朔望、季龙译《列宁的遗产》(原文载《共产国际》英文版1939年1月号),(1940年1月30日第4卷第2、3期)。社论:《纪念列宁诞辰七十周年》、《群众》周刊第4卷第11期,1940年4月20日。何思敬译《列宁与克劳塞维茨》(1940年4月20日第4卷第11期、1940年6月20日第4卷第16、17期、1940年9月10日第5卷第4、5期),U.依里依杰夫著,卢竞如译《创造的马克思主义底典型著作(上)》(第4卷第13期,1940年5月10日),《创造的马克思主义底典型著作(下)》(第4卷第14期,1940年5月20日),梓年的《现代社会主义的创立者》(第5卷第13、14期,1940年12月5日),华西园的《恩格斯论民族问题——为纪念恩格斯诞辰一百二十周年而作》(第5卷第13、14期,1940年12月5日)。卢波尔作、曾芜明译《恩格斯〈费尔巴哈论〉一书的介绍》(第5卷第13、14期,1940年12月5日),葆荃的《恩格斯著作中译编目》(第5卷第13、14期,1940年12月5日)。潘梓年的《列宁怎样发展了马克思主义》(第4卷第2、3期,1940年1月30日)。李小元的《列宁在两条战线的斗争中所揭发的"政治逻辑"》(第4卷第2、3期,1940年1月30日)。顾伯荇的《论列宁的"帝国主义是资本主义底最高阶段"》(第4卷第2、3期,1940年1月30日)。章汉夫的《列宁主义的工作体裁》(1940年4月20日第4卷第11期),章汉夫的《列宁的〈帝国主义论〉与霍柏森》(第5卷第2期,1940年8月12日),质维雷夫作、熊复译《列宁论文化》(第5卷第4、5期,1940年9月10日)。F.Shnejder、闵廉译《列宁论无产阶级斗争的战略与策略》(第5卷第7期,1940年10月5日),维兴斯基作、范剑涯译《关于列宁的〈无产阶级革命与叛徒考茨基〉一书》(第5卷第9、10期,1940年10月30日),L.亨里希作、徐冰译《列宁论弱小国家和弱小民族》(第5卷第11期,1940年11月15日)。

在《群众》周刊上还刊发了介绍各国共产党状况的文章，包括：弗里德立克作、傅大庆译《各资本主义国家中的共产党刊物》（第5卷第13、14期，1940年12月5日），凯丰译《苏联共产党（布）党章的修改——日丹诺夫在联共（布）十八次代表大会上报告的提纲》（第2卷第20期，1939年4月1日），《光辉灿烂的胜利》（第5卷第6期，1940年9月25日），雅罗斯拉夫斯基的《伦敦代表大会与列宁及斯大林反孟什维克主义的斗争》（第5卷第6期，1940年9月25日）等。

二、1941年《新华日报》《群众》周刊刊发马列主义和毛泽东著作等情况

1.《新华日报》刊发情况

第一类是马克思、恩格斯著作、生平传记和研究著作。包括：1941年3月14日的报道《全英各地举行马克思纪念》，5月5日发表的时评《纪念马克思与孙中山》，7月20日和21日柯柏年发表的《马克思之为人》。另外，围绕着马克思列宁主义一般论述的研究和著作，也发表了几篇文章：5月14日，克安著《引证，还是篡改？评某报“战时马克思主义者”一文》，5月15日潘梓年《何登教授呼吁研究马列主义——自然辩证法英译本在美出版，何登作序》，《共产主义与马列主义—评陶百川“三民主义与共产主义”》（10月7日），10月31日纪民《读书杂记——关于列宁主义的一个问题（评“共产主义在中国”小册子）》。第二类关于列宁著作和传记。主要有：1941年1月19日报道的消息《列宁著作风行全球》，1月21日《列宁逝世17周年，全苏人民肃穆纪念》，1月21日《最能爱人类的列宁》、《列宁与斯大林》、《列宁在红军中》画两幅。1月22日列宁作、徐冰译《论饥馑的灾难——给圣彼得堡工人的一封信》，1月21日发表社论《纪念人类的伟大导师列宁》。1月23日发表《纪念列宁，莫斯科庄严仪式》，1月21日至24、26日、27日、29日、31日，连续刊载戈宝权译《列宁的故事》。2月23日井耳译《列宁与红军》。3月15日报道

《列宁全集各版概况》,3 月 15 日报道《联共中央决议刊行列宁全集第 4 版,〈真理报〉特撰论文》。4 月 22 日发表时评《纪念列宁的诞辰》,5 月 19 日发表《无产阶级革命家赞扬列宁博物馆,这是联共党史,是共产国际史》。5 月 25 日,吴克坚发表的《列宁论民族解放战争》,5 月 31 日尤琴作、傅大庆译《列宁全集第 4 版出书计划》。第三类关于毛泽东的著作、活动报道和传记等。包括:1941 年 5 月 26 日的《论持久战讲演三周年(时评)》,7 月 27 日《中共中央的决定和指示:关于反法西斯国际统一战线决定》,9 月 7 日《目前中国青年的任务就是打倒日本帝国主义》。10 月 19 日《鲁迅先生与新文化运动(节录新民主主义与新民主主义的文化)》。11 月 8 日刊载《毛泽东同志广播讲演(11 月 7 日,论国际形势与国内政治)》。11 月 9 日发表《毛主席语录:“全世界人类的任务是团结起来反对法西斯,而全中国人民的任务则是团结起来,反对日本的进攻。现在这两种团结都有大大加强的必要”》。11 月 24 日,《陕甘宁边区参议会上,毛泽东同志的演说》。第四类是中共中央文件精神。这一类比较多,其中包括:6 月 8 日《中共中央关于党员参加经济和技术工作的决定》,7 月 13 日《中国共产党中央委员会为抗战 4 周年纪念宣言》,7 月 27 日《中共中央政治局通知》(7 月 14 日的通知),7 月 27 日《中共中央的决定和指示:关于战争性质问题的指示》(中央书记处),7 月 27 日《中共中央的决定和指示:关于反法西斯国际统一战线决定》(中共中央委员会),8 月 27 日《关于最近国际事件,中共中央声明(对罗丘宣言与莫斯科三国会议的声明)》,9 月 7 日《中共中央青委关于纪念国际青年节的通知》,10 月 10 日《中共中央关于纪念今年双十节的决定》,12 月 14 日《中国共产党为太平洋战争宣言》,12 月 16 日《中共中央关于太平洋反日统一战线的指示》等。

2.《群众》周刊刊发情况

关于马恩经典著作的刊发有:1941 年 4 月 30 日第 6 卷第 3、4 期合刊本刊登了《恩格斯给布洛赫的信》,这是 1941 年所刊发的马恩经典原著的唯一一篇文章,也是《群众》周刊抗战时期所刊发的马克思恩格斯经典原著的唯一篇目。

关于列宁和斯大林著作发表有:《论在帝国主义时代民族解放战争的可能和卢森堡的错误》(摘自列宁论尤尼乌士之小册子),第6卷5、6期,1941年6月10日;1941年6月30日第6卷第7期发表《斯大林演说》。

关于恩格斯著作学习的文章有:博古译《马克思主义——列宁主义——统一的整个的学说》(第5卷第4、5期,1940年9月10日),纪龙译《恩格斯的军事经验》(第6卷第1、2期,1941年3月18日),伯托罗夫作、夏迪蒙译《恩格斯与军事科学》(第6卷第1、2期,1941年3月18日)。

关于列宁著作学习的文章有:斯吉巴阳著、刘光译《论列宁和斯大林的工作作风》(第6卷第1、2期1941年3月18日)。A.孟德尔逊作,焦敏之译《列宁——社会主义国家的创始者》(第6卷第3、4期1941年4月30日)。

关于斯大林的生平与传记有:A.斯丹泊娜亚作,剑涯译《一个革命者的诞生》(第6卷第34期1941年4月30日)。

总的来看,1941年《群众》周刊所刊发的关于马克思主义文章非常的少,仅有9篇文章,低至极点。这是和1941年初国民党发起新一轮反共高潮,制造了震惊中外的“皖南事变”有着直接关系。以此为借口,国民党加大了对中共在国统区党报党刊的迫害和扼杀。从1941年5月起,国民党为诋毁抗日宣传、遏制马列主义的传播,大办反动报刊、出版反动书籍,取缔进步报刊、书籍和出版社,对中国共产党发动了一场大规模的“宣传战”,查禁了许多马列主义著作和进步书刊。例如,在国民党“中央图书杂志审查委员会”1941年7月公布的“取缔书刊一览”中,开列的查禁书目竟达961种。这些遏制马列主义传播的手段当然会对国统区马列主义的传播和普及产生消极影响。由此导致《群众》周刊刊期被大幅度压减、刊发理论文章急剧减少。

三、1942年《新华日报》刊发马列主义和毛泽东著作等情况

1942年,虽然国民党并没有放松对中共在国统区报刊的迫害,根据国民

党中央图书杂志审查委员会1942年《三十一年度工作考察报告》,国民党为抵制马克思主义的传播,专门编辑出版了“思想斗争丛书”48种,共印销41.7万册;“唯物辩证法批判丛书”4种。① “中央图书杂志审查委员会”还要求,“至于其他公然鼓吹阶级斗争、强调阶级对立之书刊,则显然触犯审查标准,自应分别情节轻重,予以删削、检扣或暂行检扣,报请本会核办”。② 但是,由于“皖南事变”之后中国共产党采取了“有理、有力、有节”的针锋相对的斗争,击退了国民党的第二次反共高潮,加上1942年中共在全党范围开展了延安整风运动,党员干部思想理论水平、作风建设和素质提升得到显著提升。因此,1942年《新华日报》《群众》周刊在经历了1941年的艰难阶段之后,办刊环境有了一些缓和,在传播马列主义方面局面有所改善。

1942年《新华日报》发表关于马克思、恩格斯的著作和传记的文章有两篇:《马克思与孙中山(短评)》(5月5日)、伍辛《马克思的文学的现实主义》(5月8日)。关于马克思主义哲学研究的文章有3篇[7月4日的《关于哲学上的几个问题》(问题解答),8月27日发表的《论唯物论的重要》,12月17日的《学习哲学的方法》(信箱)]。关于列宁主义、列宁著作和传记的文章、社论及画像发表就明显增多。包括:第一,社论,1月21日《以胜利纪念列宁》(社论),1月22日,《斯大林今天的列宁——纪念列宁逝世第十八周年(真理报社论)》;第二,消息,1月23日《列宁十八周年祭,莫斯科隆重举行追悼大会》,3月17日《列宁伦敦过去应为立纪念碑》,4月25日《苏联各报纪念列宁72诞辰,马恩列斯学院出版新书》,4月30日《列宁纪念碑在伦敦举行揭幕礼仪,迈斯基等发表演说》,第三,著作,《列宁论党报》(4月26日),列宁《论我们的报纸》(9月1日),《列宁论自我批评》(9月19日),列宁作、戈宝权节译《党的

① 参见郎振环:《抗战时期的翻译与战时文化》,《复旦大学学报》(社会科学版)1994年第3期。

② 转引自王永恒:《媒体的力量——抗战时期的新华报及其影响》,华中师范大学博士学位论文,2004年。

组织与党的文学》(11 月 21 日);第四,研究著作,凡夏夫斯基作、黎真译《艺术作品中的列宁》(2 月 11 日),《宣传指南:列宁是怎样进行宣传的?》(3 月 29 日),于刚的《读"列宁论自由恋爱"》(8 月 2 日),沈友谷的《列宁怎样反对主观主义? ——读"什么是人民自由"的笔记?》(10 月 26 日),农泉著《列宁的家庭关系》(11 月 7 日);第五,画像和文学作品,《列宁像》(11 月 7 日),涛译《列宁的表》(3 月 15 日),左琴科著、郭佩岚译《列宁和一个哨兵》(8 月 18 日)。还有关于斯大林著作和传记,10 月 31 日《论党与群众的关系(斯大林语录)》,11 月 7 日钟全译《斯大林论斯维尔德洛夫》,11 月 8 日《十月革命庆祝会上斯大林报告全文》,11 月 9 日《十月革命节斯大林文告》,12 月 19 日《斯大林论党与群众的联系(语录)》。

1942 年在《新华日报》发表的关于毛泽东著作和传记较前一年有大幅度增加。包括:2 月 23 日《庆祝苏联红军二十四周年(代论)》,3 月 29 日《毛泽东、凯丰两同志论肃清党八股》,4 月 7 日《陕甘宁×区召开高级技术干部会,毛泽东、朱德同志亲临指示》,4 月 18 日《解放日报举行座谈会,根据整顿三风方针进行检查,毛泽东同志亲临指示》,4 月 19 日毛泽东《改造我们的学习》,5 月 3 日《中共中央宣传部关于在延安讨论,中央决定及毛泽东同志针对三封报告的决定》,5 月 17 日毛泽东《整顿学风、党风、文风》,7 月 12 日《反对党八股——1942 年 2 月 8 日的演说》,10 月 31 日《论党与群众的关系(毛泽东语录)》,11 月 1 日毛泽东《青年的方向(摘自"在延安'五四'纪念大会上的演讲")》,11 月 7 日毛泽东《十月革命二十五周年(代论)》,11 月 21 日《中国新文化的三个特征(摘自毛泽东同志论新文化)》。

1942 年《新华日报》刊发的关于中国共产党的电文通知指示决议也比较多。主要有:3 月 8 日《中共中央指示各党委纪念三八节办法》,4 月 26 日《怎样办党报? 中共中央宣传部改进党报的通知》,5 月 3 日《中共中央发表五一劳动节的指示》,5 月 30 日《中共中央对晋东南抗日根据地职工运动的指示》,6 月 28 日《为纪念抗战五周年,中共中央发布决定》,7 月 7 日《为抗战五周年纪念，中共中央宣言》，9 月 24 日吴克坚的《诺言的实践，关于 1937 年 9 月 22 日，与国民党精诚团结共赴国难的宣言》，9 月 18 日《中共中央宣传部关于纪念“九·一八”十一周年的通知》，11 月 7 日《十月革命纪念节，中共中央贺电》，12 月 9 日《中国共产党发表对于国民党十中全会决议的意见》，还有关于建党纪念文章和社论，如 7 月 7 日朱德发表的《纪念中共二十一周年》，7 月 8 日《中国共产党中央委员会告抗日根据地，全体党员和××军、××军将士书》，8 月 24 日《中国共产党忠实于自己的诺言（社论）》。

而《群众》周刊刊发的马列主义经典著作、学习和研究的文章有：

一是关于马恩列斯经典著作的文献：《国际妇女节》（1921 年 3 月《真理报》，西萍译，第七卷第 4 期，1942 年 2 月 28 日）。《革命的教训》（1917 年 8 月 30 日《真理报》，徐斌译，第七卷第 4 期，1942 年 2 月 28 日）。《列宁、斯大林等论党的纪律与党的民主》（第七卷 15 期，1942 年 8 月 15 日）《斯大林论党的布尔什维克化》（师哲译，1942 年 8 月 15 日第 7 卷 15 期）《斯大林在十月革命 25 周年庆祝会上的报告》（1942 年 11 月 15 日第 7 卷第 21 期）

二是关于纪念马克思逝世和学习研究马列主义著作的译文、文章有：农泉的《马克思的学习精神——纪念马克思逝世 59 周年》（第 7 卷第 6 期 1942 年 3 月 20 日），J.B.S.Haldame 君译《现代自然辩证法引论》（第 7 卷第 11、12 期 1942 年 6 月 30 日），萧格洛夫作、北泉译《马克思与恩格斯的哲学观点之发展》（上）（第 7 卷第 15 期 1942 年 8 月 15 日）、《马克思与恩格斯的哲学观点之发展》（下）（第 7 卷第 16 期，1942 年 8 月 31 日），张仲实的《三个文件译文的核心》（第 7 卷第 16 期，1942 年 8 月 31 日），A.萧格洛夫作、北泉译《列宁和斯大林怎样发展了马克思主义哲学（上）》（第 7 卷第 18 期，1942 年 9 月 30 日），《列宁和斯大林怎样发展了马克思主义的哲学（中）》（第 7 卷第 19 期 1942 年 10 月 15 日），《列宁和斯大林怎样发展了马克思主义哲学（下之一）》（第 7 卷第 20 期，1942 年 10 月 30 日），《列宁和斯大林怎样发展了马克思主义哲学（下之二）》（第 7 卷第 22 期，1942 年 11 月 30 日）。

1942 年延安整风运动在全党范围开展起来。根据中共中央要求,《新华日报》《群众》周刊在中共南方局的领导下积极开展整风运动。经过整风之后,在编辑出版上,为增强中共的形象宣传与塑造效果,结合国内时局与读者意见,进行了适当的调整改版。其中,《新华日报》前后进行 3 次改版。在版式设计上,强化了社论的重要地位。讲求版面突出,容纳面广的设计理念,加强了中共的重要方针、政策的宣传。在原有"青年生活"、"妇女之路"、"工人生活"等专刊基础上,增辟"团结"与"读者信箱",加强与读者的联系。1942 年 2 月 20 日,《新华日报》开辟《友声》专栏,专门刊登民主党派和其他党外人士的文章,为各抗日党派议政,探讨有关抗战的重大问题,提供了一个公开的言论阵地。在编印上,变综合编辑为分类编辑,并发展了一种用白话文对国内事件进行综合报道的新闻形式。在文稿上,改变依靠少数编辑记者办报的传统做法,采用群众办报的新思路。"凡是看本报的人,都是给本报写文章的人",提高了报纸的吸引力与战斗力。在思想上,按照毛泽东提出的党报党刊整风要求,通过延安整风运动让编辑记者明白,在半殖民地半封建的社会,在国民党一党专政的体制下,报纸所担负的宣传民主与巩固统一战线的责任,以及与国民党当局斗争的必要性。

为宣传好党的整风运动,《新华日报》发表了许多关于整风运动的文章。有:1942 年 2 月 22 日《展开宣传工作上的新阵容——解放日报 2 月 13 日社论》,3 月 29 日《毛泽东、凯丰两同志论肃清党八股。毛泽东:要肃清主观主义、宗派主义,必须肃清党八股。凯丰:精神上、物质上都不能允许党八股继续存在》,3 月 29 日《中共中央宣传部宣传指南:列宁是怎样进行宣传的?季米特洛夫论宣传的群众化,鲁迅论创作"要怎样才会好"?六中全会论宣传的民族化》,4 月 8 日于茂林《论主观主义》,4 月 11 日定思的《反对教条主义》,4 月 12 日《党的决定——行动的指针(解放日报社论)》,4 月 18 日《解放日报举行座谈会,根据整顿三风方针进行检查,毛泽东同志亲临指示》,4 月 18 日《(延安)自然科学院整顿学风》,4 月 18 日《整顿三风必须正确进行(社论)》,

4月18日潘梓年的《提高党性锻炼，反对宗派主义》，4月19日毛泽东的《改造我们的学习》，4月25日徐特立的《再论我们怎样学习》，5月3日《中共中央宣传部关于在延安讨论中央决定及毛泽东同志整顿三风报告的决定》，5月10日《迎接困难，加强团结（解放日报20日社论）（关于整风）》，5月15日《提高警觉克服困难（社论）》，5月16日《“深入群众不尚空谈”（社论）》，5月17日《响应整顿三风，本报华北版政版特辟工作意见栏，讨论具体问题，另设不同观点论坛，欢迎党外人士批评建议》，5月17日毛泽东《整顿学风党风文风》，5月22日康生《怎样研究中宣部四月三号决定——四月十八日延安干部会学习动员大会报告大纲的一部分》，5月24日《造成学习热潮（社论）》，5月24日《本报特别启事，请读者帮助整风》。6月7日《华北我XX师展开整顿三风》，6月7日《整顿三风中的两条战线斗争（解放日报社论）》。6月7日《本刊（“妇女之路”要求读者帮助整风）启事》。6月8日刘敏《防止讨论中的种种偏向》。6月10日康生的《答陈佩明同志的信——关于学习方法》。6月20日艾思奇的《学习观念的革新》，6月21日《欢迎批评（“妇女之路”编者）》。7月9日《中共中央宣传部关于在全党进行整顿三风学习运动的指示（附件：一、中央直属系统4个月研究22个文件的计划。二、延安学习组织的概录）》，7月11日《中共中央宣传部通知（全党党员讨论研究中央在七七所发纪念文件）》，7月12日毛泽东《反对党八股（1942年2月8日的演说）》，7月21日王凯著《批评者与被批评者应采取的态度》，8月6日于刚的《略谈“老实”》，9月19日《学与用的统一（社论）》，9月19日周恩来《“团结”的旨趣》，9月19日于刚《对待批评的两种态度》，9月22日陈家康的《理论家的工作》，9月26日梓年的《论党内民主》，9月26日高棠的《怎样进行批评》。9月26日龙潜的《一个调查研究的模范事例》，9月27日宗顾《马列主义使人谦虚》，10月3日于刚的《批评者的自省》。10月3日如心《两种研究文件的方法》，10月3日陈伯达的《旧阶级本性的改造（学习随笔之一）》，10月10日陈坤源的《从人性说到党性——评王实昧的人性论》。10月13日《（康生语录：对批评的态度)》。10 月 17 日凯丰《整顿三风是党在思想上的革命》,10 月 17 日夏封《先从自己下功夫》。10 月 21 日梓年《王实味所给我们的教训》。10 月 21 日沈友谷《关于“人性论”与“平均主义”》。10 月 21 日祝丘《老实是科学的态度》。10 月 24 日陆定一《什么叫做从实际出发》,10 月 31 日董必武《宗派主义在对外关系上的排外性》。10 月 31 日于茂林《再谈民主与集中》。10 月 31 日萍《向朋友学习》。10 月 31 日《论党与群众的关系(斯大林毛泽东的语录)》。11 月 14 日涤新《党报与读者》,11 月 14 日日敦《提倡创造性的学风》,11 月 14 日卓芸《谈反省》,11 月 28 日邓颖超《论党的纪律》,12 月 5 日梓年《关于动机与立场》,12 月 5 日罗迈《动机与立场》,12 月 10 日苏德邻《一个党外人的友声》,12 月 12 日凯丰《如何打破教条主义的学习》,12 月 12 日张晓梅《从业务学习下功夫》,12 月 19 日《斯大林论党与群众的关系(语录)》,12 月 19 日吴克坚《我们要向群众学习》,12 月 25 日矢健《看问题,提问题——三封笔记之一》,12 月 26 日丁意《整顿三风与思想革命》。

1942 年延安整风运动开展以后,《群众》周刊从第 7 卷第 8 期就开始介绍整风文献,如毛泽东的《党八股的八大罪状》。紧接着在 1942 年 5 月 31 日第 7 卷 10 期又发表了毛泽东的《整顿学风党风文风》,第 7 卷第 14 期发表毛泽东的《反对党八股》。周恩来还根据中共中央的指示,组织和领导南方局的干部进行整风学习,并在学习提高的基础上,以整风的精神,联系自己的工作、思想,进行自我批评。当时,《群众》周刊工作的不少同志写了学习整风文件的文章。如华岗的《整顿三风与开展前途》,徐冰的《割去这些毒瘤》,汉夫的《谈“自己的文章”——反党八股中的一点检讨》,于刚的《医治“急性病”》。这些文章是通过整风学习联系实际的体会,特别是汉夫的文章联系自己的思想、工作实际所作的检讨,勇于剖析自己,体会深刻,尤为感人。《群众》周刊专门刊登了两 篇特载,即陈云的《到什么地方学习》和徐特立的《再论我们怎样学习》。文章介绍整风内容的文章还有左扬的《我们应该“做什么,学什么”?》和沈于田的《如何结合书本知识和实际工作》,等等。这些文章都是结合整风精神,对我们在实践中应该做什么的内容和学什么的方法等进行了详细说明。

第四节　共产国际解散后的《新华日报》《群众》周刊（1943 年 5 月—1945 年 8 月）

一、1943 年共产国际解散与《新华日报》《群众》周刊的斗争

俄国十月革命胜利后，为适应形势发展要求，加强国际工人阶级团结，推翻资本主义和帝国主义统治，推动国际共产主义运动发展，在列宁的领导下建立起新的共产党国际组织——共产国际。1919 年 3 月 2 日，在莫斯科召开了国际共产主义代表会议，来自 21 个国家的 35 个政党和团体的 52 名代表参会。大会通过了《告国际无产阶级宣言》《共产国际行动纲领》《关于资产阶级民主和无产阶级专政的提纲》等文件，共产国际（也叫第三国际）成立。共产国际总部设于苏联莫斯科。1943 年 5 月 15 日，共产国际执行委员会主席团做出《关于提议解散共产国际的决定》，并于 5 月 25 日公开宣布《解散共产国际的决议》，声言这是为了适应反法西斯战争的发展，便于各国共产党独立处理问题。共产国际存在的 24 年时间中总共召开过七次代表大会，领导过 65 个共产主义政党和组织，在捍卫马克思列宁主义，推动各国共产党的创建发展，推动国际工人运动和亚非拉民族解放运动，反对法西斯主义和帝国主义战争，促进国际共产主义运动发展等方面做出了重要贡献。

共产国际对中国革命和中国共产党的影响是双重的。关于共产国际和中国革命、中国共产党的关系和影响，周恩来同志曾转引毛泽东的评价说，“它是两头好，中间差。两头好，也有一些问题；中间差，也不是一无是处。”“两头好”，主要是指中国共产党的成立，第一次国共合作的形成，共产国际都起了不可忽视的积极作用。中国共产党在共产国际的协助下建立的，在组织完善和经济支持方面都给予了中共巨大的帮助。“中间差”，主要是指土地革命时

期我们党内三次“左”倾错误都同共产国际有关。①

国民党顽固势力一直叫嚷着“共产主义不适合中国”。在共产国际解散前两个月，蒋介石就抛出了《中国之命运》一书。此书是由蒋介石授意、陶希圣执笔，共八章：中华民族的成长与发达；国耻的由来与革命的起源；不平等条约的影响之深刻化；由北伐到抗战；平等互惠新约的内容与今后建国工作之重点；革命建国的根本问题；中国革命建国的动脉及其命运决定的关头；中国的命运与世界的前途。全书的核心思想就是宣扬只有国民党才能救中国，只有三民主义才能救中国，鼓吹在中国只能有“一个主义”、“一个政党”、“一个领袖”，矛头直指中国共产党和马列主义。1943 年 5 月 15 日，共产国际宣布解散。国民党趁机掀起了一股反共、反马克思列宁主义的狂潮。1943 年 6 月，蒋介石唆使西安劳动营训导处处长、复兴社特务头子张涤非假冒“民众团体”名义，召开座谈会，发表电文胡说“马列主义已经破产”，要求“解散共产党，交出边区”。国民党中央通讯社将此消息广为刊播，带来了恶劣的社会影响。

在国统区，中国共产党的理论工作者和新闻工作者充分利用《新华日报》和《群众》周刊舆论阵地，对国民党利用共产国际解散趁机发起反共分裂行动进行了坚决的反击，通过大量的报道和文章让国统区民众全面了解了共产国际解散的原因、背景，也让马列主义的传播更为广泛。在这一时期，《新华日报》发表相关文章共 31 篇，《群众》周刊共 22 篇。

以《新华日报》为例，仅 1943 年 5 月下旬至 6 月中旬的短短一个月时间内就密集性地发表了相关文章二十多篇。包括：1943 年 5 月 24 日刊载了《共产国际执委会建议解散共产国际，各国共产党政治领导业已成熟，集中全力尽数摧毁法西斯主义》的文章。5 月 24 日发表《工人运动增长，国际组织已不能适应》。5 月 24 日发表《马列主义指导从不保存陈旧的形式》。5 月 24 日刊发《共产国际解散，美、英极表欢迎》。5 月 24 日发表《纳粹反赤宣传，受一重大

① 参见金冲及：《遵义会议 党的历史上的转折点——纪念遵义会议 80 周年》，《人民日报》2015 年 1 月 15 日。

打击》。5 月 24 日发表《美共总书记白劳德说:共产国际解散提议,对美共无直接关系》。5 月 25 日发表《威尔基的观感——共产国际解散,将促成盟国更密切的合作》。5 月 25 日发表《共产国际解散,英报一致赞许民主国家人民在反法西斯战争中之完全统一,由是完成——“工人日报”》。5 月 26 日发表《共产国际解散,赫尔极口称誉,谓对战时战后合作至有贡献;英墨两国共产党将开会讨论》。5 月 27 日发表《共产国际解散事,丘吉尔表示对此事甚觉欣慰》。5 月 27 日发表《解散共产国际提议,美共表示赞同,白劳德声明此举在组织上并不影响美国共产党地位》。5 月 27 日发表《瑞典共产党一致拥护》。5 月 27 日发表《古巴革命共产党联盟玛丽纳罗声明赞许》。5 月 28 日发表《中国共产党中央委员会关于共产国际执委主席团提议解散共产国际的决定》。5 月 28 日发表《解散共产国际提议,英共决议接受,并将提交下次大会批准,保证加强国内国际团结》。5 月 29 日发表《解散共产国际提议,墨西哥共决议批准,拉丁美洲工人联合会代表发表声明亦加赞许》。5 月 30 日发表《关于解散共产国际,斯大林答英记者——此举适合时宜,有利于一切爱好自由国家对希特勒共同作战之组织》。5 月 31 日发表《对解散共产国际提议,印共声明同意》。6 月 1 日发表《共产国际解散,土报表示欣慰》。6 月 1 日发表《解散共产国际提议,乌拉圭共产党批准》。6 月 3 日发表《澳共产党政治局批准解散共产国际》。6 月 4 日发表《南斯拉夫共产党同意解散共产国际,哥伦比亚共产党一决议批准》。6 月 11 日发表《各国支部一致批准共产国际正式结束,执委主席团等机构全部撤销》和《西班牙联合社会党中央赞成解散共产国际,并决意全力支持反法西斯战争》。6 月 14 日发表《共产国际执委主席团发表结束声明:指令季米特洛夫等组织委员会结束解散各机关事务》。6 月 17 日发表《印度共产党全代会决议:同意解散共产国际的提议》。

在《群众》周刊也刊发了《共产国际执行委员会主席团解散建议解散共产国际的决定全文》(第 8 卷第 9 期,1943 年 6 月 1 日)、《中国共产党中央委员会关于共产国际执行委员会主席团提议解散共产国际的决定》(第 8 卷第 9 期,1943 年 6 月 1 号)、《英国、墨西哥、美国、瑞典共产党对解散共产国际的反映》(第 8 卷第 9 期,1943 年 6 月 1 日)、《重庆时事新报、中央社对共产国际解散的反映》(第 8 卷第 9 期,1943 年 6 月 1 日)、《重庆大公报对共产国际解散的态度》(第 8 卷第 9 期,1943 年 6 月 1 日)、《共产国际结束声明》(1943 年 6 月 9 日)(第 8 卷第 10 期,1943 年 6 月 16 日)、于怀著《共产国际解散与世界战局》(第 8 卷第 10 期,1943 年 6 月 16 日)、《美国共产党对解散共产国际决议之反响》(第 8 卷第 10 期,1943 年 6 月 16 日)。

二、1943 年《新华日报》《群众》周刊刊发马列主义著作和毛泽东著作等情况

1.《新华日报》的刊登发表情况

第一类是关于马克思恩格斯著作和传记的文章,包括:5 月 5 日晦晨《〈永生的灵魂〉(诗)——纪念马克思诞辰》,5 月 8 日少峰《纪念为全世界工作的马克思》,5 月 8 日龙潜《调查研究与习作合一——纪念马克思 125 周年诞辰》,9 月 13 日斯捷班洛夫作、刘光译《青年的马克思》,8 月 5 日也方《伟大的友谊——今天(8 月 5 日)是恩格斯逝世四十七周年,我们用这篇文章来纪念他》,11 月 4 日李溥《"德国农民战争史"(名著提要)》,11 月 17 日、18 日钳耳《恩格斯:"德国的革命与反革命"(名著提要)》。

第二类是关于列宁的著作、传记文章:1943 年 1 月 17 日《列宁论妇女》,1 月 19 日《列宁——使苏联人民在艰难中找到答案——亚历山大罗夫之纪念报告》,1 月 21 日《列宁笑了:纪念列宁逝世 19 周年并庆祝列宁城的解围(社论)》。1 月 21 日锺颖《列宁与中国》,1 月 21 日—1 月 23 日沈友谷《谈列宁做人的风格》,1 月 23 日《真理报社论:列宁的主义》,2 月 15 日企程、朔望合译的《列宁传》。

第三类是关于毛泽东的著作和传记。有:1943 年 2 月 13 日毛泽东的《论

学习的态度（“改造我们的学习”语录）》，2 月 20 日毛泽东《与党外人士实行民主合作（语录）》，2 月 22 日《毛泽东同志劝边区干部：“将群众意见集中起来，坚持下去”》，4 月 25 日《英国共产党召开全国代表大会，毛泽东同志特电致贺》，3 月 21 日果树《读“农村调查”后》。

第四类是关于中国共产党的决议文献：1943 年 2 月 5 日，《中共中央关于庆祝中英、中美间废除不平等条约的决定》。2 月 20 日，毛泽东《与党外人士实行民主合作》。2 月 22 日，《毛泽东同志劝边区干部“将群众意见集中起来，坚持下去”》。3 月 24 日，《中共中央召开文艺工作者会议》。10 月 9 日，刘少奇《清算党内的孟什维克主义思想》。

第五类是关于 1943 年延安整风运动的文章。包括：1943 年 1 月 23 日彭真的《怎样自学整风文件》、汉夫的《无处不到，通晓一切——整风学习笔记》。1 月 30 日刊发陈坤元的《宗派主义的特性及其在党内的残余》、陈平的《什么是共产党员的党性？》。2 月 6 日刊发了华岗的《整风一年》、董必武的《我所看见的一年的整风运动》。2 月 27 日刊发陈平的《党风不良的表现》。3 月 27 日刊发龙飞虎的《谈新干部的团结》。4 月 10 日刊发晨桑的《党性与私生活》和陈伯达的《关于党内生活》。4 月 17 日朱鹏的《个性与党性》。4 月 24 日民朝的《共产党员应如何关心时局？》。6 月 19 日晨桑的《为了肃清党八股》，6 月 26 日石坚的《论反主观主义，小处着手、大处着眼——整风札记》。7 月 3 日慧的《学习的改造，整风集体学习之一（整风笔记）》。7 月 10 日于茂林的《反对党八股需多调查研究》。7 月 31 日石生的《整风札记——论经验主义与个人主义的相互关联》。10 月 30 日雪阳的《“调查研究”决定读后——整风反省笔记之三》。12 月 4 日《上述的整风之所见的几种不良现象》等文章。

2.《群众》周刊的刊发情况

第一类是纪念马克思诞辰、列宁的文章：《没有比他更真实的人——纪念马克思 125 年诞辰》（第 8 卷第 8 期，1943 年 5 月 1 日），《加强革命友谊，纪念中国革命的好朋友列宁（时论）》（第 8 卷第 1、2 期，1943 年 1 月 16 日）。

第二类是关于列宁和斯大林的著作、讲话等:1943 年 11 月 15 日第 8 卷 19 期刊发的《斯大林报告》(十月革命 26 周年在劳动人民代表苏维埃及莫斯科党部和民众组织的庆祝大会上的报告),蔡特金作、戈宝权译《列宁论艺术及其他》(第 8 卷第 1、2 期,1943 年 1 月 16 日),V.谢尔宾娜作、戈宝权译《列宁论文学及其他(上)》(第 8 卷第 3 期,1943 年 2 月 1 日),《列宁论文学及其他(中)》(第 8 卷第 4 期,1943 年 2 月 16),《列宁论文学及其他(下)》(第 8 卷第 5 期,1943 年 3 月 1 日)。戈宝权译《列宁论托尔斯泰(其一)》(第 8 卷第 6、7 期,1943 年 4 月 16 日),《列宁论托尔斯泰(其二)》(第 8 卷第 8 期,1943 年 5 月 1 日),《列宁论托尔斯泰(其三)》(第 8 卷第 9 期,1943 年 6 月 1 日),《列宁论托尔斯泰(其四)》(第 8 卷第 10 期,1943 年 6 月 16 日)。还有关于整风运动的学习文章,如石帆的《整风二三心得,反省自己和改造自己》(第 8 卷第 13、14 期,1943 年 8 月 31 日)。

三、1944 年《新华日报》《群众》周刊刊发马列主义著作、毛泽东著作的情况

1.《新华日报》的刊发情况

第一类是关于马克思恩格斯、列宁的著作、传记和马克思主义原理研究文章。主要有:1944 年 1 月 27、28 日铁木菲迪作、乔木译《马克思论文学》、5 月 5 日李溥的《向马克思学习切实认真的学风》,5 月 30 日、31 日周阳的《马克思主义与文艺》,9 月 30 日和 10 月 7 日柯柏年的《马克思的科学态度》,8 月 5 日《列宁论群众观点》。关于马克思主义哲学原理的文章,发表有潘梓年的《自己怎样学习哲学?》(1944 年 4 月 2 日),黄林《再论人道主义》(4 月 22 日)、《不能用生存欲望解释社会历史问题》(新华信箱、9 月 14 日)、《思想就是物质吗?》(新华信箱、9 月 28 日)。

第二类是关于列宁著作和传记。1944 年是列宁逝世 20 周年。因此,围绕着纪念列宁逝世 20 周年刊载不少社论、摘录列宁观点和学习列宁的文章。

其中社论主要有:1944 年 1 月 21 日刊发的《列宁的旗帜是胜利的旗帜(社论)》《纪念列宁逝世 20 周年(社论)》,1 月 22 日《确信自己力量,确信胜利前途——纪念列宁逝世 20 周年》、弘译《列宁斯大林的旗帜领导我们走向胜利(真理报社论)》;报道消息有:1 月 23 日《克里姆林宫内举行大会,纪念列宁逝世二十周年》,1 月 26 日《列宁逝世二十周年纪念大会上谢尔巴科夫的报告》;纪念性文章有:1 月 21 日斯米尔诺夫著《列宁和苏联的战争》,1 月 21 日列宁夫人克鲁普斯卡娅的《论列宁是怎样研究马克思的?》,1 月 22 日列宁夫人克鲁普斯卡亚的《论列宁是怎样研究辩证法的?》(附编者函)。1 月 20 日戈宝权节译《列宁在诗歌中》,1 月 21 日、22 日,纪耳的《列宁在人民中》,1 月 22 日邓群的《列宁革命战斗的模范》,3 月 13 日李溥的《伟大斗士的现实作风:读"向列宁学习工作方法"》。3 月 29 日科洛洛夫的《小孩和列宁》。5 月 20 日田夫的《革命家的组织问题——"做什么?"读后》。10 月 7 日克鲁普斯卡亚《不粗枝大叶——列宁的科学工作方法》。

第三类是关于毛泽东的语录、著作、演讲、讲话和活动报道。有:《论合作社(毛主席语录)》(1 月 18 日)、《无产阶级的文学艺术是无产阶级整个革命事业的一部分(毛主席语录)》(1 月 26 日)、《文艺服从于政治(毛主席语录)》(3 月 10 日)、《今天的中国是历史的中国之一发展,我们是马克思主义的历史主义者,我们不应该割断历史(毛主席语录)》(3 月 20 日)、《我们的文艺第一是为着工农兵(毛主席语录)》(3 月 31 日)、《毛泽东同志对文艺问题的意见,文艺上的为群众和如何为群众的问题,文艺的普及和提高》(原文《文艺和政治》,在延安文艺座谈会上的讲话的提要介绍)(1944 年 1 月 1 日)、《毛泽东同志论合作社》(1 月 6 日)、《毛泽东热爱人民,真诚的为人民服务》(6 月 15 日)、《接见中外记者参观团,毛泽东论中国需要民主,兼论第二战场的意义和影响》(6 月 15 日)。《毛泽东同志号召全边区发展工业打倒日寇》(6 月 29 日)、《毛泽东同志在延安大学开学典礼上号召大家学习为根据地做工作,凡是我们的盟邦都喜欢抗日根据地,因为根据地打了百分之五十八的日军和百分之九十多的伪军，没有根据地就不能打倒日本帝国主义》（8 月 30 日）、《中共中央招待合作社代表，毛泽东同志致辞：边区的合作社是为着广大人民而办的，一切经济文化事业都要通过合作社来完成》（9 月 5 日）、《解放区新民主主义文化统一战线方针，毛泽东同志在边区文教大会上的讲演》（11 月 23 日）。8 月 19 日和 26 日萧三的《毛泽东同志初期的革命活动——伟大的 50 年》。8 月 19 日艾青的诗歌《毛泽东》。

第四类是关于纪念国际共产主义运动的重要人物季米特洛夫同志的文章。主要有：1 月 4 日发表的《为了季米特洛夫的英勇和果决》、《为了千百万被纳粹屠杀的人民，我们历史要消灭法西斯》、《纳粹在德国国会纵火 10 周年》、《世界名流像季米特洛夫》。3 月 11 日刊发的《学习季米特洛夫的好榜样——在德国蒙难 11 周年纪念》等。

第五类是 1944 年开展整风运动的文章。包括有 1944 年 1 月 1 日王家世《接受批评的几种不正确态度》，1 月 1 日正英《怎样才是遵守纪律的模范?》。3 月 18 日徐立新《反教条主义中几种不正确的倾向》。4 月 8 日罗卜的《改造我们的知识》，10 月 29 日吴于《论原则性》，5 月 6 日黎明《整风必须深入》。5 月 27 日《在实践中进行整风》，6 月 17 日莫寒《说实话》，7 月 8 日宇平《小资产阶级革命家必须改造》，7 月 15 日刘泽芳的《放下臭架子，甘当小学生》。7 月 22 日陈伯达的《人性、党性、个性》，7 月 29 日陈怡的《从思想上解决问题》，8 月 5 日于生的《认识群众》。9 月 2 日温济泽的《谈温情主义》，9 月 30 日《山东的整风学习》，10 月 21 日《彭德怀报告整风学习（太行通讯）》，11 月 18 日汉夫《对干部决定一切，怎么了解？——读刘子久同志信（札记之一）》。12 月 30 日《晋西北整风学习座谈会》。

2.《群众》周刊的刊发情况

第一类是关于马列主义著作、观点论述、报告及研究的文章。主要有：《论合作社》（第 9 卷第 3、4 期，1944 年 2 月 25 日），刘光的《释马克思列宁论儿童的劳动剥削与解放》（第 9 卷第 7 期，1944 年 4 月 15 日），（英）P.杜德作、舒翰译《马克思论印度》(第9卷第10期1944年5月30日),戈宝权译《列宁论党的文学的问题》(第9卷第13期,1944年7月15日),《党的组织与党的文学》(第9卷13期,1944年7月15日),米里清娜作、北泉译《马列主义的奠基者论第一次法国资产阶级革命(马克思与恩格斯论法国资产阶级革命)》(第9卷第14期,1944年7月30日),米里清娜作、北泉译《马列主义的奠基者论第一次法国资产阶级革命革命(列宁、斯大林论法国资产阶级革命及俄国革命)》(第9卷第14期,1944年7月30日),戈宝权译《列宁论俄国社会运动和文学发展的三个时期》(第9卷第15期,1944年8月15日),《斯大林在十月革命27二十七周年的报告》(第9卷21期,1944年11月15日)。

第二类是纪念列宁逝世20周年的时论、评论和回忆性文章。集中在1944年1月25日《群众》周刊第9卷第2期,包括:新华的《列宁的旗帜是胜利的旗帜——纪念列宁逝世20周年(时论)》、克鲁普斯卡娅的《列宁在宣传工作中》、芦蕻的《人、革命家、领袖——纪念列宁逝世二十周年》、克鲁普斯卡亚的《如何研究列宁主义》、V.柯马洛夫的《列宁与科学》。

第三类是关于巴黎公社七十三周年的纪念文章。1944年3月25日《群众》周刊第9卷第6期刊发有芦蕻的《从孤单的独唱到雄伟的合奏——纪念巴黎公社七十三周年》、淳跃的《法兰西的复活——纪念巴黎公社七十三周年》。

另外,还有刊发纪念中国共产党建党二十三周年和关于毛泽东同志的传记文章。董必武《党在不断学习中进步》(中国共产党二十三周年纪念)(第9卷第13期,1944年7月15日),萧山的《毛泽东同志的初期革命活动》(第9卷第16、17期,1944年9月15日)。

四、1945年《新华日报》《群众》周刊刊发的马列主义著作和毛泽东著作

1945年是中华民族抗日战争迎来胜利的一年。党报党刊主要的关注度

集中在国际国内各战场的战况报道和中国共产党领袖的活动报道。仅有少量的关于马列主义和毛泽东思想的著作、研究文章。从《新华日报》所刊发的文章情况看,第一类是介绍列宁和斯大林著作和传记的。主要有:1945 年 1 月 21 日《斯大林论列宁——列宁逝世二十一周年纪念特辑》,1 月 21 日成商的《革旧更新,因纪念列宁而想到的》,3 月 12 日格里格列耶夫作、根译《列宁论孙中山,伟大的民族主义者》,4 月 4 日库法耶夫作、葆荃节译《列宁与儿童》,4 月 22 日斯达索瓦的《欧美几位作家论列宁》,10 月 22 日《伟大的夫妇,列宁与克鲁普斯卡亚》,9 月 2 日《列宁的著作究竟出过多少本?》,9 月 20 日《列宁陵墓重新开放,动人的面貌依旧如故,千百万人民瞻仰遗容》。10 月 14 日于挺英的《论文字工作,介绍向列宁学习工作方法》,12 月 2 日于廷英的《列宁主义的工作作风》,12 月 23 日《列宁谈迂回通融妥协(摘自"左派幼稚病")》。第二类是关于毛泽东的讲话、著作和活动报道:1 月 1 日毛泽东《1945 年的任务》,12 月 15 日《在陕甘宁边区参议会上演说(毛泽东)》,2 月 27 日《两三年内完全学会经济工作》,1 月 10 日《在陕甘宁边区劳动英雄模范工作者大会上的讲话》,3 月 12 日《毛泽东和朱德总司令祝贺红军节,斯大林回电致谢》。8 月 10 日《毛泽东电复福斯特美国共产主义政治协会主席,祝贺美国共产党重建》,8 月 11 日《苏联参战造成新形势,毛主席号召反攻,猛烈扩大解放区,缩小沦陷区》《毛主席、朱德总司令致电斯大林》,8 月 29 日《商讨团结建国大计》,8 月 29 日《毛主席谈话》。

和《新华日报》情况差不多,随着抗日形势的迅速发展,迎来抗战胜利的 1945 年《群众》周刊刊发马列主义著作、论述和研究文章几乎没有。仅见数篇关于纪念列宁的文章,如戈宝权译《罗曼·罗兰论列宁》(第 10 卷第 2 期,1945 年 2 月 10 日)。扎斯拉夫斯基著《二十一年后——为纪念列宁逝世二十一周年而作》(第 10 卷第 2 期,1945 年 2 月 10 日)。这一时期主要是刊发毛泽东同志的讲话和时局宣言,有毛泽东的《两三年内完全学会经济工作》(第 10 卷第 5、6 期,1945 年 4 月 5 日)、《毛泽东同志祝贺美共复党覆福斯特电(1945 年 7 月 29 日)》(第 10 卷第 16 期,1945 年 8 月 25 日)、《中国共产党中央委员会对目前时局宣言(1945 年 8 月 25 日)》(第 10 卷第 17 期,1945 年 9 月 15 日)。

第四章 《新华日报》《群众》周刊推进国统区马克思主义大众化的主体受众、主要方式与内容

在中国共产党的坚强领导下，有着丰富斗争经验的《新华日报》《群众》周刊编辑群体坚持以马克思主义为指导，广泛团结社外作者群体，形成了包括领袖群体、党的理论工作队伍、左翼进步知识分子群体在内的马克思主义大众化多元主体，通过有效协调和高效配合，面向国统区工人、市民、青年学生和广大知识分子积极传播马列主义，有效推进了国统区马克思主义大众化。同时，坚持党的群众路线，从时代特征出发，及时关注国统区民众需求，回应民众关切，解答大众困惑，采取了人民群众喜闻乐见的借助广告、增设副刊、介绍生平、纪念方式、版画漫画等灵活方式推进国统区马克思主义大众化，突出时代性、人民性、通俗性，彰显了马克思主义的生命力、亲和力、感召力。

第一节 马克思主义大众化的主体

《新华日报》《群众》周刊在武汉创刊初期接受中共中央长江局领导，迁到重庆后由中共中央南方局领导，新华日报馆具体负责报刊的编印、发行和销售。需要明确的是，《新华日报》与《群众》周刊是“两份刊物、一套人马”。除专门文字工作的少数编辑外，《群众》周刊的其他事宜都和《新华日报》合为一体，隶属于新华日报社。当时，新华日报社的作者群体可谓是人才济济，“自

中国有报刊以来，一家报社拥有如此众多的知识精英，实属罕见”。① 在推进国统区马克思主义大众化的进程中，中共南方局（以及之前的长江局）发挥了领导核心作用，而毛泽东、朱德、周恩来、秦邦宪等中共领导人对《新华日报》《群众》周刊的悉心指导和积极撰文，为办好党报党刊以及推进国统区马克思主义大众化产生了重要影响。包括潘梓年、许涤新、华岗等在内的《新华日报》《群众》周刊编辑部的工作人员和郭沫若等进步知识分子成为积极推进国统区马克思主义话语权建设的主体力量。

一、毛泽东亲自关心指导《新华日报》和《群众》周刊

青年时代的毛泽东曾主编过《湘江评论》、《政治周报》、《中国农民》等刊物，有着丰富的办报经验。毛泽东非常重视报纸对于宣传党的路线方针政策的重要作用，“报纸的作用和力量，就是在它能使党的纲领路线，方针政策，工作任务和工作方法，最迅速最广泛地同群众见面。”②在长期革命斗争和办报实践中，毛泽东所形成的办报思想对《新华日报》《群众》周刊的创办、发展以及国统区马克思主义大众化产生了重要指导作用。

1. 重视党在国统区话语权建设，争取公开办报权利

民主革命时期，报纸是广大民众获取信息最基本的渠道和方式，也是党传递声音最为有效的手段。早在 1936 年 12 月的中共中央政治局会议上，毛泽东高瞻远瞩，提出要在全国范围内抓好两件事，其中一件就是办报纸，宣传党的主张。③ 如何办好报纸呢？理论人才队伍是关键，因为“报纸的宣传，要联系当前政治，写按语，写社论，都要这样……中央每一重要措施，报纸宣传都得有具体布置，看要写哪些评论、新闻和讨论文章；要在现有条件下，努力改

① 《新华日报史（1938—1947）》，重庆出版社 2009 年版，第 474 页。

② 《毛泽东新闻工作文选》，新华出版社 1983 年版，第 149—152 页。

③ 参见郑新如、陈思明：《群众周刊史》，中共党史出版社 1998 年版，第 2 页。

进工作,包括领导工作。”①这就要求办报队伍必须具备较好的马克思主义理论修养。

1937年7月,毛泽东在《反对日本进攻的方针、办法和前途》一文中要求国民政府“开放爱国运动,释放政治犯,取消《危害民国紧急治罪法》和《新闻检查条例》”②。1937年8月,毛泽东又在中共中央召开的洛川政治局扩大会议上通过的《抗日救国十大纲领》中指出:“全国人民除汉奸外,都有抗日救国的言论、出版、集会、结社和武装抗敌的自由。”③为动员和团结一切抗日力量,中国共产党必须要有创办报纸发表言论的自由。中共要求在国统区办报办刊的主张得到广大民众的支持。国共合作之后,经过中共艰苦的谈判努力,一大批有着坚定政治信仰和理论修养的共产党人如潘梓年、章汉夫、钱之光、吴敏(杨放之)、徐迈进、袁冰等得以释放,后来成为了党在国统区创办报刊的主要力量。毛泽东争取在国统区办报思想,与中共代表团多次跟国民党谈判始终坚持要在国统区创办报纸的艰苦努力,为《新华日报》《群众》周刊在国统区成功合法创办提供了理论指导和实践依据。

2. 悉心指导报刊改版革新,强调宣传的群众性

理论一经掌握群众,也会变成变革社会的物质力量。马克思主义理论具有鲜明的群众性特征,理论只有紧密结合群众,才能充分展示出理论创新的主体优势。延安整风时期,在充分肯定前期工作成效的基础上,为了能使《新华日报》《群众》周刊更好地执行党的思想路线,积极贯彻党的路线方针政策,充分发挥党报党刊引领群众的宣传动员作用,毛泽东深刻总结党内历史上“左”倾机会主义深刻教训,对《新华日报》《群众》周刊提出了整风改版的更高要求。

1941—1942年,毛泽东相继发表了《改造我们的学习》、《整顿党的作

① 《毛泽东新闻工作文选》,新华出版社1983年版,第149—152页。

② 《毛泽东选集》第二卷,人民出版社1991年版,第346页。

③ 《解放》第1卷第16期,1937年9月13日。

风》、《反对党八股》，标志着全党整风的开始。为落实党中央的整风精神指示，《新华日报》《群众》周刊积极刊发毛泽东关于整风运动的理论文章，详细报道整风运动相关活动。如刊发了《毛泽东、凯丰两同志论肃清党八股》、《解放日报举行座谈会，根据整顿三风方针进行检查，毛泽东同志亲临指示》、《改造我们的学习》、《中共中央宣传部关于在延安讨论中央决定及毛泽东同志整顿三风报告的决定》《整顿学风党风文风》《反对党八股》。通过对重要整风文献的发表和党内整风运动的报道，让国统区民众了解认识了中国共产党作为马克思主义无产阶级政党的优良作风与民主进步形象，有效提升了国统区民众对于中国共产党的政治认同。

1942 年 3 月 14 日，毛泽东对《解放日报》《新华日报》整风改版做出明确指示，一是强调要“把党报变为容许一切反法西斯的人说话的地方”；二是“增强党性与反映群众”①。按照毛泽东的指示，3 月 16 日，中共中央宣传部下发了《改造党报的通知》，明确指出“报纸是联系群众、影响群众最有力的宣传鼓动工具”，其主要任务“就是要宣传、贯彻党的政策，反映党的工作，反映群众生活”，“党报要加强思想斗争，要有对敌人思想的批判”，其“文字要通俗、简洁”。为了能使改版工作具体落实，毛泽东还在给新四军军长陈毅和中宣部部长何凯丰的电报和信件中反复提出：“增强报刊宣传的党性”，党报“应当多登反法西斯的文章”，要把党报办成“由不完全的党报变成完全的党报”②。他在给周恩来的电报中指出：“关于改进《解放日报》已有讨论，使之增强党性和反映群众。《新华日报》亦宜有所改进。”③1942 年 4 月 26 日，《新华日报》发表了《中共中央宣传部改造党报的通知》，9 月 18 日正式改版。

毫无疑问，《新华日报》的改版是在毛泽东的办报思想指导下进行的。改版后的《新华日报》《群众》周刊进一步增强了党性，清算了报刊编辑出版过程

---

① 廖永祥：《新华日报史新著》，重庆出版社 1998 年版，第 142 页。
② 廖永祥：《新华日报史新著》，重庆出版社 1998 年版，第 142 页。
③ 廖永祥：《新华日报史新著》，重庆出版社 1998 年版，第 285 页。

中存在的主观主义、宗派主义、党八股等非马克思主义不正之风，使《新华日报》《群众》周刊的宣传工作能够严格遵循以毛泽东同志为核心的党中央提出的“增强党性与反映群众”的指示精神，进一步增强了党报党刊的党性和群众性，更加深受国统区民众的喜爱。

3. 发表重要文章、谈话，指导推动马克思主义大众化

延安时期是毛泽东思想的形成和成熟时期。作为中共领袖，毛泽东以其深厚的马克思主义理论功底，坚持实事求是的原则，指导着全党把马克思主义基本原理同中国革命的具体实际密切结合，推动马克思主义中国化时代化大众化。领袖的革命理论是指导群众性运动向前发展的行动纲领。《新华日报》《群众》周刊刊发毛泽东的理论文章、重要演讲和谈话，系统地介绍党在抗战时期的路线方针政策，为国统区人民指明了前进的道路。

一是撰写理论文章进行指导。理论是革命行动的先导。没有革命的理论，就不会有革命的行动。中华民族之所以能够取得抗日战争的伟大胜利，离不开正确的革命理论的指导。《新华日报》《群众》周刊通过刊发毛泽东著作，向国统区民众详细阐明党的抗日立场、抗日方针和抗战策略，指导着全民族抗日的行动方向。《论持久战》是全面阐述中国共产党抗日战略方针的重要文献，书中所阐述的思想，不仅是中国共产党的抗战方针，也是中华民族抗战总的指导方针，也是党报党刊宣传的主要内容。虽然，由于王明右倾错误的干扰，《论持久战》只能以“新群丛书”的方式出版了单行本，但在国统区该书仍然发挥出了巨大的指导作用。桂系白崇禧看了之后深为赞叹，认为这是克敌制胜的最高战略方针。《新华日报》《群众》周刊特为此书刊登广告 37 次。围绕持久抗战方针的宣传，《新华日报》《群众》周刊还陆续刊发了毛泽东的《抗日游击战争的战略问题》、《论新阶段》、《当前时局的最大危机》、《党八股的八大罪状》、《整顿学风党风文风》、《反对党八股》等文章，全面系统地阐明了中国共产党实行的全民族持久抗战策略，批评了抗日战争初期党内外存在的夸大国民党正面战场片面抗战、忽视共产党敌后游击战争作用的谬论，号召中

华民族团结起来,一致对外,反对投降,坚持抗战。

二是发表重要谈话或演讲。毛泽东在公众场合的重要谈话和演讲是指导《新华日报》《群众》周刊开展抗日宣传工作的又一重要方式。1938 年 7 月 25 日,《新华日报》刊载了 7 月 2 日毛泽东在延安《毛泽东先生与世界学联代表团柯乐满先生雅德先生博路德先生雷克难先生之谈话》。毛泽东直面谈话中五个方面的问题,指出边区的性质是"一个民主的抗日根据地",建立这样一个根据地的意义在于"做出一个榜样给全国人民看,使他们懂得这种制度是最于抗日救国有利的"。目前中共在全中国的作用是"坚持抗战,坚持统一战线,坚持持久战"。缩短持久战时间需要具备三个条件,一是发展统一战线力量;二是发展"日本国内人民的帮助",即发展日本人民的反战思想;三是世界反法西斯侵略势力的增长。抗战胜利后,共产党的任务是"建立一个自由平等的民主国家"①。中国青年的任务一方面积极坚持抗战,一方面加强教育学习。毛泽东的谈话紧紧抓住当时中国社会的主要矛盾,并围绕着这一主要矛盾提出解决的办法,通过建立抗日民族统一战线,并不断扩大抗日民族统一战线力量,运用持久抗战战略最终取得抗战的胜利。抗战胜利后,中日矛盾将不再是社会的主要矛盾,无产阶级与资产阶级的矛盾将是社会的主要矛盾,边区根据地就是中国无产阶级领导的政权在全国范围内的雏形,中国青年要懂得与时俱进,树立革命理想信念,要为最终建立一个民主自由平等的国家而努力。这就是党报党刊代表中国共产党在国统区向人民大众传递的声音。

类似的谈话还有很多。如 1939 年 10 月 19 日,《新华日报》刊发《中国共产党领袖毛泽东同志与中央社、扫荡报、新民报三记者谈话》,谈话内容涉及当时国共两党关系最尖锐的问题,不仅表明中共争取实行民主政治的主张,最重要的是对处理摩擦问题的不妥协态度。这样的谈话通过《新华日报》向中外传播,为中国共产党在政治斗争上赢得主动权奠定了较好的舆论基础。再

---

① 《新华日报》1938 年 7 月 25 日。

如1944年2月17日，《群众》周刊第9卷刊登了毛泽东在陕甘宁边区劳动英雄会议上的讲话："陕甘宁的军队，今年凡有地的，每个战士做到平均耕地十八亩"，吃的、穿的、住的、用的，"差不多一切都可以自己造"。我们通过自己动手，"达到了丰衣足食的目的。"①这就是我们根据地军民生活的情景，也是中国共产党要建立的人民政权应有的蓝图。

二、中共中央南方局与国统区马克思主义大众化

中共中央南方局是抗日战争时期中国共产党为适应抗战相持阶段的新形势而建立的，其根本任务就是维护国共合作抗战大局，巩固发展抗日民族统一战线，推动抗战民主，争取抗战胜利。在恶劣艰险的环境中，南方局创造性地贯彻执行党中央正确的路线、方针、政策，进行了长达8年艰苦卓绝的斗争，为中华民族独立和中国人民解放事业建立了不朽的历史功勋。

1. 中共中央南方局：国统区马克思主义大众化的坚强组织保障

在武汉办刊期间，领导《新华日报》和《群众》周刊的是中共中央长江局，王明任长江局书记。1937年11月底，王明从苏联回国，当时他是"中共驻共产国际代表"、"共产国际执行委员会委员"、"共产国际主席团成员"，虽然犯过严重的"左"倾错误，但在党内仍有很大影响。王明担任长江局书记之后，兼《新华日报》报馆董事会董事长，直接掌管报馆工作。王明推行右倾投降主义的错误路线，利用《新华日报》提出了"一切经过抗日民族统一战线"和军队"八个统一"的错误主张。《新华日报》创刊第二天，王明就发表了《团结救国》的社论，提出"抗日高于一切，一切服从抗日，应当是大家公守的信条；一切为着抗日民族统一战线，一切经过抗日民族统一战线，应当是大家工作的方针"，②向全国说中共把"一切经过抗日民族统一战线""一切服从抗日民族统一战线"作为团结救国的方针。1938年1月29日，他又发表了题为《关于建

① 《群众》周刊第9卷第3、4期合刊，1944年2月17日。

② 《新华日报》1938年1月12日社论。

立新的军队》的社论，把“一切经过统一战线”具体化为“八个统一”，即：“要建立真正的统一指挥、统一编制、统一组织、统一武装、统一待遇、统一补给、统一政治工作和统一作战计划的国防军”。① 王明利用《新华日报》散布右倾投降主义错误思想，给党的事业带来了严重危害。在王明的指示下，《新华日报》《群众》周刊在抗战初期对党的游击战、持久战的抗战主张宣传报道不仅不及时，有的不予报道，甚至刊发反对游击战的错误言论，将宣传报道的重点放在国民党正面战场和城市抗战，认为“游击战只能成为正规战的一种辅助战术……欲争取抗战的胜利，只有正规战方能消灭敌人，赶走日寇”。② 1938年5月徐州失守之后，毛泽东在延安发表《论持久战》一文对中国抗战以来的军事形势做出了科学分析，这是毛泽东最重要的军事论著之一。为扩大《论持久战》这一著作在国统区的影响，中共中央明确指示《新华日报》应全文发表，但王明竟然以文章“太长”为由，拒绝登载。③

当时，王明领导下的长江局不仅不想方设法宣传毛泽东的持久战、游击战思想，反而鼓吹“一切经过统一战线”和军队“八个统一”，实质是让共产党放弃对八路军、新四军的领导，屈服于国民党。因此，1938年秋，中共中央在延安召开六届六中全会，根据抗战形势的发展，全会决定纠正长江局的错误，撤销抗战初期于武汉设立的中共中央长江局，成立中共中央南方局。同年10月，武汉沦陷，国民政府西迁重庆。1939年1月，以周恩来为书记的中共中央南方局在重庆正式成立，代表中央全面领导四川、上海、福建、香港、澳门和东南亚等海外地区的中共党组织，以及华南、西南地区的人民抗日武装斗争。

南方局成立后，根据中共中央的指示，由周恩来、博古、凯丰、吴克坚、叶剑英、董必武等六位同志组成常委会，周恩来担任书记；设立了组织部、宣传部、

---

① 《新华日报》1938年1月29日社论。

② 《新华日报》1938年1月26日社论。

③ 后来，在社长潘梓年的争取下，《论持久战》通过《新华日报》出版的“新群丛书”以单行本的形式在国统区发行。

妇女运动委员会、青年工作委员会、统战工作委员会、文化工作委员会、国际问题研究室、华侨工作组、南洋工作组、敌后工作委员会、社会部、秘书处等内部组织机构；并确定由博古分工负责组织工作，凯丰负责宣传及党报，周恩来负责统战，叶剑英负责联络，吴克坚主持《新华日报》，邓颖超负责妇女工作。作为建立在国民党统治中心的中央代表机构，南方局不仅管辖着十余省的地方党组织，而且还领导着南方各地国统区内的八路军（新四军）办事处（通讯处、交通站）、《新华日报》社、《群众》周刊、西南工作委员会、南方工作委员会、桂林统战工作委员会、香港统战工作委员会、香港文化工作委员会等一大批公开和秘密单位及一些分布在国民党党、政、军各界的特别支部和特别党员，南方局堪称是当时中国南部中共组织的总指挥部。

由于白色恐怖，共产党的各级组织都是秘密状态，南方局在很大程度上只有利用《新华日报》这一公开机构开展工作。可以说，《新华日报》与党在国统区的总指挥部南方局领导机关基本上结为了一体。《新华日报》报社每周向南方局汇报宣传计划，重大问题的宣传主旨、主要观点、文章组织等必须征得南方局同意。南方局还直接领导了《新华日报》从采访、编辑、印刷、发行到财务的全部管理和业务工作。《新华日报》管委会和社论编委会每周均向南方局汇报工作。

2. 南方局书记周恩来：《新华日报》《群众》周刊的核心与灵魂

中国共产党在国民党统治区域创办《新华日报》《群众》周刊经历了复杂的斗智斗勇的艰辛过程。从南京开始筹办，最终在武汉创刊，整个过程离不开周恩来的努力斡旋和悉心指导，离不开周恩来高超的谈判艺术、个人的人格魅力和对报馆工作人员的悉心指导。每次在谈判受阻时，他总是能够洞察全局，高屋建瓴，带领着大家冲破国民党一次又一次的壁垒，最终成功迫使国民党承认《新华日报》《群众》周刊在国统区的合法性，打破了国民党长期垄断宣传舆论话语的局面。周恩来任中共中央南方局书记后，同时担任《新华日报》董事，直接领导《新华日报》《群众》周刊。可以说，《新华日报》《群众》周刊大部分时间是在周恩来同志直接领导下工作的。从筹办、创刊到武汉、重庆《新华日报》和《群众》周刊一报一刊并肩作战开展抗日宣传和马克思主义大众化工作，无论是重大宣传方针的确定、编辑人员的培养、重要稿件和社论的审阅，均离不开周恩来的正确领导，无不倾注着周恩来的心血。

第一，周恩来以政治家独特的魅力，提出了办报办刊的方针，把握办刊正确方向，对《新华日报》《群众》周刊的宣传工作提出了明确要求。

周恩来的一生与革命的报刊事业有着十分密切的联系，是党的新闻工作的杰出领导者。早年，周恩来就在天津主持创办了《天津学生联合会报》，到旅欧时期创办《赤光》、《少年》杂志，以及大革命时期的《广东民国日报》，长期的办报办刊实践积累了丰富的经验。《群众》周刊和《新华日报》创办后，周恩来在办报办刊的大政方针上进行了方向指导。1938 年初，《新华日报》创刊，周恩来为报纸题词："以持久抗战之方针，达中华民族之解放。"①在《群众》周刊方面，周恩来指出："《群众》是党刊，是理论刊物，要更多地从马克思列宁主义出发，更多地从理论角度出发，帮助广大读者理解抗日战争的正义性和抗战胜利的必然性，同时，还要从理论的角度出发，去批判当时一切不利于抗战以至破坏抗战的各种反动谬论。"②一份党报，没有社论，就没有灵魂。社论最能体现报纸的立场、方向和观点。周恩来高度重视社论的编写工作，报馆的"社论委员会"由他亲自领导，成员主要有潘梓年、吴克坚、章汉夫、夏衍、张友渔、许涤新、胡绳、乔冠华等。社论一般是周恩来出题目，或授意先说什么，后说什么，分几个段落，写出初稿由总编修改，最后由他审改、定夺。在周恩来的指导下，《新华日报》《群众》周刊始终遵循为党服务、为人民服务、为抗日服务的方针，用党的路线、方针、政策来指导办报办刊，确保刊物的正确政治方向。

由于南方局是党的秘密机关，不方便公开进行活动，所以，周恩来非常重

---

① 《周恩来年谱(1898—1949)》，中央文献出版社 1998 年版，第 407 页。

② 郑新如、陈思明：《群众周刊史》，中共党史出版社 1998 年版，第 8—9 页。

视利用《新华日报》《群众》周刊来开展党的工作。周恩来对《新华日报》的指导、管理十分细致。《新华日报》记者外出采访，周恩来都会找他们谈话，出采访题目，提供采访线索，交代采访方法。周恩来特别强调、要求报社工作人员注重业务学习和调查研究，积累素材，不断提高采、编、排、印能力，从思想、业务等各方面关心报社工作人员的成长。南方局对《新华日报》的政治领导和业务管理，造就了一支政治能力高、思想素质好、业务水平过硬的《新华日报》人才队伍，形成了一支能战斗、守纪律的"新华方面军"，同时也将《新华日报》打造成具有坚强党性、鲜明战斗性和广泛群众性的党报，从而使《新华日报》真正成为了高举抗战、团结、进步旗帜的党的喉舌、人民的号角。①

周恩来高度重视编辑队伍建设，严格把关编辑工作，确保报刊编辑质量。无论是编委会，或是报馆的职工大会，都积极参加，及时向报馆的同志们传达党中央和毛泽东的指示，组织干部学习，提高认识水平，努力办好报纸。如果白天工作忙，就夜间召集报馆负责人开会，还亲自审阅社论、专稿和重要新闻，甚至记者外出采访，都要接见谈话，交代具体任务。对于《新华日报》《群众》周刊的宣传质量周恩来十分关心，经常要求报馆的工作人员认真学习马、恩、列、斯和毛泽东的著作，还要求工作人员懂得一点心理学，掌握一些宣传技巧。周恩来指出，"报纸的问题不仅仅在于销量，更重要的是群众是否喜欢和敢于看办的报纸。"②"党报和党刊的任务，就是要提高读者的政治认识。要做好这项工作，首先你就必须了解广大读者或一部分读者的心理状态，了解他们在思想上存在的问题，然后，你才能抓住他们的思想疙瘩，'有的放矢'地写出文章来"；"对于材料不足的问题，对于没有掌握材料的问题，不要随意发表意见，否则，便不是唯物主义者。"③要办好报纸，"文字宣传要力求具体通俗和生动"。"宣传方法和形式要符合民众的口味，要入乡随俗，老百姓才能喜闻乐

---

① 参见李福珍：《国统区的〈新华日报〉》，《百年潮》2018 年第 5 期。

② 中共中央文献研究室编：《周恩来文化文选》，中央文献出版社 1998 年版，第 6 页。

③ 郑新如、陈思明：《群众周刊》，中共党史出版社 1998 年版，第 10 页。

见，才能收到宣传的预期效果。”①每逢重要关头，周恩来都亲自组织或亲自撰写文章，及时在《新华日报》发表，分析时局，表明我党的主张，使许多人从迷茫中觉醒，看清了方向。特别是震惊中外的“皖南事变”发生之后，抗日民族统一战线面临着破裂的严重危险，周恩来根据党中央指示有理有利有节地进行斗争，领导《新华日报》打破国民党的新闻封锁，揭露事变真相，在《新华日报》愤而题词“千古奇冤，江南一叶，同室操戈，相煎何急！”公开揭露国民党残害抗日有功的新四军、破坏抗战大局的严重罪行，对打退国民党掀起的反共高潮，维护抗日民族统一战线，挽救抗战危局起到了十分重要的作用。

第二，直接领导《新华日报》《群众》周刊的改版整风，进一步增强马克思主义大众化实效。

为了让党报党刊更好地适应国民党统治区复杂的社会环境，进一步增强党性，深入联系社会各界群众，充分发挥报纸“增强党性与反映群众”作用，推进国统区的马克思主义传播，1942 年，周恩来直接领导了《新华日报》《群众》周刊的整风运动和改版。首先，组织学习改版的指导思想，领会改版的理论文件。1942 年 4 月至 7 月，《新华日报》相继发表了《改造我们的学习》、《整顿党的作风》、《反对党八股》三篇文献和《中共中央宣传部为改造党报的通知》、《关于在全党进行整顿三风运动的指示》等文件，并号召报馆工作人员进行了理论学习，为报纸改版奠定了思想基础和改版后发展前进的方向，为接下来的改版工作做了很好的思想动员。其次，依据报纸读者群调研数据，制定改版方案。1942 年 1 月，《新华日报》在读者调研中发现两个重要信息，一是重庆地区的读者群众 70%是工人，占第二位的是青年学生，第三位的是国民党公教人员和职员；二是报纸早出版一小时，可以多争取发售七八千到一万份。周恩来对《新华日报》《群众》周刊提出了总体要求：既要“编得好，出得早，销得

---

① 中共中央文献研究室编：《周恩来文化文选》，中央文献出版社 1998 年版，第 7 页。

多”,又要降低其文字水平,“使具有普通文化水平的人都能看懂,以适应读者需要。”①并指示报纸总编辑制定了改版的初步设想方案:

(1)报纸“要面向中下层读者,……报纸的文字要降到中学水平”;

(2)“从社论到新闻一律采用白话文写作”;

(3)在新闻来源方面,“发展专电、特写、通讯等”;

(4)在内容上,既要着重介绍延安和解放区的情况,又要更加深入反映国统区人民的苦难生活及其呼声;

(5)“保留原有的三个专刊,……增辟一个《团结》专刊”;

(6)增加副刊内容;

(7)改进《友声》专栏,同时开辟《读者园地》专栏;

(8)开展各种社会服务,加强同读者的联系。②

围绕着既定方案,周恩来领导报纸进行了卓有成效的改版实践活动。如1942年5月23日,《新华日报》发表改版号召的社论《敬告本报读者——请予本报以全面的批评》,5月24日,刊登《本报特别启事》,从编辑方针及全部编排,社论专论,通讯特写,新闻编辑,专页专栏,友声外稿等方面,向读者征求批评意见,并在报纸上连续刊登十一天,引起了广泛的注意。最后,决定正式改版。从9月11日起,《新华日报》在显著的位置连续刊登《本报“九·一八”起内容革新》启事。9月18日,《新华日报》发表改版社论《为本报革新敬告读者》,正式实行改版。《群众》周刊在7卷24期刊登社论《送1942年寄读者》,并指出:我们(编者、作者、读者)之间更应互勉互助,克服理论问题上和实际问题上的困难,这是今后的总任务。1943年11月22日,中共中央关于《新华日报》《群众》周刊的意见中指出:“在大后方思想斗争的中心任务不是党的自

---

① 石西民、范剑涯:《〈新华日报〉的回忆》(续集),四川人民出版社1983年版,第225—226页。

② 参见石西民、范剑涯:《〈新华日报〉的回忆》(续集),四川人民出版社1983年版,第228—229页。

我批评，而是反对大资产阶级反动派。为此在政治上应着重宣传德日及附庸国家法西斯的反动，苏联与欧美人民及进步人士反法西斯的斗争与言论，……宣传边区、华北、华中的战争与生产，宣传孙中山的进步方面。”然而，“《新华日报》《群众》周刊未认真研究宣传毛泽东同志思想，而发表许多自作聪明，错误百出的东西。如××论民族形式，×××论生命力、×××论深刻等，是应该纠正的。”①

经过改版和整风，《新华日报》《群众》周刊大大提升了党性，增强了为群众办报的思想理念。《新华日报》开辟了新的专页，如：“重庆街头”、“桂林街头”、“东西南北”、“国际拾零”等，开设了特色报道，如：“加尔各答”、“伦敦通讯”、“纽约通讯”、“桂林通讯”、“昆明通讯”、“成都通讯”和“战地通讯”等。《群众》周刊则进一步加强了对陕甘宁边区和敌后各解放区的系统宣传，加强了群众化报道内容，如《认识边区专号》、《晋察冀解放区的民主建设》、《陕甘宁边区一年来的文教运动》等报道，增加了时论和专论，如《加强革命友谊》、《他们的名字是德国革命》、《新约加重了我们的责任》、《战时经济政策的检讨》、《论事务工作者的业务学习》等报道。党报党刊并肩作战，紧密配合，扩大了马克思主义在国统区的影响力，促进了国统区马克思主义大众化的发展。

第三，亲自在《新华日报》《群众》周刊撰文，大力宣传马克思主义。

推进马克思主义大众化的基本要求是使马克思主义得到广泛的传播。抗战时期，周恩来以《新华日报》《群众》周刊为阵地，亲自动手为《新华日报》《群众》周刊撰写社论、代论和重要理论文章，积极推动马克思主义走向实践、走向国统区、走向群众生活。

抗战初期，周恩来就在《群众》周刊连续发表《目前抗战危机与坚持华北抗战的任务》、《目前抗战形势与坚持长期抗战的任务》、《怎样进行持久战》等

---

① 《中共中央宣传部有关〈新华日报〉〈群众〉杂志的意见（摘录）》（1943 年 11 月 22 日），选自南方局党史资料编辑小组编：《南方局党史资料 · 文化工作》，重庆出版社 1990 年版，第 21 页。

文章,详细介绍了中共和毛泽东关于全面抗战、坚持持久战的观点和战争三个阶段的预断,帮助各方面的人士明确了争取抗战胜利的正确道路,坚定了抗战胜利的信心和决心。1941年,由于国民党加紧了新闻封锁,书报审查空前严格,千方百计地阻挠刊物出版,《群众》周刊进入办刊最为艰难的阶段,这一年《群众》周刊仅出刊12期。为帮助《群众》周刊渡过难关,周恩来又连续发表多篇文章《致大公报张季鸾、王芸生两先生书》、《周恩来负责声明》、《论苏德战争及反法西斯战争》、《抗战四年》、《"九·一八"十年》,从侧面、以间接的方式,去动员舆论和群众,提高人民对时局的认识,争取抗日民主政治权利。

据统计,周恩来在《新华日报》发表各类文章、题词、演讲稿、函电、答记者问、备忘录等,共计108篇24万字,在《群众》周刊刊文36篇。主要有两大特征:一是借周年纪念活动扩大马克思主义在国统区的影响力,促进马克思主义大众化传播。以1940年周恩来出席重庆各界举行的纪念鲁迅逝世4周年大会为例,会上周恩来说:鲁迅是伟大的文化战士,也是伟大的文化斗士,其律己严、认敌清、交友厚和疾恶如仇的优点是值得大家学习的,尤其是他能从事物的主要矛盾着手,认准我们当前的主要敌人即"日本"①,这是其革命斗争精神之所在。二是分析抗战的时局性,以巩固党的建设。以1941年6月周恩来发表的一篇文章《论敌寇两面政策》为例,他以对立统一的观点分析敌人的两面政策是同一事物的两面,应对之策应该有主有次、有重心。譬如日本侵华战争打了四年,"军事进攻便是主,政治进攻便是从,但重心有时放在军事,有时也可放在政治"。② 要打败敌人的两面政策,必须用联系的观点看待敌人政策的目的和重心与敌人所处的实际环境、实施的侵华政策和南进策略间的关系,用马克思主义联系发展的观点采取针锋相对的策略。

总之,《新华日报》《群众》周刊在中共中央南方局和周恩来的正确领导下,高举抗日民族统一战线的旗帜,贯彻党中央"坚持抗战,反对投降;坚持团

---

① 《新华日报》1940年10月20日。

② 《新华日报》1941年6月8日。

结，反对分裂；坚持进步，反对倒退”的“三大政治口号”，既团结又斗争，维系国共合作、坚持抗战，见证了中国共产党主张建立的抗日民族统一战线的曲折发展道路，见证了马克思主义在国统区的艰难传播道路。

3. 南方局组织部长博古：坚守党报的政治原则，重视新闻人才培养

博古，原名秦邦宪，曾担任中共中央负责人，抗战时期是中共长江局和南方局组织部部长，党报委员会成员，并在1939年8月至1940年5月周恩来赴苏联治病期间代理南方局书记。博古和许多党的领导人一样有过办报的经历，早年曾办过《无锡评论》、《中国工人》、《劳动报》、《赤色海员》、《红星报》等报刊。长期的革命斗争和多年的办报经验让他深刻认识到报纸“要忠于党的总路线，总方向”的重要性。在实践中，博古始终坚守党报姓党的政治原则。在他的组织领导下，“《新华日报》在汉口时期的报纸版面具有三个显著特色：标题醒目，立场鲜明；言论、报道和小品，通俗易懂；校对认真负责，错字较少。”①

（1）建设“新华军”

抗战时期，《新华日报》《群众》周刊作为党在国统区合法经营的党报党刊，其创办经营每一个环节都面临着意想不到的各种困难。在白色恐怖环境下，没有坚定的政治立场，没有一支忠于党的革命事业的办报人才队伍，是不可能在国统区长期坚持斗争的。博古非常重视《新华日报》《群众》周刊的人才队伍建设。早在1937年他就作为中共代表之一与国民党在庐山的两次谈判中，就释放一切政治犯问题与国民党达成协议，之后，经过多次反复交涉，一大批政治犯被国民党释放出来。于是，博古从中选拔了潘梓年、章汉夫、钱之光、徐迈进、袁冰等人作为筹备创办《新华日报》的骨干人员。博古会经常找报社同志谈工作的事情，“由于他平易近人，思路敏捷，与大家相处十分融洽。”根据陆诒回忆，博古曾安排陆诒为《群众》周刊写稿，陆诒担心自己理论水平不够，《群众》周刊又是理论性刊物，表示“写不出来”。博古对她进行耐

① 陆诒：《忆博古同志和汉口新华日报》，《新闻与传播研究》1980年第1期。

心教育并予以鼓励，“理论从实践中来，你不能把理论看得非常神秘，高不可攀，……下次非逼你写一篇专论不可，来医治你的畏难情绪。”①在博古的关心指导下，一批忠诚于党的新闻和理论宣传事业的干部迅速成长。

（2）重视国际抗日统战工作宣传

作为长江局、南方局的组织委员和《新华日报》报刊委员会委员，博古视野开阔，十分重视抗日民族统一战线的国际统战工作，以争取国际社会的更多支持。1938 年 7 月 7 日，博古应美国合众社之约在《新华日报》上发表《抗战一年》一文，阐述了中国抗战的国际意义，“我们的战争不仅是为中华民族自己之生存，而且是为着保卫国际和平的事业。”②7 月 23 日，博古又在《新华日报》发表《世界和平力量团结起来！中止法西斯野兽的屠杀》一文，指出：“今天中国和西班牙人民所遭受的惨痛，明天不难会降临于任何一个欧美的和平的人民身上的，不，不是明天，今天已经开始了，法国边境已被轰炸，几十只英法船只已沉没在地中海……让世界反侵略大会所召集的反轰炸会议成为这个团结的更进一步的重要步骤吧！我们谨以此祝大会成功……来制裁来审判法西斯屠夫！”③为争取国际社会对中国抗日的支持，博古积极参加各种国际统战活动，如参加全国 14 个团体发起的欢迎国际反侵略运动大会代表、法国著名记者色斯的茶话会，参加世界学联代表的茶话会，还与周恩来等人一起多次与进步新闻记者和作家斯诺、斯特朗、史沫特莱、爱泼斯坦，以及白求恩、爱德华、荷兰著名电影导演伊文思等会见会谈。

三、以《新华日报》报馆工作人员为主体的新闻和理论宣传工作队伍

中国共产党理论队伍是推进马克思主义大众化的重要主体。抗战时期，

---

① 陆诒：《忆博古同志和汉口新华日报》，《新闻与传播研究》1980 年第 1 期。

② 《新华日报》1938 年 7 月 7 日。

③ 《新华日报》1938 年 7 月 23 日。

《新华日报》《群众》周刊的编辑队伍是国统区马克思主义理论的研究者和传播者,也是马克思主义大众化的主要推动者。

毛泽东在《论持久战》中提出:“什么是政治动员呢?首先是把战争的政治目的告诉军队和人民……其次……还要说明达到此目的的步骤和政策……怎样去动员?靠口说,靠传单布告,靠报纸书册,靠戏剧电影,靠学校,靠民众团体,靠干部人员。”①报馆工作人员作为马克思主义传播的主体之一,不应该仅限于充当刊登和宣传马克思主义理论的基本角色,更应该成为马克思主义理论的掌握者和大众化的宣传者。“在国家和党的任何一个工作部门中,工作人员的政治水平和马克思列宁主义觉悟程度愈高,工作本身的效率也愈高,工作也就愈有成效。”②

回顾抗战历史,为了办好《新华日报》《群众》周刊,一批具有马克思主义素养的新闻和理论宣传队伍在国统区组建起来,如潘梓年、章汉夫、华岗、杨放之、许涤新、何云、傅钟、张友渔、吴克坚、熊复、戈宝权、乔冠华、石西民、杨赓、刘白羽、周而复、李普、鲁明、漆鲁鱼、吴江、郑心如、洪沛然等。他们中绝大部分是刚从国民党监狱里释放出来的坚强共产主义战士。《新华日报》最早的办报骨干就是从他们之中选拔出来的。据统计,这支队伍从武汉时期的五六十人,到抗日战争胜利时发展到有三百多人。其中既有在国统区从事地下革命活动的革命家,也有政治上比较成熟的马克思主义理论写作专家;既有从事抗日救亡运动、爱国学生运动、工人运动的共产党员骨干,也有对敌斗争经验丰富的中共地下党员。他们各有所长,如潘梓年主要分析国外时事,许涤新研究经济问题,吴克坚针对各个抗日根据地作了详细介绍。戈宝权则在翻译马列主义理论文章方面贡献较大。他们为读者建立了学习马列主义的园地,开阔了读者的视野,提高了读者运用马列主义分析实际问题的能力。他们熟悉党的理论方针政策,同时又能结合国统区抗日形势,以宣传抗日的灵活方式

① 《毛泽东选集》第二卷,人民出版社 1991 年版,第 481 页。

② 《斯大林文集》,人民出版社 1985 年版,第 273 页。

向民众输送马克思主义理论知识；他们对马克思主义理论的宣传和运用，“随时随地都要以当时的历史条件为转移，”①因为在国统区不同于延安。正如列宁所说：“它所提供的只是总的指导原理，而这些原理的应用具体地说，在英国不同于法国，在法国不同于德国，在德国又不同于俄国。”②他们以《新华日报》《群众》周刊为宣传阵地，通过新闻宣传报道抗日战争状况，抗日民众动员等形式，宣传了党的抗日救国方针政策，宣传了抗日民族统一战线，宣传了马克思主义，有力地推动了国统区马克思主义大众化的发展。

抗战时期报馆工作人员在《群众》周刊上发表文章数量统计

华岗	30篇	许涤新	80篇	吴克坚	11篇	徐冰（茜萍）	16篇	章汉夫（汉夫）	114篇
潘梓年（定思、梓年、梓）	47篇	吴敏	70篇	企程	16篇	范剑涯（舒翰、朝新、剑涯）	10篇	焦敏之	13篇
郑新如（舒危震、黎望、芦蕻）	18篇	胡绳（沈友谷、友谷、沈于田、陈桑）	16篇	熊复（茹纯）	15篇	蔡馥生（馥生）	9篇	何思敬	5篇
戈宝权（葆荃、宝权）共	84篇	卢竞如	6篇	北泉	8篇	石西民	20篇	丁达	5篇
乔冠华（于怀、乔木）	14篇								

1. 潘梓年（1893.1—1972.4）

《新华日报》社长、《群众》周刊抗战时期的主编。又名宰木、定思、弱水、

① 《马克思恩格斯选集》第1卷，人民出版社2012年版，第376页。

② 《列宁选集》第1卷，人民出版社1995年版，第274—275页。

任庵等，江苏宜兴人。在四十多年的革命生涯中，一直从事党的文化、报刊和理论研究工作，是中共在文化、新闻、理论战线上卓越的领导人之一，是国内外知名的马克思主义哲学家和逻辑学家。1937 年 6 月，由党中央营救出狱后回到上海，受周恩来指派与章汉夫一起去南京筹办党中央机关报《新华日报》，并担任社长。在武汉期间，王明曾以长江局书记的身份宣称，“要按欧洲的经验来抓报纸宣传工作”。所谓“欧洲经验”就是削弱共产党在统一战线中的独立性，放弃人民的武装斗争。潘梓年与许多工作人员抵制了王明的这种错误做法遭到打击。抗战时期，潘梓年在《群众》周刊上就发表署名文章 45 篇。在其他进步刊物发表的文章尚未计算在内。

2. 章汉夫（1905. 11—1972. 1）

《新华日报》第三任总编、《群众》周刊主编。原名谢启泰。1905 年出生于江苏常州。1926 年毕业于清华学校。1927 年在美国加入共产党。1928 年到苏联学习，担任共产国际东方部研究员。1931 年回国，任广东省委宣传部部长，代理省委书记。1934 年 10 月被捕。1937 年出狱后，章汉夫和潘梓年是周恩来最早选定创办《新华日报》和《群众》周刊的。从 1941 年到 1945 年，一直任总编辑（仅在 1944 年 8 月随董必武赴美国旧金山参加联合国成立大会期间，由夏衍代理约一年）。1946 年 6 月上海版《群众》周刊和 1947 年 1 月香港版《群众》周刊的主编都是章汉夫。抗战时期曾用笔名“汉夫”、“卓芸”先后在《群众》周刊上发表文章 106 篇（含国际一周 69 篇）。

3. 许涤新（1906. 10—1988. 2）

1906 年出生于广东揭西县。1933 年加入中国共产党。20 世纪 30 年代，许涤新在上海参加社会科学家联盟，担任中国左翼文化总同盟组织部部长等职务。1935 年被捕入狱。抗日战争爆发后，经党营救出狱随即参加筹办《新华日报》和《群众》周刊工作。担任《群众》周刊副主编、《新华日报》编委、党总支书记，南方局宣传部秘书、经济组组长。许涤新经常在《新华日报》和《群众》周刊发表经济类文章，传播马克思主义经济学。据统计，抗战时期许涤新在《群众》周刊共发表署名文章达72篇之多。

4. 其他重要成员

除上述几位《新华日报》《群众》周刊的主要编委和报馆负责同志外，还有一些重要的报馆工作人员，他们不仅做好报纸刊物的编辑出版，还充分发挥自己的理论优势，撰写文章宣传马列主义和党的理论路线方针，从而发挥出了“一个方面军”的作用。

华岗，《新华日报》第一任总编辑。浙江龙游人，1903年出生于农民家庭。1924年参加中国社会主义青年团。1925年8月加入中国共产党，出席了中共六大。1932年被派往满洲省委工作途经青岛时被捕。1937年10月经党组织营救出狱。1938年1月由湖北省委宣传部部长调任《新华日报》任第一任总编辑。1939年因病经组织安排离开报社休养。作为一位历史学者，华岗著有《1925—1927年中国大革命史》、《中国民族解放运动史》、《苏联外交史》、《五四运动史》、《辩证唯物论大纲》。抗战时期，华岗曾用笔名“华西园”、“西园”、“林石父”、“石父”先后在《新华日报》《群众》周刊上发表文章《中国工人与民族解放运动——纪念“二七”事变20周年》、《论中国佃农问题》、《我们应该怎样来表现中国气派与中国作风》、《大后方农村经济的特质和改善途径》等文章29篇。

吴克坚，《新华日报》第二任总编辑。湖南平江人。1924年加入中国共产党。1927年任国民革命军十二军独立团政治部主任。其后担任过中共平江县委书记，中共五大代表。曾参加过秋收起义。1936年赴法国巴黎，任中共创办的《救国时报》(巴黎版)总经理。抗战时期任中共中央长江局副秘书长，中共南方局常委，担任《新华日报》总编在报刊上发表过很多重要评论。

杨放之，最早在南京参与《新华日报》筹办人员之一，以“吴敏”笔名在《新华日报》发表了大量文章。1908年出生于河南济源县。1925年赴莫斯科中山大学学习。1927年加入中国共产党。1931年回国，任中共江苏省党报委员会负责人，上海沪西区宣传部部长。1938年《新华日报》创刊后，历任编委、副主编、编委常委，分管《新华日报》读者会工作，提出“每一个读者都是本报作者”的主张。1941 年离开《新华日报》后，任延安《解放日报》新闻部主任、编委、副总编，晋冀鲁豫《人民日报》总编辑。

熊复，1915 年出生，四川邻水人。1937 年加入中国共产党。1938 年赴延安抗日军政大学学习，主编《抗大校刊》和《抗大丛书》。1939 年进入《新华日报》工作，先后任国际版编辑、新闻版编辑组长和编辑部主任。

何云，浙江上虞人，1904 年出生，曾赴日本留学。1932 年加入中国共产党，1933 年被捕。出狱后任《新华日报》国际版编辑。赴山西筹办《新华日报》华北版，任社长；1942 年在反扫荡中牺牲。

陆诒，1911 年出生，上海人，在《新华日报》工作长达七年，始终担任采访部主任、编委，是《新华日报》最早赴前线进行采访活动、采访最广泛、接触国共军事将领最多的记者。

石西民，1912 年出生，浙江浦江人。1929 年加入共青团同年转为中共党员。1937 年底在汉口参加《新华日报》筹建工作，任国内新闻版编辑、编辑主任、采访主任、编委和社委。

乔冠华，(1913. 3—1983. 9)江苏盐城人，1913 年出生，曾留学日本、德国。1939 年加入中国共产党。1942 年从香港到重庆，进入《新华日报》后成为“国际述评”栏目专栏作家，任重庆《群众》周刊副主编、《新华日报》编辑、上海《新华周刊》(英文版)记者，主要从事新闻工作，撰写国际评论文章。从 1943 年到 1946 年，用“于怀”笔名，每两周写一篇国际述评，向国统区人民传播中国共产党对重大国际问题的看法。他注视并潜心研究第二次世界大战各个战场的变化形势，如第 8 卷第 10 期发表《共产国际解散与世界战局》、第 12 期的《希特勒的七月攻势》、第 17 期的《论世界战局新形势》、第 18 期的《莫斯科会议与世界战局》等关于国际局势动态的文章。另外，在《群众》周刊发表文章 13 篇。

戈宝权(1913. 2—2000. 5)，江苏东台人，1932 年毕业于上海大夏大学。1932 年至 1934 年在上海《时事新报》任编辑。1935 年赴莫斯科。1938 年初回国，5 月参加《新华日报》工作，同年加入中国共产党。除 1941 年皖南事变后有一段时间赴香港创办文艺通讯社，在《新华日报》一直工作到1945年底，并担任《群众》周刊编委、副主编，在《新华日报》《群众》周刊上，以“葆荃”为笔名发表和翻译了大量作品（包括社论、专论、翻译《斯大林在联共党（布）第十八次大会上的讲话》《联共（布）党史学习参考资料》等）。在《群众》周刊上发表的文章及译文达72篇之多。

廖沫沙，1907年出生，湖南长沙人，1928年任武汉《革命军报》副刊编辑。1930年加入中国共产党。曾三次被捕入狱。1942—1945年冬在《新华日报》工作，担任编辑部主任、编委，主编二、三版国内外新闻，撰写社论、短评，还在副刊发表了不少杂文和诗歌。

胡绳，1918年出生于江苏苏州，1935年9月，在上海参加革命，积极投身共产党领导的文化活动和抗日救亡运动。1938年初加入中国共产党。1942至1945年，担任《新华日报》编委，主编《新华副刊》。据初步统计，他在《新华副刊》上发表的文章有120多篇，主要是用辩证唯物主义和历史唯物主义观点批判唯心主义和形而上学思潮。

四、中共领袖群体与国统区马克思主义大众化

为了让自己的理论刊物在国统区达到最好的社会效应，《新华日报》《群众》周刊通过刊发中共领导人如毛泽东、朱德、张闻天、周恩来、博古等人的讲话、报告和著作，及时开展领导人的活动报道，请他们撰写理论文章，积极宣传中国共产党在抗战时期“坚持抗战，反对投降；坚持团结，反对分裂；坚持进步，反对后退”的“三大政治口号”，积极宣传“发展进步势力，争取中间势力，孤立顽固势力”的方针。

据笔者粗略统计，在《新华日报》刊登的文章和报道中，其中在标题中直接出现中共领袖名字的和关于中共领袖活动的相关报道篇数情况为：毛泽东140篇，周恩来145篇，朱德109篇，叶剑英56篇，彭德怀26篇，董必武74篇，吴玉章57篇。而《群众》周刊作为中共中央在国统区的唯一一份机关刊

物，中共中央领导人毛泽东、周恩来等不仅指导《群众》周刊的工作，也亲自为该刊撰写理论文章。朱德、彭德怀、邓小平、刘伯承、陈毅、聂荣臻等共产党高级将领也在《群众》周刊上发表文章。如朱德的《扩张百团大战的伟大胜利》（第 5 卷 12 期），《战斗中成长的新英雄主义）（第 9 卷 16、17 期）；叶剑英《游击战线上目前军事问题》（第 3 卷 10 期）；陈毅《茅山一年（陈毅在江南作战经验的报告）》（第 3 卷 22 期）；刘伯承《敌后抗战的战术问题》（第 8 卷 15 期），《关于平原游击战争诸问》（第 3 卷 11 期）；彭德怀《国际新形势与中国抗》（第 4 卷 1 期），《巩固敌后抗日根据地》（第 4 卷 8 期），《我们怎样坚持了华北六年的抗战》（第 8 卷 13、14 期）；聂荣臻《论敌后抗战》（第 8 卷 17 期）等，这些文章大多是当时共产党的军事进展、作战方法等，让读者了解了共产党在军事方面取得的成果。

重庆版《群众》周刊刊发中共领导人和八路军、新四军将领的文章情况

毛泽东13 篇	周恩来 12 篇	朱德 11 篇	张闻天 8 篇
王稼祥 2 篇	刘少奇 1 篇	任弼时 3 篇	博古 6 篇
彭德怀 8 篇	左权 7 篇	刘伯承 2 篇	聂荣臻 2 篇
徐向前 1 篇	罗瑞卿 1 篇	陈云 1 篇	陈毅 1 篇
邓小平2 篇	叶剑英 5 篇	邓颖超 3 篇	康克清 1 篇
董必武 6 篇	徐特立 2 篇	李立三 1 篇	何克全（凯丰）14 篇
黄克诚 1 篇	陈伯达 3 篇		

五、以郭沫若为代表的左翼进步知识分子群体

在重庆期间，《新华日报》《群众》周刊团结了一批进步知识分子作者群，包括左翼作家、进步分子和社会各界知名人士，如郭沫若、田汉、沈钧儒、老舍、陶行知、黄炎培、沈雁冰、翦伯赞、马寅初等许多进步艺术家和作家。

1942年“九一八”国耻纪念日,《新华日报》进行了改版,创立了《新华日报》副刊,包括《工人生活》、《青年生活》、《妇女之路》等专刊。当时“新华副刊”的作者群,几乎包括了进步文化界人士的全体,有郭沫若、茅盾、老舍、田汉、柳亚子、巴金、曹禺、陶行知、马寅初、张恨水、洪深、臧克家、徐迟、吴晗、陈荒煤等。编者中从开始的楼适夷、胡风,到后来的胡绳、林默涵、戈茅、郑之东、李亚群、欧阳凡海、刘白羽、周而复、林仰峥、韦明、周开(周砚)、曾岛(田家)等。他们当中相当多是作家、诗人、学者、戏剧家。新华副刊的创办,高举“抗战、团结、进步、和平、民主、独立”的旗帜,把各种抗战文化力量组织起来,成为团结国统区文化界的核心阵地。

《群众》周刊也有许多进步知识分子和文化人士的作者如郭沫若、夏衍、邓初民等。例如,作为《群众》周刊主要撰稿人之一,郭沫若先后在《群众》周刊上发文28篇,其中抗战时期发表了9篇,如《墨子的思想》、《公孙尼子与其音乐理论》、《吕不韦与秦代政治》、《孔墨底批判》等,充分运用马克思主义观点,在继承前人成果基础之上对中国先秦古代社会进行了系统研究。而作为《群众》周刊重要撰稿人之一的民盟元老、著名民主人士邓初民,在《群众》周刊上发表了《人民的世纪》、《人民的政权》、《新民主之法兰西》等系列文章,呼吁发展民主政治,抨击国民党独裁统治。此外,邓初民的《世界民主政治的新趋势》所提出的新型民主政治的观点,对在国统区宣传毛泽东《新民主主义论》起到了很好的配合作用。

郭沫若是抗战时期文艺界的领袖人物和抗战文化的旗手。学术界有关他的文化抗战方面的研究非常多。但是,通过挖掘《新华日报》《群众》周刊与郭沫若的交往,可以发现郭沫若在国统区以《新华日报》《群众》周刊为阵地,宣传抗日,传播中共抗日策略,开展马克思主义话语权建设活动中起到了非常重要的作用。在《新华日报》《群众》周刊的左翼知识分子作者群中,作为国统区进步文化战线的主帅郭沫若,一直把《新华日报》和《群众》周刊作为他率领这一支浩浩的文化大军冲锋在前的猎猎帅旗。据不完全统计,郭沫若在《新华日报》和《群众》周刊先后刊发的各类文稿，包括政论、杂感、诗歌、戏剧、小说、散文、日记、书信、题词、访问记、学术论文等，共302篇。特别是，1944年3月19日开始，《新华副刊》连载4天，以整版刊出郭沫若的《甲申三百年祭》，用明朝三百年前灭亡的历史，以崇祯皇帝的专制腐败最后亡国，借此讽刺蒋介石的一党独裁和法西斯本质。当时，《新华日报》和《群众》周刊上除周恩来的代论外，外稿主要就是郭沫若的文章。

第二节　马克思主义大众化的受众

受众，即话语客体，是话语的主要接受者，是评价话语风格是否恰当和话语效果的重要指标。抗日战争的社会大环境背景决定了《新华日报》《群众》周刊的马克思主义大众化话语必然要与抗战话语融为一体，而其所处的重庆地区属于国统区的核心地带，地理位置又决定了传播马克思主义的特定对象。

《新华日报》虽然是中共的机关报，但它刊登的各种稿件并不都是来自党内，有来自国民党的，有来自民主党派的，有来自基层人民群众的，甚至还有来自国际友人的，因此，从稿件来源和作者群的广泛性来看，《新华日报》和《群众》周刊的读者群体十分广泛。

抗战期间《新华日报》作者群文章粗略统计表①

年份	国民党人士	社会知名人士	基层民众	国际友人
1938	1832篇	1174篇	983篇	773篇
1939	2037篇	2089篇	1153篇	626篇
1940	1659篇	1867篇	1426篇	102篇
1941	1463篇	2173篇	1728篇	147篇
1942	2276篇	1625篇	1367篇	128篇

① 参见朱同留：《第二次国共合作期间中共在重庆的舆论平台研究》，西南大学硕士学位论文，2012年，第34页。

续表

年份	国民党人士	社会知名人士	基层民众	国际友人
1943	1727 篇	1427 篇	1017 篇	102 篇
1944	2263 篇	1948 篇	1671 篇	1153 篇
1945	2827 篇	2126 篇	1228 篇	927 篇

报刊的读者是分为不同的社会阶级和阶层的。在当时,国统区社会阶级阶层包括了:工人、农民、城市小资产阶级、小知识分子、民族资产阶级、乡村开明绅士等。特别是北平、天津、上海、广州等大城市沦陷后,伴随着大批学校、文化机关、厂矿企业的内迁,工人、知识分子(包括教师、大中学生、科技人员、职员)成为了报纸的最主要阅读者。因此,《新华日报》《群众》周刊的受众主要是国统区的民众及广大知识分子。而在共产党领导下的抗日根据地,工、农、兵占了人口的绝大多数,由于识字的人口比例比较低,因此,根据地的报刊一般的读者对象是党政干部、军队中有识字能力的官兵,以及奔赴抗日根据地的知识分子和半知识分子。

当然,由于各种报纸的政治立场、背景不一样,办报方针各有差异,相对稳定的读者对象群也不一样。大体说来,当时在重庆,国民党各派系的报纸,大都以官僚、大资产阶级和大地主上层人士为主要读者对象。重庆的《商务日报》、《国民公报》,则以民族资产阶级和地方实力派为主要读者对象。《大公报》的读者对象主要为知识分子,而且是高级知识分子(包括国民党的高级官吏)。《新蜀报》《新民报》的读者对象大都为小资产阶级知识分子、学生等。①就《新华日报》来说,作为党的一张全国性大型日报,主要是以体力劳动和脑力劳动为职业的读者,成为了读者对象的绝大部分。《群众》周刊作为理论刊物,要求文化程度相对要高,因此,读者对象以知识分子和青年学生为主。据统计,抗战期间《群众》周刊在其"信箱"栏目中,明确表明自己是学生、青年身

① 参见《新华日报史新编》,重庆出版社 1998 年版,第 295—296 页。

份的便有9期(包括:第3卷8—9期合刊和15—16期合刊;第6卷10期;第8卷12期、13—14期合刊、16期;第9卷1、21、22期),占信箱栏目总数的29%。①

因此,在国统区推进马克思主义大众化的过程中,《新华日报》《群众》周刊特定的话语客体主要有三类,分别是国统区的工人阶级、青年群体和妇女群体。除此之外,还有国民党上层人士和普通市民。当然,不同阶段,《新华日报》《群众》周刊读者对象的内部结构比例还是有些变化。例如,1938年汉口的读者调查显示:订阅《新华日报》的读者成分中,中青年学生占24%,工人占19%,剩下的为公教人员、职员和军人。1942年的读者调查,成分发生较大转变。其中70%是工人,其次才是青年学生,再次是公教人员。这不仅反映了《新华日报》与广大工人群众的密切关系,更加反映了社会政治情况的显著变化。

一、工人群体

1937年11月20日,蒋介石在《国民政府迁都重庆与抗战前途》的报告中表示:"国民政府兹为适应战况,统筹全局长期抗战起见,本日移驻重庆。此后将以最广大之规模,从事更持久之战斗"。自此之后,重庆成为全国抗战时期的政治、经济、文化中心。随着抗战形势的不断发展,越来越多的沿海工厂逐步迁往中西部地区,重庆周围聚集了大批工矿企业。工厂数量不断增加的同时也扩大了工人阶级的规模,加上他们的家属,数量较为庞大,因此,重视工人读者,依靠工人,团结工人,与各阶层劳动人民建立紧密的血肉联系,引导工人抗战,在工人阶级中宣传马克思主义,成为当时《新华日报》《群众》周刊的重要任务。而在国统区的三股舆论宣传力量中,《中央日报》、《大公报》等报纸并未过多报道工人阶级的状况,这也为《新华日报》《群众》周刊报道工人阶级的情况提供了话语空间。

---

① 参见郑夏:《抗战时期渝版〈群众〉周刊内容特色及传播策略研究》,重庆大学硕士论文,2015年,第5页。

从1938年至1945年,《新华日报》针对国统区工人运动发表的社论、评论就在100篇以上。① 1938年2月16日,《新华日报》发表社论《如何动员工人群众积极参加抗战事业》,文章认为首先要“加强对工人的教育和组织”,其次要将“全国工人团结起来”,而最终目的是“求得我国民族解放战争的最后胜利。”②1940年以后,《新华日报》还用第四版的大半版篇幅开辟《工人园地》专栏,半月出刊一次,着重刊登反映工人生活和诉求的文章,帮助工人认清资本主义的剥削与不平等,积极领导工人运动,在工人阶级中传播马克思主义,成为工人阶级的利益代表。同时,在新闻版开辟了《国统区工人生活》专栏。周恩来多次指示报馆记者深入工厂、矿山、码头进行广泛深入的调查,了解和报道工人政治上没有民主权利、经济上受到严重剥削、生活上受物价暴涨影响日益艰难的状况。

值得一提的是,《新华日报》《群众》周刊既注重对工人的马克思主义宣传,又坚持了抗日民族统一战线的原则,并不过多鼓励工人与资本家开展斗争,更多的是充当两者间的“中介”角色,既注重改善民族资产阶级和工人阶级的关系,同时又帮助工人认识自身剥削的根源。

二、青年学生

全面抗战爆发后,随着北平、上海、南京、武汉等东、中部大城市的沦陷,大批知识青年涌向后方。大批青年知识分子纷纷深入工厂、学校进行抗日宣传活动,在抗日舆论宣传中发挥了重要作用,也成为共产党和国民党进行马克思主义传播和三民主义教育的重要对象。当时,国民党通过“三民主义青年团”对青年开展三民主义教育,企图吸收优秀青年加入国民党军队和“中统”、“军统”等特务组织。还有国民党内的一些人害怕青年抗战组织的发展壮大,威胁到国民党的统治,于是又宣扬所谓的“本位救国”、“读书救国”,妄图让广大

① 参见《新华日报史新编》,重庆出版社1998年版,第297页。

② 《新华日报》1938年2月16日。

知识青年远离政治，勿谈政治，闭门读书。广大爱国青年由此深感抗战无门，报国无望，陷入苦闷抑郁的泥潭。抗战进入相持阶段以后，广大青年对国民党破坏国共合作、限制全民抗战的行径越发愤懑，“我们的爱国热心在沸腾着，在被压制着，我们的热忱，已被抑制成为午夜的咽呜血泪，我们的青年锐气，磨到了只剩叹息”，“对苦闷的生活感觉不满，对自己的前途异常忧虑，对国家的时局表示沉闷甚至悲观。”①1938 年 11 月，中共六届六中全会通过决议案，将“高度的发扬民族自尊心与自信心，坚决抗战到底，克服悲观失望情绪，反对妥协投降”，②作为中华民族当前的紧急任务之首。

为做好对青年群体的舆论引导和马克思主义传播工作，《群众》周刊刊发了《学生们怎样度过今年的暑假》等文，建议青年学生们应该利用假期，“深入农村，去揭穿汉奸和平的阴谋，暴露妥协分子挑拨国共关系以图分裂抗日阵线的诡计……防止和消灭汉奸思想言论的流传”③，以实际行动维护抗战国策、巩固抗日民族统一战线。《新华日报》设立了副刊《青年生活》，与青年谈人生、谈工作、谈理想，有针对性地进行马克思主义方向的引导和理论的教育。周恩来对《新华日报》的《青年生活》副刊办刊提出了明确要求，对青年“基本方法是说服”，更为重要的是进行润物细无声的宣传，“使他们感觉不到我们在领导”。在《青年生活》开辟了“读者问答”栏目，先后刊登《怎样读报》、《战略策略与政策》、《如何拯救堕落了的弟弟》、《怎样写日记》等多篇文章，通过正确的思想引导和启发，使青年群体与报刊产生共鸣，扩大了《新华日报》《群众》周刊在国统区青年群体中的影响力。

在传播马克思主义时，《青年生活》并不是生搬硬套，也不是灌输式的宣传说教，这一点也与《解放》周刊和《解放日报》在解放区传播马克思主义有较

---

① 《群众》周刊第 3 卷第 8、9 期，1939 年 7 月 16 日。

② 中央档案馆：《中共中央文件选集》（第 11 册），中共中央党校出版社 1991 年版，第 751 页。

③ 《群众》周刊第 3 卷第 8、9 期，1939 年 7 月 16 日。

大区别。《青年生活》副刊注重的是“做青年的良师益友”，注重帮助青年解决实际问题，如针对当时青年群体中关于恋爱问题的讨论，《青年生活》发表了《邓颖超同志谈男女问题》，文章辩证地分析了恋爱、婚姻和家庭的关系，毫不留情地批判当时封建的社会风气和国民党统治下国统区生活氛围的压抑，在青年群体中产生较大影响。又如在抗战胜利前夕，《青年生活》发表《试拟一个农民调研纲要》、《怎样和农民打堆》等文章，鼓励广大青年深入农村进行社会调研，提高自己的实践能力，增加生活阅历，通过隐性教育传播马克思主义，拉近了城市和乡村的距离、青年和农民的距离，巩固了中共在广大青年学生中的政治认同。

三、妇女群体

在中国传统社会，妇女的地位较为低下，只能从事低层次的劳动。在抗战时期，由于男子大多加入革命队伍保家卫国，众多行业劳动力严重不足，妇女解放运动空前发展。《新华日报》于 1940 年 5 月 16 日创办副刊《妇女之路》，揭露国统区女性在社会中遭受的种种不平等待遇，呼吁男女平等，尤其是广大妇女的就业歧视问题。

《妇女之路》创办的第一期刊登了时任中共中央南方局妇女组组长邓颖超的文章《目前局势与妇女工作》，指出要“反映妇女大众的生活和呼声。”《妇女之路》刊登了《女大学生生活片段》《小公务员的话》等多篇反映国统区女性遭受歧视和生活悲惨的文章，揭露妇女受到严重歧视的状况。另一方面，《妇女之路》刊登了多篇《她们解脱了束缚》、《后方的女战士》等报道解放区女性的文章，开辟《新民主主义下的妇女生活》专栏，通过解放区和国统区妇女社会地位、生活状况的对比，一方面引起各阶层对妇女情况的重视，另一方面则拉近了《新华日报》《群众》周刊与广大妇女群体的距离，为在妇女群体中传播马克思主义奠定了良好的群众基础。

四、文化界人士

随着抗战局势的变化，一大批戏剧家、作家、艺术家等文化工作者内迁至武汉、重庆、桂林等。例如，当时的桂林是著名的抗战文化城。由于桂林得天独厚的地理位置、蒋桂矛盾下相对宽松的政治环境以及在以周恩来为首的中共南方局的正确领导下，吸引了大批的文化人云集，集中了全国三分之二的名士，从只有七万左右的人口文化相对落后的小城，迅速发展成了拥有三四十万人口、上千文化人聚集、二百多家出版社和书店、一百多家印刷厂、数千种图书、二百余种杂志、十多种重要报纸的繁荣都市。① 当时在桂林的文化人士，闻名全国的就达二三百人，有社会科学家、自然科学家、文化工作者和新闻工作者。其中著名的作家和诗人有郭沫若、茅盾、巴金、夏衍、王鲁彦、艾青、司马文森、黄药眠等；著名的戏剧、歌剧、话剧编导有田汉、欧阳予倩、杨瀚笙、马彦祥、洪森、焦菊隐、瞿白音等；著名的美术、木刻家有徐悲鸿、丰子恺、李桦、叶浅予、关山月、赖少奇、黄新波、廖冰兄等；著名的专家和学者有陶行知、邹韬奋、叶圣陶、胡愈之、杨东莼、李四光等；著名的新闻工作者有范长江、陈同生、王文彬、孟秋江、徐铸成等。② 这些遍布各行各业的爱国进步文化人士，大部分都是党外人士，主张团结进步、统一抗战，是《新华日报》和《群众》周刊的重点受众群体。

爱国进步文化人士这一特殊受众群体，具有较高的文化修养，由于长期受到国民党的愚民宣传，具有与解放区民众不同的心理特征。大多数文化人士都有着抗日爱国思想，但有些仍然对国民党顽固派表面上抗战、背地里破坏抗战的现象认识不清。还有一些人虽然对国民党的腐败无能感到不满，但又不了解共产党领导下的八路军、新四军和抗日根据地的情况。归于上述原因，这些文化人士往往对抗战前途感到渺茫，不知道何为出路。因此，《新华日报》

---

① 参见魏华龄：《桂林文化城史话》，广西人民出版社1987年版，第1—3页。

② 参见杨益群编：《桂林文化城概况》，广西人民出版社1986年版，第2页。

《群众》周刊在国民党长期丑化共产党的情况下，成为国统区人民了解马克思主义先进革命思想，了解中国共产党，了解革命根据地生活的一扇窗口。

第三节 马克思主义大众化的主要方式

做好马克思主义大众化，在坚持为什么人的根本立场前提下，必须在内容上贴近人民群众，满足群众对理论的需求。同时，也需要手段方法的灵活化和表现形式的通俗化，只有这样才能为最广大人民所接受和掌握。

一、理论宣传方式

理论宣传方式主要包括三大类：社论和时评、原文的全文刊载和摘录、研究性文章等形式。这一类型的传播方式在《新华日报》《群众》周刊所占比例比最多。观其特点有三：一是借助马恩列斯的诞辰或逝世周年纪念日等发表社论、刊发马列主义经典文献；二是推出系列专辑《联共(布)党史研究资料》与《联共(布)党史简明教程》的译介；三是刊发党的理论工作者研究学习的文章。

第一类，社论和时评：每逢重大事件、重要节日和纪念日的时候，《新华日报》就会刊发篇重要社论和时评。例如，1938 年 5 月 5 日适逢马克思诞辰 120 周年，《新华日报》发表《纪念马克思和孙中山(社论)》。1939 年是列宁逝世 15 周年纪念日，《新华日报》发表社论《列宁的事业是人类解放的事业》(1 月 21 日)，高度赞扬列宁。1942 年 1 月 25 日，《群众》周刊第七卷第 1 期出版。当天是列宁十八周年的忌辰，发表了潘梓年写的时论《加强民族团结，纪念列宁、研究列宁关于民族问题的理论》。时论指出，列宁关于民族问题的理论与政策，即民族自觉的政策，是吻合于民主主义的理论与政策，是认真实行民主政治的理论与政策，是团结融合全世界诸民族的理论与政策。今日正是加紧团结一切民族力量来扑灭法西斯暴力这一历史任务吃紧的时候，细心研究列宁关于民族问题的理论与政策,是非常必要的。

第二类,原文的全文刊载和摘录:例如,在整个抗战时期,《群众》周刊刊登了许多马恩列斯和毛泽东的原文文章。笔者统计,《群众》周刊共刊发马恩列斯和毛泽东的著作 50 篇,其中 1938 年 9 篇,1939 年 7 篇,1940 年 11 篇,1941 年 3 篇,1942 年 8 篇,1943 年 1 篇,1944 年 8 篇,1945 年 3 篇。这些文章主要是围绕马克思主义的唯物辩证法,唯物史观,阶级斗争以及马克思的政治经济学原理等。特别是刊载介绍了列宁的著作和有关列宁活动及其思想的著作,如《我的位置是在别人的前面,是在前线上》《纪念恩格斯》《马克思主义与民族战争》《马克思列宁的理论不是教条而是行动的指南》、《关于列宁著〈国家资本主义的发展〉一书》、《劳动解放社》、《俄国为什么废除了农奴制度》、《什么是乌托邦社会主义?》、《革命的民粹派和自由主义的民粹派》、《关于普列汉诺夫的〈我们的分歧〉一书》、《列宁的革命活动之开始及彼得堡的“争取工人阶级解放斗争同盟”》、《争取工人阶级解放斗争同盟》、《谁是经济派,列宁为什么要和他们作斗争?》、《什么是“合法的马克思主义”?》、《1905 年前俄国工人革命运动的高涨》、《沙皇俄罗斯的资本主义之发展》、《论正义与非正义的战争》、《论布尔什维克党在 1914 年至 1918 年战争中得策略》、《关于列宁〈做什么〉一书》、《列宁的〈进一步,退二步〉一书》等著作。这些经典著作的出版为广大党员提供了系统学习理论知识的机会。

抗战时期《群众》周刊刊发经典文献数量情况的统计

类别 \ 年份	1937	1938	1939	1940	1941	1942	1943	1944	1945	合计
马克思恩格斯著作					1					1
列宁著作		4	1	6	1	3		3		18
斯大林著作		3	1	3	1	2	1	3		14
毛泽东著作		2	5	2		3		2	3	17

第三类，理论学习和研究的文章：例如，1942 到 1945 年间许涤新就在《群众》周刊上发表《战时中国经济轮廓》、《现代中国经济教程》、《中国经济的道路》等著作，以浅显的例子、生动的笔调，通俗的语言将深奥的马克思主义政治经济学展示得最大限度地通俗易懂，使人民群众可以理解，对提高国统区人民群众的政治觉悟起了积极作用，思想上受到启发。1942 年 3 月 30 日，《群众》周刊第 7 卷第 6 期发表了农泉的文章《马克思的学习精神》。文章论述了马克思的学习精神，首先是他学习有固定的目标，其次是有严正的态度，再其次是学习方法好。文章把马克思的读书方法归纳为以下几点。第一，折角画线；第二，做笔记和提要；第三，多读熟读；第四，计划和结论；第五，缜密的分析；第六，抄引法；第七，熟悉各种外国语。

抗战时期《群众》周刊刊发经典文献研究学习文章情况的统计

类别＼年份	1937	1938	1939	1940	1941	1942	1943	1944	1945	合计
马克思主义著作的学习研究			4	7		3		1		15
列宁著作的学习研究				9		2	8	3		22
斯大林著作的学习研究				4						4

二、广告启事方式

广告是媒体常用的增加经济来源、扩大经营收入的主要手段和方式。由于办报办刊环境的险恶，一方面为了缓解党的办刊经费紧张，另一方面和社论、时评、短评、消息报道以及其他理论文章一样，《新华日报》《群众》周刊的广告还承担着灵活地宣传中国共产党的主张，宣传抗战形势，推介马列主义著作的重要使命。和其他媒体一样，《新华日报》《群众》周刊在创刊第一版就设置了广告栏目。只要一有机会就会刊登宣传马列主义经典文献、进步刊物、电影广告、中共领袖毛泽东、周恩来、朱德等著作内容介绍、出版时间的广告，有力地推进了马克思主义的大众化。以《新华日报》1939年11月15日这期为例，当期以“纪念‘十月革命’22周年”为名，在所有版次刊登有关纪念俄国革命的影视广告高达17条。

启事也是媒体为实现某一特定需要，借助媒体向公众传递信息的一种手段。《新华日报》《群众》周刊刊发的启事很多是宣传抗战形势、宣传中国共产党政治主张的政治性广告。如，1938年1月18日《新华日报》专门刊登了一则关于广告的启事：“根据本报创立之宗旨，举凡违反社会进化规律，萎靡抗战情绪，提倡迷信以及投机广告，恕不照登，最欢迎者厥为提倡国货，救亡文化及一切正当事业之开发”。① 这个申明代表了中共的政治立场，凸显了党报的政治色彩。如“平江惨案”发生后，《新华日报》刊登了《追悼平江遇害烈士启事》，对国民党的反共面目进行揭露。

从《群众》周刊第2期开始，几乎每期都有介绍马列著作及其研究书籍的出版销售广告。据粗略统计，仅1937年12月至1939年底，《群众》周刊刊登的书籍广告涵盖了马恩列斯著作、学习研究马列主义的译著、毛泽东著作、其他中共领导人的著作和学者研究马列主义的著作等。介绍马恩经典原著相对较少，主要是《法兰西内战》和7篇《马恩论中国》；介绍列宁和斯大林著作的次数比较多，其中介绍《列宁选集》、斯大林等苏联领导人的报告达40多次；介绍毛泽东著作的也很多，达18次之多，主要有《抗日游击战争的战略问题》、《论新阶段》、《论持久战》、《毛泽东救国言论集》；其他中共领导人的著作主要集中在朱德《我们怎样打退敌人》、《抗日游击战争》，周恩来、彭德怀、彭雪枫、左权、凯丰编译：《什么是列宁主义》等，学者的相关学术著作主要是艾思奇的《大众哲学》，译著主要是介绍米丁的《新哲学大纲》、《联共（布）党史简明教程》。此外，《群众》周刊还经常刊登其他进步报刊的出版广告，如《新华日报》、《救亡日报》、《文艺阵地》、《中国青年》等，并介绍其所登重点文

---

① 《新华日报》1938年1月18日。

章，刊登介绍苏联社会主义革命和建设、苏联革命文学的书籍广告等，使国统区的广大读者能及时了解更多进步报刊的出版信息，成为民众获悉进步书籍和革命报刊的重要途径和便利渠道。

三、论战方式

在抗战时期的国统区，作为中共中央机关报和“人们喉舌”的《新华日报》始终受到代表大地主大资产阶级利益的国民党当局的压制。在革命斗争中，除了运用“武器的批判”之外，还要学会运用“批判的武器”。为了肃清错误言论，团结和教育人民，中共中央在宣传工作上注重利用《新华日报》《群众》周刊与《大公报》《扫荡报》等报刊展开多次辩论，在论战中宣传中共抗战方针政策，传播马列主义。

在抗日战争期间，《新华日报》就是利用这种辩论的武器与《扫荡报》、《大公报》等展开了多次正面交锋。这种辩论涉及中国共产党的政策方针、战斗策略以及战时文艺领域等等。如 1941 年 5 月，《新华日报》与《大公报》的第一次论战源于国民党在黄河以北的中条山战役中采取消极避战、积极反共的方针，致使国民党军队在战役中严重失利，而蒋介石集团却将之归咎于八路军不配合友军作战，制造舆论掀起新一轮的反共高潮。5 月 21 日，《大公报》发表《为晋南战事作一呼吁》的社评，说八路军“集中晋北，迄今尚未与友军协同作战，则系事实”，又说：“我们相信统帅部必然已有命令，要第十八集团军参加战斗。”而后又貌似公正地呼吁：“在国家民族的大义名分之下，十八集团军应该立即参加晋南战役……”①周恩来当晚便写书信驳斥该报总编辑张季鸾和王芸生，信中列举了八路军在国民党中断饷弹、虚构战绩的情况下仍坚持团结作战的事实，有理有据地揭露蒋介石集团的无情嘴脸。还用了郑重而周全的口吻迫使《大公报》将信件内容公诸于众，让事实得以大白于天下。同时

① 彭籁：《〈新华日报〉与〈大公报〉的三次论战》，《党史文汇》1994 年第 9 期。

《新华日报》全文发表了周恩来同志的《致大公报书》。再如,1942 年国民党的御用文人陈铨、雷海宗、林同济等在《大公报》上编了《战国》周刊,人们称之为“战国派”。他们公开宣扬法西斯主义的合理性,推行所谓的“民族文学运动”。陈铨接连在《战国》上发表了《指环与正义》、《民族文学运动》、《民族文学运动的意义》等文章,林同济也发表了《从战国重演到形态历史观》一文,他们把第二次反法西斯战争说成是中国战国时代的重演,还胡说经过全体战和歼灭战,便是“屯诸国,而创出一个大一统帝国”,①极力否认中国人民抗日战争的正义性。对此,《新华日报》立即组织文章对此进行猛烈的批判,刊登了章汉夫的《战国派的法西斯主义实质》和欧阳凡海的《什么是战国派的文艺》等文章,深刻揭露了“战国派”反动思想的实质,指出他们宣传康德的不可知论、宣传主观唯心主义和英雄崇拜,其文艺观实质是反科学、反文化的法西斯主义文艺观。

又再如 1941 年《新华日报》刊发的潘梓年的《共产主义与马列主义》,针对“在陶百川先生所著《三民主义与共产主义》这一本小册子内,把共产主义和马列主义看成两种东西,甚至是两种截然不同的东西……”的言论,指出“马列主义绝不只是一种手段或方法。马列主义是一个完整的理论体系,其中有共产主义的远大理想,也有实现这一理想的科学方法——完整的战略与战术的理论。它和共产主义完全是一个东西……是一而二,二而一的……”针对陶百川认为的“马列主义者所要做的所能做的,除了那么一套公式以外就在没有别的,除了一心期待将来把十月革命搬到中国来重演一遍以外就再没有别的……”的误解,潘梓年指出,“马列主义是一种科学,是关于社会发展规律的科学,是革命的科学。它最重视实际的客观情形,具体条件……‘马克思主义不是教条而是行动的指南’……斯大林说:‘一切都以条件,地点以及时间为转移’……”②,有力地回击了国民党当局对马克思主义的歪曲,让民众

① 石西民、范剑涯:《新华日报的回忆续集》,四川人民出版社 1983 年版,第 256 页。

② 《新华日报》1941 年 10 月 7 日。

真正了解了马克思主义是什么，以及马克思主义与中国的关系。

《新华日报》就是用这种辩论的方式与宣称“超阶级”、“超党派”的《大公报》等报刊进行针锋相对的斗争。真理是愈辩愈明的，在辩论的激烈较量中，马克思主义以及中国化的马克思主义思想在国统区得到了进一步传播，促进了马克思主义的大众化。

《群众》周刊在坚持理论宣传的同时，也采用论战的方式同错误思想开展理论交锋。抗日战争进入相持阶段后，以蒋介石为代表的国民党亲英美派集团，表现出浓厚的妥协退让和反共倾向，在思想战线上提出“以宣传对宣传”“以理论制驭理论”，妄图以“三民主义”篡改和取代马克思主义。1938 年 12 月，国家社会党的张君劢发表致毛泽东的公开信，要求共产党取消边区，取消八路军和新四军“将马克思主义暂搁一边”①。对此，《群众》周刊与之展开激烈论战。刊发汉夫的战斗檄文《团结抗战，力求进步，依靠民众！——评张君劢的意见》，就军队统一问题、陕甘宁边区问题、共产主义与三民主义问题等与张君劢进行针锋相对的辩论。文章直指张君劢的错误“在于他不是从抗战利益出发，不是从民族利益出发，不是从国家利益出发，更说不上从人民利益出发，因此张君劢之企图已明，其结果亦不过如此”②。

之后，《群众》周刊又与《中央日报》展开论战。1941 年，《中央日报》社长陶百川发表名为《三民主义与共产主义》的小册子，歪曲孙中山的三民主义，否认马克思主义在中国实现的可能。《群众》周刊主编潘梓年撰文与陶百川辩论，在《群众》周刊第 7 卷第 7 期刊发的《真理只有一个——兼答陶百川先生》。文章通过分析无政府主义、共产主义、军事共产主义与新经济政策、马克思与民族问题、阶级利益与民族利益、三民主义与三大政策等问题，有力地驳斥了陶百川的错误思想。

《新华日报》《群众》周刊运用论战的方式与《大公报》等报刊进行针锋相

---

① 张君劢：《致毛泽东先生一封公开信》，《再生》1938 年第 10 期。

② 《群众》周刊第 2 卷第 16 期，1939 年 2 月 28 日。

对的斗争,化解了人们对中共主张的误解和讹传,进一步推动了中国化马克思主义在国统区的传播。

四、介绍生平、传记和纪念方式

纪念活动是一种政治仪式,也是一种政治象征,有其独特的政治功能。①5月5日是马克思的诞辰纪念日。借助纪念活动开设纪念特刊或刊发纪念文章。1938年5月5日当天,《新华日报》就刊发了社论《纪念马克思和孙中山》、列宁的《马克思传》和凯丰的《马克思与中国》。在马克思诞辰一百二十周年、诞辰一百二十五周年、逝世五十九周年之际,《群众》周刊也都刊文隆重纪念,称其为"一个世界的伟人,科学社会主义的创造者,无产阶级革命的导师,被压迫民族的救星",强调马克思不仅对中国的民族解放运动给予高度的同情,而且"对于他生时中国所发生的每一个事变,他都作了详细的研究,同时对于当时中国的社会经济结构,因资本主义而引起的变化,欧美的对华贸易,尤其是当时对华的鸦片贸易,作了深入的探究",从而留下丰富的革命遗产。② 在恩格斯诞辰一百二十周年,《群众》周刊推出纪念特辑,由葆荃编译《恩格斯的生平、著作及其事业》一文称其为"伟大的革命思想家及国际无产阶级的领袖",③与马克思一样,同为"现代社会主义底创立者"。④

相较而言,《新华日报》《群众》周刊对于列宁的纪念更频繁。为纪念列宁70周年诞辰,《新华日报》发表系列报道文章:《全苏人民热烈筹备庆祝列宁诞辰,纷组旅行团赴各地瞻仰遗迹》(1940年4月11日),梓年《纪念革命的圣人列宁的诞辰》(附照片)(4月22日)。杜伯洛夫斯基作、范剑涯译《被压迫人类解放的伟大导师》(附照片两张)4月22日,戈宝权《列宁的著作在苏联

---

① 参见陈金龙:《略论民主革命时期中国共产党的纪念活动》,《中共党史研究》2007年第11期。

② 参见《群众》周刊第1卷第22期,1938年5月14日。

③ 《群众》周刊第5卷第13、14期合刊,1940年12月5日。

④ 《群众》周刊第5卷第13、14期合刊,1940年12月5日。

和各国》(4月22日),《苏联全国人民热烈纪念列宁七十诞辰,各城市纷纷举行展览会》(1940年4月23日)。在列宁逝世十四、十六、十八、十九、二十、二十一周年,都发表系列文章予以纪念①。《群众》周刊刊文给予列宁高度赞誉,认为"这位中山先生所称为'革命中的圣人',不仅是全世界无产阶级和被压迫民族的伟大革命导师,同时又是马克思的学说的最光荣的发挥者和承继人;而列宁主义,则是马克思主义的更向前推进和进一步的发展"②,突出强调,列宁是"最真挚同情并援助被压迫民族独立解放的良友","他在二十五年前即"民国"二年五月间,因为看见欧洲资产阶级勾结扶植国中卖国奸贼袁世凯等来进行奴役残害中国人民的勾当,表示深刻的仇恨,同时对于中国革命的民主运动表示真挚的同情"。③ 对于斯大林,《群众》周刊则在其六十寿辰刊文给予积极评价,认为"斯大林在中国革命问题上,也如在整个马克思列宁主义上一样,发展了马克思列宁主义对殖民地和半殖民地国家的革命运动的战略和策略,在中国革命问题上斯大林给予的指示,就是最光辉的榜样"。④

五、版画漫画方式

由于那个时期的国民普遍受教育程度不高、文盲是普遍现象,所以用图画画像漫画进行宣传可谓是对症下药。图画画像漫画简单、直观、形象、生动,能

---

① 包括:8月5日《列宁论群众观点》、1月21日《列宁的旗帜是胜利的旗帜》《纪念列宁逝世20周年社论》,1月22日《确信自己力量,确信胜利前途——纪念列宁逝世20周年》,1月22日弘译《列宁斯大林的旗帜领导我们走向胜利(真理报社论)》,1月23日《克里姆林宫内举行大会,纪念列宁逝世二十周年》,1月26日《列宁逝世二十周年纪念大会上谢尔巴科夫的报告》,1月21日,斯米尔诺夫著《列宁和苏联的战争》,1月21日列宁夫人克鲁普斯卡娅《论列宁是怎样研究马克思的?》,1月22日列宁夫人克鲁普斯卡亚《论列宁是怎样研究辩证法的?》(附编者函)。1月22日邓群《列宁革命战斗的模范》,3月13日李溥《伟大斗士的现实作风:读"向列宁学习工作方法"》。1月21日、22日,纪耳《列宁在人民中》,1月20日戈宝权节译《列宁在诗歌中》,3月29日科洛洛夫《小孩和列宁》。5月20日,田夫作《革命家的组织问题——"做什么?"读后》,10月7日,克鲁普斯卡亚《不粗枝大叶——列宁的科学工作方法》。

② 《群众》周刊第4卷第2、3合刊,1940年1月30日。

③ 《群众》周刊第1卷第6期,1938年1月15日。

④ 《群众》周刊第3卷第24期,1939年12月21日。

够通俗地表达深奥复杂的道理,能在短时间内产生广泛影响,画像漫画在抗战过程中,确实担负起了很大一部分宣传使命。正如戈公振在《中国报学史》所言:“文义有深浅,而图画则尽人可阅;纪事有真伪,而图画则赤裸裸表出,盖图画先一十文字,为人类天然爱好之物。虽村夫稚子,亦能引其兴趣而加以粗浅之品评。”①画像漫画的直观、“村夫稚子”皆宜的特点使宣传能够走向社会最下层,为革命运动的开展作了深入动员。《新华日报》中漫画宣传数量之多、形象类别之细是同时期报纸中的佼佼者,特别是漫画作者群体是中国近现代艺术界和新闻界的精英。

为了号召大后方各阶层民众积极投身于抗日洪流中,《新华日报》先后刊登了《有力出力》(胡考作)《募捐何必逃》(宣文杰作)《慰劳》(建磨作)、《征募寒衣》(张谔作)《新华日报义卖献金》(邓中铁作)等漫画作品。尤其是为了配合国统区的献金运动,《新华日报》美术课主任张谔创作了多幅作品,如《有钱的多出钱扩大献金运动》、《献金救国坚持抗战》、《解衣衣之,是后方同胞不可逃避的职责》、《多捐一分钱,多加一分力量》,大大地激发了民众的献金热情,有力地支援了前线。

《新华日报》还刊载了朱德、左权、董必武等个人的画像和多幅宣传毛泽东军事思想内容的漫画,代表性的如持久战思想和游击战等战略战术思想,在抗日战争中起到了重要作用。如陆志痒同志创作的《游击战士》等,不仅赞颂游击战士的英勇矫健,也从侧面宣传了游击战战术思想,由敌后小股游击队员不断对敌部队进行袭扰,从而影响其部队行动,并使其战术实施受到阻碍。此外,也通过广告中的漫画《抗日游击战争的战略问题》一书用以宣传毛泽东军事思想。

马克思主义经典作家及革命先驱的画像,也是马克思主义的代表性符号,具有通俗、简洁明了的特点,刊登马克思主义先驱的画像和著作,可以潜移默

① 戈公振:《中国报学史》,上海商务印书馆1927年版,第248页。

化加深群众产生影响,使其不自觉熟悉并接受马克思主义,对促进马克思列宁主义在中国的传播和在社会产生广泛久远的影响具有积极作用。抗日战争时期,《新华日报》在报纸版面上的显著位置印上了马克思、列宁、斯大林、罗莎·卢森堡、季诺维也夫等人的画像。

六、副刊或特辑方式

报纸副刊是以刊载文艺作品、理论文章等为主的固定版面,是中国报纸的一大特色。第四版的《新华副刊》是综合性的文化副刊,也在传播马克思主义方面起了重要作用,“经常转载敌后边区的文艺与报道。”①《新华副刊》内容十分广泛,包括各类社会科学知识、反映文化问题的书评、剧评等。其中有一种名为“名著提要”栏目,这一栏目多是介绍马列主义著作的,时常邀请报社内外精通马克思、恩格斯、列宁等著作的同志,用两三千字把它的主要内容、历史地位和作用简明扼要地介绍出来。如1943年11月4日副刊上刊登了恩格斯的《德国农民战争史》的提要,1943年11月17日、18日发表了《恩格斯:德国的革命与反革命》的提要。② 这样一来,读者不用花很长时间就可以初步知晓马克思主义著作的大概,有效地推动了马克思主义的传播。

副刊还用评论、短评、杂文等方式,宣传中国共产党的新民主主义文化理论和政策。如毛泽东《在延安文艺座谈会上的讲话》发表后,新华副刊连续刊登《文艺上的为群众和如何为群众的问题》《文艺的普及和提高》《文艺和政治》三篇文章,及时向国统区民众传达中国共产党文艺思想。同样,《群众》周刊于第9卷第18期特辟了“文艺问题特辑”,登载了郭沫若的《新陈代谢》、夏衍的《如何做大众的牛》、何其芳的《关于艺术群众化的问题》、刘白羽的《新的艺术、

---

① 廖永祥:《新华日报史新编》,重庆出版社1998年版,第336页。

② 参见石西民、范剑涯:《〈新华日报〉的回忆》(续集),四川人民出版社1983年版,第268页。

新的群众》,以及翻译了苏联学者顾而希坦的《论文学中的人民性的问题》等文章,着重讨论文艺的群众化问题,为广大文艺工作者指明了努力的方向。

第四节　马克思主义大众化的主要内容

《新华日报》《群众》周刊在国统区推进马克思主义大众化的内容十分丰富,有对马恩列斯伟人的生平事迹介绍、对马列主义经典文献的宣传研究、对马克思主义基本原理的通俗阐释、对中国化马克思主义的宣传、对国际共产主义运动的介绍等等。

一、介绍马恩列斯的生平事迹

历史追溯到辛亥革命以前,中国社会对马克思主义理论的认识,一开始便是从报刊介绍马克思的生平事迹开始的。早在中国共产党的报刊诞生之前,就有很多已存在的报刊对马克思生平传记进行了相关的介绍。如 1902 年,梁启超在《新民丛报》上发表文章,他指出:“麦喀士,日耳曼国,社会主义之泰斗也。”①当时,中国许多资产阶级革命派创办的报刊如《中国日报》、《平民报》、《社会公报》等等,均对马克思恩格斯的生平进行了介绍。同样,抗战时期,《新华日报》《群众》周刊也通过刊发介绍马恩列斯生平事迹的文章,来传播马克思主义。

1. 关于马克思恩格斯生平介绍

马克思、恩格斯是马克思主义的创始人,据不完全统计,《新华日报》和《群众》周刊介绍他们生平、传记的文章共有 17 篇,其中《新华日报》中有 13 篇,《群众》周刊有 4 篇。介绍马克思生平、传记的大多数文章都是在每年 5 月发表的,通过纪念马克思诞辰或者逝世来向民众介绍时代伟人。如 1940 年

---

① 转引自王大同:《马克思主义在中国传播的历史条件》,《党史研究与教学》1990 年第 4 期。

5月5日在纪念马克思一百二十二周年诞辰之际,《新华日报》就刊登有社论《伟大的五五纪念》、曼生翻译的《作为革命者的导师和教育者的马克思》、钟灵的木刻《马克思像》以及戈宝权翻译的《马克思的生平、著作及其事业》,戈宝权在《马克思的生平、著作及其事业》一文的开头就写到,“卡尔·马克思——科学共产主义的创始人,国际无产阶级的天才导师与领袖,于一八一八年五月五日,出生于普鲁士莱茵省的一个律师的家庭中……一八八三年三月十四日,马克思逝世了……马克思的整个生活和革命活动,是理论与实际一致的光辉的典型。马克思——是新科学,新世界观的创造者,而马克思主义——就是世界科学与文化的顶点。”①戈宝权用这篇文章完整地讲述了马克思的一生从出生、中学、大学、结婚、从事编辑工作、和恩格斯一起写作到逝世的全部过程,并且按照时间顺序详细阐述了马克思从吸收黑格尔辩证法“合理的核心”,学习费尔巴哈的唯物哲学到写作出版《论犹太人问题》、《神圣家族》、《德意志意识形态》、《哲学的贫困》、《共产党宣言》、《资本论》、《法兰西阶级斗争》、《法兰西内战》、《政治经济学批判大纲》等著作的发展历程。此外,还有1941年5月5日的时评《纪念马克思与孙中山》,1942年5月5日的短评《马克思与孙中山》、晦晨的《永生的灵魂(诗)——纪念马克思诞辰》、少峰的《纪念为全世界工作的马克思》,1944年5月5日,李溥的《向马克思学习切实认真的学风》等。以及《群众》周刊1943年5月1日刊登的舒翰的《没有比他更真实的人——纪念马克斯一二五年诞辰》等。《新华日报》和《群众》周刊,善于利用纪念日为伟人发声,让民众在记住这个日子的同时记住这个伟大的人,年复一年,将“真理的化身”的马克思深深烙印在心里。

写作马克思生平、传记比较多的主要是柯柏年。他发表在《新华日报》的相关文章有:1940年7月10日的《毕生在穷苦斗争中的马克思》,24、25日的

---

① 《新华日报》1940年5月5日。

《马克思的读书方法》,1941 年 7 月 20 日的《马克思之为人》,1944 年 9 月 30 日的《马克思的科学态度》等,柯柏年在《毕生在穷苦斗争中的马克思》一文中写到,“全世界被压迫人民的导师——马克思,他不只是一个伟大的思想家,而且是一个伟大的革命家,我们不单是要研究他的革命学说,而且他的一生的行为都是我们的模范……我现在只和诸位谈谈马克思的斗争精神,他一生与贫困斗争的精神……”。整篇文章歌颂了马克思以斗争为快乐,对生活的困境、对政治压迫、对身体疾病的不屈服精神,号召广大民众在学习马克思学说、马克思主义理论的同时还要学习马克思的斗争精神、刻苦的精神、忠于革命和事业的精神、为工人阶级解放事业以至全人类解放事业而牺牲一切的精神。柯柏年从马克思的生活环境、性格品格、家庭情况、为人处世、学习的态度和方法等各个方面,形象而生动地为民众勾勒了科学社会主义的创立者、全世界无产阶级革命的导师的丰满形象。让广大民众在了解到马克思的为人之后,不由自主地对马克思产生一种崇敬之情,从而自发去了解、接受和学习马克思的学说和思想,有效地推动了马克思主义的传播。

介绍恩格斯生平、传记的文章集中在 1940 年纪念恩格斯一百二十周年诞辰之际。虽然数量不多,但贵在精。而且恩格斯与马克思是不可分开的,“恩格斯一开始自己的革命活动,就与马克思一起进行猛烈的斗争,反对第二国际中的各种机会主义者,反对拉萨尔派和无政府主义的派别……恩格斯和马克思一样,不但是无产阶级最伟大的革命理论家,而且是最伟大的革命行动家。恩格斯和马克思一样,他的一生就是斗争,他和马克思一样,经常把革命理论与革命行动联在一起,他正和马克思一样,以彻底的、热烈的、不屈不挠,再接再厉的,为劳动人类彻底解放事业而进行斗争……”①其中最具代表性的文章就是戈宝权先生编译的《恩格斯的生平、著作及其事业》,这篇文章刊登在《新华日报》1940 年 11 月 28 日的第三版,同时也发表在《群众》周刊 1940 年 12

① 《新华日报》1940 年 11 月 28 日。

月5日的第五卷第十三、四期。戈宝权在文章中写到,“弗里德立克·恩格斯——卡尔·马克思的朋友及战友,伟大的革命思想家及国际无产阶级的领袖——于1820年11月28日,生于普鲁士王国莱茵省巴尔门地方的一个工厂主家庭中……弗里德立克·恩格斯,于1895年8月5日死于伦敦……”①戈宝权用这篇文章完整地讲述了恩格斯从中学、在商号当店员、移居柏林、在莫斯科工作等整个人生的过程,并详细地分析了恩格斯从知道黑格尔哲学,参加青年黑格尔派小组,出版《谢林格与启示》,发表《政治经济学批评论文》,到出版《英国工人阶级状况》,与马克思合著《神圣家族》、《德意志意识形态》、《共产党宣言》,在《辩证法与自然科学》标题下写作,创作《反杜林论》《家族·私有财产与国家的起源》等,在各个时期思想的转变和理论的创新的全部历程。还有潘梓年的《现代社会主义的创立者》(附马克思恩格斯的头像照片)、华赓抗的《纪念恩格斯箴言》以及恩格斯的木刻像,《新华日报》和《群众》周刊用朴实的语言和生动的图像,为民众刻画一个栩栩如生的恩格斯,了解到了恩格斯的生平、品格和他为劳动人民、为无产阶级所奉献的一生,让民众自发地敬仰他的为人,信仰他的思想、学说和理论,有效地提高了马克思主义在民众心中的影响力。

作为理论刊物,《群众》周刊通过诞辰纪念日等以同样的力度介绍马恩列斯的生平。在马克思诞辰一百二十周年、诞辰一百二十五周年、逝世五十九周年之际,《群众》周刊都刊文隆重纪念,称其为“一个世界的伟人,科学社会主义的创造者,无产阶级革命的导师,被压迫民族的救星”,强调马克思不仅对中国的民族解放运动给予高度的同情,而且“对于他生时中国所发生的每一个事变,他都作了详细的研究,同时对于当时中国的社会经济结构,因资本主义而引起的变化,欧美的对华贸易,尤其是当时对华的鸦片贸易,作了深入的探究”,从而留下丰富的革命遗产。② 在恩格斯诞辰一百二十周年,《群众》周

---

① 《新华日报》1940年11月28日。

② 参见《群众》周刊第1卷第22期,1938年5月14日。

刊推出纪念特辑，称其为“伟大的革命思想家及国际无产阶级的领袖”，与马克思一样，同为“现代社会主义底创立者”①。相较而言，《群众》周刊对于列宁的纪念更频繁，在其逝世十四、十六、十八、十九、二十、二十一周年，以及诞辰七十周年，均刊文给予高度赞誉，认为“这位中山先生所称为‘革命中的圣人’，不仅是全世界无产阶级和被压迫民族的伟大革命导师，同时又是马克思的学说的最光荣的发挥者和承继人；而列宁主义，则是马克思主义的更向前推进和进一步的发展”。② 突出强调列宁是“最真挚同情并援助被压迫民族独立解放的良友”，“他在二十五年前即民国二年五月间，因为看见欧洲反动资产阶级勾结扶植国中卖国奸贼袁世凯等来进行奴役残害中国人民的勾当，表示深刻的仇恨，同时对于中国革命的民主运动表示真挚的同情”。③ 对于斯大林，《群众》周刊则在其六十寿辰，刊文给予积极评价，认为“斯大林在中国革命问题上，也如在整个马克思列宁主义上一样，发展了马克思列宁主义对殖民地和半殖民地国家的革命运动的战略和策略，在中国革命问题上斯大林给予的指示，就是最光辉的榜样”④。

2. 关于列宁、斯大林的生平传记介绍

列宁和斯大林是马克思主义重要的继承者和发展者，他们不仅在理论上丰富和发展了马克思主义，并且通过俄国成功的革命实践，推动了马克思主义理论与实践的结合，是《新华日报》和《群众》周刊的重点写作对象。据不完全统计，《新华日报》和《群众》周刊介绍列宁生平、传记的文章共有26篇，其中《新华日报》中有20篇，《群众》周刊15篇；介绍斯大林生平、传记的共有7篇，其中《新华日报》中有5篇，《群众》周刊4篇。

---

① 《群众》周刊第5卷第13、14期合刊，1940年12月5日。

② 《群众》周刊第4卷第2、3合刊，1940年1月30日。

③ 《群众》周刊第1卷第6期，1938年1月15日。

④ 《群众》周刊第3卷第24期，1939年12月21日。

《群众》周刊介绍列宁、斯大林的生平、传记文章统计

类别	1937	1938	1939	1940	1941	1942	1943	1944	1945	合计
列宁生平和传记			1	6	2		1	3	2	15
斯大林生平和传记			3		1					4

《新华日报》在每年的1月21日发表了很多关于列宁逝世的周年纪念文章。如1939年,吴克坚的《列宁的事业是人类解放的事业》(附列宁像)和邓静溪翻译的凯尔任采夫著的《在克里姆林工作的列宁——列宁传里的一章》等;1940年,张谔的《纪念列宁逝世十六周年》(附宣传画)、《列宁逝世十六周年》(附照片)以及钟灵的木刻《列宁像》等;1941年,社论《纪念人类的伟大导师——列宁》《列宁像》、亚棱译的《最能爱人类的列宁》(附《列宁与斯大林》、《列宁在红军中》画二幅)、戈宝权翻译的《列宁的故事》等;1943年,锤颖的《列宁与中国》、以沛翻译的《行动的巨人》、萧伯纳的《他像一座塔》、沈友谷的《谈列宁做人的风格》等;1944年,基尔的《列宁在人民中》、邓群的《列宁——革命战斗的模范》等。另外还有,1940年4月22日纪念列宁七十诞辰之际,范剑涯翻译的《被压迫人类解放的伟大导师》(附列宁的照片两张)、1940年10月26日林大翻译的济尼夫斯基作的《列宁年青的时候……》、1941年2月23日井耳翻译的《列宁与红军》、1942年8月18日郭佩岚翻译的《列宁和一个哨兵》、1942年11月7日农泉的《列宁的家庭关系》、1943年2月15日企程、朔望合译的《列宁传》等。《群众》周刊介绍列宁生平、传记的文章主要有,曹若茗翻译的《列宁与国际工人运动》、戈宝权翻译的《列宁的革命活动之开始及彼得堡的"争取工人阶级解放斗争同盟"——联共(布)党史研究资料之七》、列宁夫人克鲁普斯卡娅的《列宁在宣传工作中》、蘆蕻的《人·革命家·领袖——纪念列宁逝世二十周年》以及V.柯马诺夫的《列宁与科学》等。这些文章囊括了列宁一生的历程、革命实践活动以及思想和著作,在文章的字

里行间不仅赞扬了列宁的思想、事业的伟大，同时也从列宁的语言行动、日常生活，甚至是一件微小的事情上，展示了列宁的政治领袖才能，“能够在数十年前就预测历史的行程”，也展示了列宁令人折服的智慧，“能用最简洁的话解释清楚”，快速解决纠纷。更加立体地呈现了列宁鲜明的人物性格特点，“他对主义的坚定的固执，他对人民公敌的燃烧般的仇恨，他对自己所领导的事业的最后胜利的无穷的信心……”①使民众清晰明了地认识并了解了这个为人类工作、经常和人民在一起、相信人民、向群众学习、关念人民的伟人——列宁。

《群众》周刊介绍列宁的生平和传说，主要有：曼努意斯基著、曹若茗译《列宁与国际工人运动》（第2卷第23期，1939年5月1日），王拓的《列宁的战斗精神及其工作作风》（第4卷第2、3期，1940年1月30日），邓格尔著、企程译《列宁与工人阶级的统一》（第4卷第2、3期，1940年1月30日），朔望、季龙译《列宁的遗产》（原文载《共产国际》英文版1939年1月号）（1940年1月30日第4卷第2、3期）。何思敬译《列宁与克劳塞维茨》（第4卷第11期，1940年4月20日、第4卷第16、17期，1940年6月20日、第5卷第4、5期，1940年9月10日），斯吉巴阳著、刘光译《论列宁和斯大林的工作作风》（第6卷第1、2期，1941年3月18日）。A.孟德尔逊作，焦敏之译《列宁——社会主义国家的创始者》，（第6卷第3、4期，1941年4月30日）。《加强革命友谊，纪念中国革命的好朋友列宁（时论）》（第8卷第1、2期，1943年1月16日）。新华的《列宁的旗帜是胜利的旗帜——纪念列宁逝世20周年（时论）》（第9卷第2期，1944年1月25日），克鲁普斯卡娅的《列宁在宣传工作中》（第9卷第2期，1944年1月25日）。芦蕻的《人、革命家、领袖——纪念列宁逝世二十周年》（第9卷第2期，1944年1月25日）。戈宝权译《罗曼·罗兰论列宁》（第10卷第2期，1945年2月10日）。扎斯拉夫斯基著《二十一年后——为

① 《新华日报》1941年1月21日。

纪念列宁逝世二十一周年而作》(第10卷第2期,1945年2月10日)。

介绍斯大林生平、传记的文章大部分是在1939年12月21日庆祝斯大林六十寿辰之际发表的。《新华日报》刊登的有:朱德的《中国军人心目中的斯大林》《斯大林传》(附照片)、《斯大林生平绩志》等。《群众》周刊发表的有:A.奥西波夫作、戈宝权译《斯大林的革命活动的开始》(第3卷第24期,1939年12月21日),凯丰的《斯大林同志与中国革命——庆祝斯大林同志六十寿辰》(第3卷第24期,1939年12月21)。许涤新的《斯大林对民族问题的贡献》(第3卷第24期,1939年12月21日)。A.斯丹泊娜亚作,剑涯译《一个革命者的诞生》(第6卷第34期,1941年4月30日)。这些文章详细地介绍了斯大林的生平、家庭关系、思想、著作以及实践活动,成功地让中国民众认识了苏联共产党和国际共产主义的领袖,也通过讲述斯大林给予像中国这样被压迫的反侵略的民族的同情和关怀,让中国民众对这个中国的友人斯大林萌生感激、亲切、友好之情,有利于推动马克思主义的传播。

此外,除关于马恩列斯生平传记介绍之外,还有关于介绍毛泽东的生平和传记的文章。马俊的《毛泽东会见记》(《群众》周刊第1卷第3期,1937年12月25日),萧山的《毛泽东同志的初期革命活动》(《群众》周刊第9卷第16、17期,1944年9月15日)。

二、译介马克思主义经典著作

马克思主义的方法、立场和理论来源于马克思主义经典著作。由于抗战时期中共南方局传播马克思主义的受众中有一大部分的群众,他们的文化层次、知识素养和外语水平不够高,有的甚至是文盲。对于他们来说,学习马克思主义经典著作是很有难度的。马克思主义要传入中国,为中国广大人民群众所认识和接受,就必须要实现话语风格的转换。中国共产党为了让每个人都能读到并读懂马克思主义,推动马克思主义大众化,便通过翻译、介绍马克思主义经典著作的方式来实现。

抗战时期,《群众》周刊发表的马克思恩格斯的著作篇目不多,仅有 1941 年 4 月 30 日第六卷第 3、4 期合刊本的《恩格斯给布洛赫的信》一篇文章。关于马克思主义、列宁的著作 19 篇,其中 1938 年 4 篇,1939 年 1 篇,1940 年 6 篇,1941 年 1 篇。

抗战时期《群众》周刊刊发马列经典著作和介绍革命领袖生平事迹、相关著作的统计

类别	1937	1938	1939	1940	1941	1942	1943	1944	1945	合计
马克思恩格斯著作					1					1
列宁著作		4	1	6	1	3		3		18
斯大林著作		3	1	3	1	2	1	3		14
毛泽东著作		2	5	2		3		2	3	17
马克思生平何传记		1				1	1			3
恩格斯生平何传记				1						1
列宁生平和传记			1	6	2		1	3	2	15
斯大林生平和传记			3		1					4
毛泽东生平和传记	1							1		2
马克思主义著作的学习研究			4	7		3		1		15
列宁著作的学习研究				9		2	8	3		22
斯大林著作的学习研究				4						4

1. 马克思恩格斯著作的翻译介绍

1938 年 5 月,中央在延安设立了第一个编译马列经典著作的专门机构——马列学院翻译部,集中何思敬、艾思奇、吴亮平、王学文、王实味、徐冰、何锡麟、柯柏年、曾涌泉、曹订、赵非克、张仲实等一批专业的编译人才,专门负责马列主义著作的编辑和翻译工作。编译部的主要任务是编译“马恩丛书”、《列宁选集》和斯大林的著作，翻译的材料主要来自苏联，有俄文、英文、德文、法文、日文版。毛泽东曾提议在整风运动后，“中央须设一个大的编译部”，“为全党着想，与其做地方工作，不如做翻译工作，学个唐三藏及鲁迅，实是功德无量的。”报纸、期刊是知识分子进行马克思主义宣传的主要理论阵地。马列学院的知识分子们撰写和翻译的大量马克思主义理论文章主要通过这些媒介发表或出版，《新华日报》就是其中重要的一种。在抗战时期，《新华日报》出版和发行了大量马克思、恩格斯、列宁、斯大林的著作，其中包括《共产党宣言》、《法兰西内战》、《国家与革命》、《左派幼稚病》、《马恩与马克思主义》、《马克思传》等。

同样，《群众》周刊也刊载了大量的马克思主义经典著作。不过，关于马恩经典著作的刊载非常少，马克思的著作无一文刊载，恩格斯著作只有一篇，即《恩格斯给布洛赫的信（一八九〇年九月二十一日）》。另外，刊载了《恩格斯著作中译编目》，以便读者按图索骥。许涤新《马克思论战争》（第3卷第18、19期，1939年10月29日），J·亚尔帕里作、许涤新译《理解资本论所必须的预备知识（上）——怎样研究资本论第一章》（第3卷第18、19期，1939年10月29日），《理解资本论所必须的预备知识（下）——怎样研究资本论第一章》（第3卷第20期，1939年11月7日），米丁作、戈宝权译《论马克思的政治经济学批判——政治经济学批判出版八十周年纪念》（第3卷第25期，1939年12月31日），许涤新的《论马克思的雇佣劳动与资本》（第4卷第12期，1940年4月30日），U.依里依杰夫著、卢竞如译《创造的马克思主义底典型著作（上）》（第4卷第13期，1940年5月10日），《创造的马克思主义底典型著作（下）》（第4卷第14期，1940年5月20日），潘梓年的《现代社会主义的创立者》（第5卷第13、14期，1940年12月5日），华西园的《恩格斯论民族问题——为纪念恩格斯诞辰一百二十周年而作》（第5卷第13、14期，1940年12月5日）。卢波尔作、曾芜明译《恩格斯〈费尔巴哈论〉一书的介绍》（第5卷第

13、14期,1940年12月5日),葆荃的《恩格斯著作中译编目》(第5卷第13、14期,1940年12月5日),J.B.S.Haldame著、君译《现代自然辩证法引论》(第7卷第11、12期,1942年6月30日)。萧格洛夫作、北泉译《马克思与恩格斯的哲学观点之发展》(上)(第七卷第15期,1942年8月15日),《马克思与恩格斯的哲学观点之发展》(下)(第7卷第16期,1942年8月31日),(英)P.杜德作、舒翰译《马克思论印度》(第9卷第10期1944年5月30日)。纪龙译《恩格斯的军事经验》(第6卷第1、2期,1941年3月18日),伯托罗夫作、夏迪蒙译《恩格斯与军事科学》(第6卷第1、2期,1941年3月18日),张仲实的《三个文件译文的核心》(第7卷第16期,1942年8月31日)。

在《群众》周刊的介绍新书栏目曾对《法兰西内战》和《列宁选集第八卷——帝国主义是资本主义底最高阶段》做过推荐,指出"《法兰西内战》这本书是法国历史上巨大事变的伟大著作,是马克思用正确的方法,把握住巴黎公社这一历史事变的意义和性质而写成的巨著。本书译写正确,文字流畅,凡注意法国历史事变及研究社会科学的人,均需一读……"。①

当时,《新华日报》和《群众周刊》都没有刊登马克思的著作,恩格斯的著作也只是在《新华日报》的名著提要栏目以及《群众》周刊的世界名著介绍栏目介绍了《德国农民战争史》(李溥)、《恩格斯:〈德国的革命与反革命〉》(钳耳)以及《恩格斯〈费尔巴哈论〉一书的介绍》(会芜明译)。值得特别提出的是,《群众》周刊刊登了戈宝权翻译的《恩格斯著作中的译编目》,这为想要学习恩格斯著作的民众提供了检索上的便捷。

在当时抗战背景下,国内的马克思主义者想要了解到马克思主义,就必须阅读马克思主义的相关文章,而这些文章都是外文编写,大多数国内马克思主义者们不了解外文,以至于读不懂这些外国文献,这就需要国内熟悉的专家学者来翻译原著,让这些读不懂的外国文献转化为中国的马克思主义者们喜闻

---

① 《群众》周刊第2卷第15期,1939年2月21日。

乐见的形式。《群众》周刊为有关马克思主义原著书籍翻译了九十余篇，其中不仅仅翻译了马克思、恩格斯的著作，也翻译了外国其他学者对于马恩两人思想的认知等，通过这些学者对马克思、恩格斯著作的翻译，让中国的学者们有了可读可看的文献。

2. 关于列宁斯大林著作及其研究著作的翻译和介绍

《新华日报》和《群众》周刊翻译和介绍了较多的列宁著作，尤其是作为理论刊物的《群众》周刊刊发列宁著作比较多。主要有以下这些篇章：《列宁论青年的学习问题》（1920 年 10 月 2 日在苏俄共产青年团第 3 次全国代表大会上的演说）（《群众》周刊第 2 卷第 4 期，1938 年的 7 月 2 日）。《马克思主义与民族战争问题》，唯真译，第 2 卷第 5 期，1938 年 7 月 9 号，“我的位置，是在别人前面，是在前线上。”（1919 年 10 月 24 日对司维德洛夫大学毕业生的演讲）（第 2 卷第六、七期，1938 年的 7 月 23 日）。《纪念恩格斯》，柯柏年译，第 2 卷第八、九期，1938 年 8 月 13 日。《资本论自修》（列宁的指示拾零）何思敬译，第 2 卷第 19 期，1939 年 3 月 25 日。《论斯托哥尔摩会议》，徐冰译，第 4 卷第二三期，1940 年 1 月 30 日。《关于苏维埃共和国中女工运动底任务》（1919 年 9 月 23 日在第四次莫斯科全市非党女工大会上的演说），焦敏之译，第 4 卷第 7 期，1940 年 3 月 8 日。《纪念巴黎公社》（1911 年 4 月 25 日《工人报》第 415 期），徐斌译，第 4 卷第 8 期，1940 年 3 月 18 日。《学生运动与目前形势》（1908 年 10 月 16 日《无产阶级》报第 36 期），徐冰译，第 4 卷第 13 期，1940 年 5 月 10 日。《抵制布里根国会》（1905 年 8 月 16 日《无产阶级》报第 12 期），徐冰译，第 4 卷第 15 期，1940 年 5 月 30 日。《应该抵制杜马吗?》——《布尔什维克》底纲领（1906 年 1 月），徐冰译，第 4 卷 16、17 期，1940 年 6 月 20 日。《论在帝国主义时代民族解放战争的可能和卢森堡的错误》（摘自列宁论尤尼乌士之小册子），第 6 卷 5、6 期，1941 年 6 月 10 日。《国际妇女节》（1921 年 3 月《真理报》），茜萍译，第 7 卷第 4 期，1942 年 2 月 28 日。《革命的教训》（1917 年 8 月 30 日《真理报》），徐斌译，第 7 卷第 4 期，1942 年 2 月

28日。《列宁、斯大林等论党的纪律与党的民主》,第7卷15期,1942年8月15日。《列宁论党的文学的问题》,戈宝权译,第9卷13期,1944年7月15日。《党的组织与党的文学第》,第9卷第13期,1944年7月15日。《列宁论俄国社会运动和文学发展的三个时期》,戈宝权译,第9卷第15期,1944年8月15日。

《马恩与马克思主义》是列宁所写的纪念马克思、恩格斯与马克思主义的许多文章的选集,凡三十余篇。其中如《卡尔·马克思》《纪念恩格斯》《马克思主义的三个来源与三个组成部分》《马克思主义的学说》等文,已成为列宁论马克思主义最重要的文献;《列宁选集第八卷——帝国主义是资本主义底最高阶段》,"列宁这一本关于帝国主义学说的基本著作,在论帝国主义的马克思主义著作中,占有超绝的地位,这一本书与马克思的《资本论》直接连成一气,是《资本论》的继续发展,是马克思关于资本主义学说的直接继承。此书先论资本主义生产的集中与垄断,财政资本与财政寡头制的产生,以及各列强瓜分世界的斗争的尖锐化,最后对于资产阶级及第二国际的理论家们于帝国主义的学说,作有精锐之批评。列宁主义,是根据马克思主义的理论基础而在帝国主义时代中产生的,列宁的无产阶级革命和无产阶级专政学说中的每一原理,都以此书中所发挥的理论为根据,所以这一本书,为了解列宁主义的必读之书。"①

对于列宁著作的翻译介绍,其中戈宝权先生是列宁著作的主要译者,他翻译的作品有:《写给女工们——妇女问题理论介绍之一》《列宁论托尔斯泰》《论饥饿底灾难——给圣彼得堡工人的一封信》《论我们的报纸》《党的组织与党的文学》《关于列宁著〈俄国资本主义的发展〉一书》——联共(布)党史研究资料之一等;其次徐冰也翻译了较多的列宁著作,主要有:《社会主义的原则与一九一四年的战争》、《巴黎公社底教训》(附木刻"巴黎公社万岁")、《列

① 《群众》周刊第3卷第8、9期,1939年7月16日。

宁论弱小国家与弱小民族》、《革命底教训》等；另外还有吴敏翻译的有《第三国际和它在历史上的地位》，黎平、石巍合译的有《马克思学说的历史命运》，龙复翻译的《列宁论文化》、闵廉翻译的《列宁论无产阶级斗争的战略和策略》以及范剑涯翻译的《关于列宁的〈无产阶级革命与叛徒考茨基〉一书》等。其中《马克思学说的历史命运》一文特别引人注目，列宁在文中指出了马克思主义学说的主要特点是“在于阐明作为社会主义社会创造者的无产阶级之世界历史使命”，并且把世界历史分为了三个重要的时期，更是详细地论述了马克思主义学说在每一时期内的命运。从 1848 年革命到 1871 年巴黎公社，刚开始马克思主义学说并不占支配地位，只是许多社会主义派别或潮流之一，但是很快马克思主义学说给了其他五花八门的社会一个致命的打击，并在行动上把社会的各个阶级展示出来了，证明了只有无产阶级具有社会主义的本性，并且诞生了用马克思主义学说指导的独立的无产阶级政党——第一国际和德国社会民主党；从 1817 巴黎公社到 1905 年俄国革命，这个时期相对和平，西方完结了资产阶级革命，东方尚未成熟到这一革命，在这个阶段马克思主义学说得到了完全的胜利，并且普遍起来了，“到处都组织起来基本上是社会主义的各种政党，这些党，学习着利用资产阶级的议会政治，创办自己的日报，自己的教育机构，自己的职工会，以及自己的合作社……”从俄国革命以后，很多的机会主义者活跃起来了，但是他们还来不及唱完他们关于“社会和平”和“民主制度”下不要暴乱的赞诗，亚洲就开始了暴力革命，“亚洲的革命，向我们展示了同样的自由主义的无气节和无耻，民主群众之独立性底同样的特殊意义，无产阶级与任何资产阶级之同样的纯洁的分界。”随后欧洲也开始动乱，“一切资产阶级政党的崩溃与无产阶级的成长，在不停地前进着。”列宁在最后指出，虽然马克思去世了，“但即将要来到的历史时代，将带给作为无产阶级学说的马克思主义以更大的胜利。”①列宁根据当时形势的新变化，对马克思主

① 《新华日报》1940 年 5 月 5 日。

义进行了丰富和发展,他的妇女问题理论介绍为我国当时的妇女抗日救亡运动、妇女解放运动提供了坚实的理论支撑;他对党报、党刊、党的组织文化的理论,为中国共产党领导党报、党刊以及其他的一些中间性的报纸,提供了启发和经验;他关于无产阶级斗争的学说理论,更是为当时中国共产党领导下的抗日救亡、民族解放和民族独立斗争指引了方向。

卡罗绳著、卢竞如译《列宁和斯大林论干部》(第 4 卷第 5 期,1940 年 2 月 20 日、4 卷第 8 期,1940 年 3 月 18 日),刘光的《释马克思列宁论儿童的劳动剥削与解放》(第 9 卷第 7 期,1944 年 4 月 15 日),米里清娜作、北泉译《马列主义的奠基者论第一次法国资产阶级革命》(马克思与恩格斯论法国资产阶级革命)(第 9 卷第 14 期,1944 年 7 月 30 日),米里清娜作、北泉译《马列主义的奠基者论第一次法国资产阶级革命(列宁、斯大林论法国资产阶级革命及俄国革命)》(第 9 卷第 14 期,1944 年 7 月 30 日)。

关于列宁思想及著作的研究文章:米丁著、吴敏译《马克思——列宁的理论不是教条,而是行动的指南》(第 2 卷第 22 期,1939 年 4 月 15 日),kurt Funk 著、闵廉译《列宁斯大林的国家学说对国际工人阶级的意义》(第 3 卷第 24 期,1939 年 12 月 21 日),潘梓年的《列宁怎样发展了马克思主义》(第 4 卷第 2、3 期,1940 年 1 月 30 日)。李小元的《列宁在两条战线的斗争中所揭发的"政治逻辑"》(第 4 卷第 2、3 期,1940 年 1 月 30 日)。顾伯荇的《论列宁的"帝国主义是资本主义底最高阶段"》(第 4 卷第 2、3 期,1940 年 1 月 30 日)。章汉夫的《列宁主义的工作体裁》(1940 年 4 月 20 日第 4 卷第 11 期),章汉夫的《列宁的〈帝国主义论〉与霍柏森》(第 5 卷第 2 期,1940 年 8 月 12 日),质维雷夫作、熊复译《列宁论文化》(第 5 卷第 4、5 期,1940 年 9 月 10 日)。F.Shnejder、闵廉译《列宁论无产阶级斗争的战略与策略》(第 5 卷第 7 期,1940 年 10 月 5 日),G.加克著、博古译《马克思主义——列宁主义——统一的整个的学说》(第 5 卷第 45 期,1940 年 9 月 10 日),维兴斯基作、范剑涯译《关于列宁的〈无产阶级革命与叛徒考茨基〉一书》(第 5 卷第 9、10 期,1940 年 10 月 30

日），L.亨里希作、徐冰译《列宁论弱小国家和弱小民族》（第5卷第11期，1940年11月15日），潘梓年的《加强民主团结——纪念列宁，研究列宁关于民族问题的理论（时论）》（第7卷第1期，1942年1月25日），亚历山大罗夫著、石盘译《列宁论马克思主义的辩证法与政治》（第7卷第11、12期，1942年6月30日），蔡特金作、戈宝权译《列宁论艺术及其他》（第8卷第1、2期，1943年1月16日），V.谢尔宾娜作，戈宝权译《列宁论文学及其他（上）》（第8卷第3期，1943年2月1日），《列宁论文学及其他（中）》（第8卷第4期，1943年2月16），《列宁论文学及其他（下）》（第8卷第5期，1943年3月1日）。戈宝权译《列宁论托尔斯泰（其一）》（第8卷第6、7期，1943年4月16日），《列宁论托尔斯泰（其二）》（第8卷第8期，1943年5月1日），《列宁论托尔斯泰（其三）》（第8卷第9期，1943年6月1日），《列宁论托尔斯泰（其四）》（第8卷第10期，1943年6月16日）。克鲁普斯卡亚的《如何研究列宁主义》（第9卷第2期，1944年1月25日），V.柯马洛夫的《列宁与科学》（第9卷第2期，1944年1月25日），戈宝权译《列宁论高尔基——为纪念高尔基逝世八周年而作》（第9卷第12期，1944年6月30日）。

斯大林报告、演讲和论著是《新华日报》和《群众》周刊重要译介对象，翻译并刊登了大量斯大林在党代会、十月革命纪念日、劳动节以及红军节上的演讲和报告，如《联共十八次全代会开幕，斯大林发表重要报告》（附报告全文和斯大林照片）、《斯大林在联共党（布）第十八次代表大会上关于苏联共产党（布）中央委员会工作的总报告》《斯大林演说》（一九四一年七月三日，全文）、《十月革命纪念大会席上，斯大林重要报告，总结战局说明德国必败因素》（十一月六日，全文）、《斯大林发表文告，激励红军将士》、《国际劳动节日，斯大林发表文告》、《斯大林在十月革命二十五周年庆祝会上的报告》、《红军二十六周年纪念日斯大林手令》、《红军军事学院二十五周年，斯大林手令庆贺》、《给全体将士五项命令》、《斯大林五一手令》等。另外翻译了斯大林的语录和论著，如《论党与群众的关系》（斯大林语录）、《斯大林论斯维尔德洛夫》(钟全译)、《无产者阶级和无产者政党——党章第一章》、《论苏联伟大保卫祖国战争》、《斯大林著:关于列宁主义的基础》、《列宁主义问题》、《斯大林论民族文化》、《斯大林论苏联文化革命》等。这些斯大林的论著让读者对列宁主义的历史根源,列宁主义的定义和主要点,列宁主义的方法和理论,都能有深入的学习和研究;也让中国民众清楚地了解了苏联当时的情况,激励着广大民众团结统一坚持抗战,以及斯大林对于文化论述和对教条主义的批判,对于中国共产党开展整风运动产生了很大的影响。

关于斯大林著作的学习和研究相关论文和文章有:亚历克桑德洛著、闵廉译《一部有创造性的马克思主义的优秀作品——评斯大林著:〈列宁主义问题〉第十一版》(第4卷第6期,1940年2月29日),(苏)波洛马列夫著、罗子云译《论斯大林的著作〈马克思主义与民族问题〉》(第4卷第10期,1940年4月10日),陈家康的《斯大林的干部政策》(第4卷第11期,1940年4月20日),章汉夫的《斯大林的和平外交政策》(第5卷第11期,1940年11月15日)等。

值得特别提出的就是,《群众》周刊按章节顺序分卷分期刊登了由斯大林指导并组织编写的《联共(布)党史简明教程》和《苏联史简明教程》的大部分内容,这为当时的读者进行系统和深入的学习提供了正确的教科书,其中对工人阶级的斗争的理论和实践经验的介绍,对我国开展工人运动具有重要的借鉴意义。在马列主义经典著作中,由斯大林亲自指导、联共(布)中央特设委员会编著的《联共(布)党史简明教程》因其特殊地位,《群众》周刊的宣传最为充分和集中。首先,为方便学习《联共(布)党史简明教程》的研究资料共有39期及补编,其中,除了第13、14期发表在《新华日报》外,其他全部发表在《群众》周刊上。这些研究资料基本上是按照章节顺序发表的,有助于读者对照进行深入学习相关内容。包括:

丁达译《英国普及〈联共(布)党史〉的运动——联共(布)党史在各国之一》(第3卷第18、19期,1939年10月29日),丁达译《美国普及联共(布)党史的运动——联共(布)党史在各国之二》(第3卷第2期,1939年11月7日),丁达译意大利文版《联共(布)党史的发行——〈联共党史〉在各国之三》(第3卷第21期,1939年11月20日),《斯堪的那维亚的〈联共党史〉普及运动——〈联共党史〉在各国之四》(第3卷第22期,1939年11月30日),《〈联共党史〉对于荷兰革命运动的重要性——〈联共党史〉普及运动在各国之五》(第3卷第23期,1939年12月10日),A.谢斯他科夫编、戈宝权译《沙皇俄罗斯的资本主义之发展——〈苏联史简明教程〉第9章》(第3卷第18、19期,1939年10月29日)。《俄国的第一次资产阶级革命(上)——〈苏联史简明教程〉》第九章,A.谢斯塔科夫编,宝权译,(第3卷第20期,1939年11月7日),《俄国的第一次资产阶级革命(下)——〈苏联史简明教程〉》第十章(第3卷,第21期,1939年11月20日),《俄国的第二次资产阶级革命——苏联史简明教程》第十一章(第3卷第22期,1939年11月30日),《俄国的伟大的十月社会主义革命——〈苏联史简明教程〉》第十二章(第3卷第23期,1939年12月10日),亚罗斯拉夫斯基作,徐冰译《马克思列宁主义基本认识底一部百科全书——为〈联共(布)党史简明教程〉出版周年纪念而作》(第4卷第7期,1940年3月8日),《联共(布)党史简明教程》的参考书目(第5卷第9、10期,1940年10月30日),心清译《联共(布)党史研究资料补编——斯大林同志与联共(布)党史简明教程》(第6卷,第8、9期,1941年8月30日)。杨松《关于〈联共(布)党史简明教程〉一书与马克思列宁主义底宣传》(第6卷第10期,1941年9月30日),A.西道罗夫作,戈宝权译《关于列宁著〈俄国资本主义发展〉一书——联共(布)党史研究资料之一》(第3卷第1期,1939年5月21日),I.拜尔兴作、戈宝权译《俄国为什么废除了农奴制度?——联共(布)党史研究资料之二》(第3卷第2期,1939年5月28日),M.伏林作、戈宝权译《〈劳动解放〉社——联共(布)党史研究资料之三》(第3卷第3期,1939年6月4日),戈宝权译《什么是乌托邦社会主义?——联共(布)党史研究资料之四》(《布尔维克》杂志)(第3卷第5期,1939年6月18日),雅罗斯拉夫斯基作、戈宝权译《革命的民粹派和自由主义的民粹派——联共(布)党史研究资料之五》(第3卷第6、7期,1939年7月2日),叶高罗夫作、戈宝权译《关于普列汉诺夫的〈我们的分歧〉一书——联共(布)党史研究资料之六》(第3卷第8、9期,1939年7月16日),雅罗斯拉夫斯基、戈宝权译《列宁的革命活动之开始及彼得堡的争取工人阶级解放斗争同盟(上)——联共(布)党史研究资料之七》(第3卷第10期,1939年7月23日),《列宁的革命活动之开始及彼得堡的争取工人阶级解放斗争同盟(中)——联共(布)党史研究资料之七》(第3卷第11期,1939年8月13日),《列宁的革命活动之开始及彼得堡的争取工人阶级解放斗争同盟(下)——联共(布)党史研究资料之七》(第3卷12期,1939年8月20日),V.李绍夫作、戈宝权译《"争取工人阶级斗争同盟"——联共(布)党史研究资料之八》(第3卷第13期,1939年8月27日),V李绍夫作、戈宝权译《谁是"经济派",为什么列宁要和他们做斗争?——联共(布)党史研究资料之九》(第3卷第14期,1939年9月3日),戈宝权译《什么是合法的马克思主义?——联共(布)党史研究资料之十》(布尔什维克杂志)(第3卷第15、16期,1939年9月17日),戈宝权译《一九〇五年前俄国工人革命运动的高涨——联共(布)党史研究资料之十一》(《青年布尔什维克杂志》)(第3卷第17期,1939年9月24日),I.明支作、戈宝权译《论正义与非正义的战争(上)——联共(布)党史研究资料之十二》(第3卷第18—19期,1939年10月29日),《论正义与非正义的战争(下)——联共布党史研究资料之十二》(第3卷第2期,1939年11月7日),I.巴康诺夫作、戈宝权译《论布尔塞维克党在一九一四年至一九一八年战争中的策略(上)——联共(布)党史研究资料之十五》(第3卷第23期,1939年12月10日),《论布尔什维克党在一九一四年至一九一八年战争中的策略(下)——联共(布)党史研究资料之十五》(第4卷第1期,1940年1月10日),F.耿金娜作、博古译《关于列宁的〈什么是"人民之友"和他们如何反对社会民主派〉一书——联共(布)党史研究资料之十六》(第4卷第2、3期,1940年1月30日),M.希密特作、戈宝权译《关于列宁的〈做什么?〉一书——联共(布)党史研究资料之十七》(第4卷第4期,1940年2月10日),I.梯特金作、戈宝权译《列宁的〈做什么?〉一书的提要——联(布)党史研究资料之十八》(第4卷第5期,1940年2月20日),E.希尔若洛夫作、戈宝权译《列宁的〈进一步退两步〉一书——联共(布)党史研究资料之十九》(第4卷第6期,1940年2月29日)、A.谢斯塔科夫作、戈宝权译《一九〇四年至一九〇五年的日俄战争——联共布党史研究资料之二十》(第4卷第8期,1940年3月18日),乌拉索娃作、戈宝权译《俄国社会民主工党第二次代表大会——联共党史研究资料之二十一》(第4卷第9期,1940年3月31日),戈宝权译《布尔塞维克对一九〇四年至一九〇五年日俄战争的态度——联共(布)党史研究资料之二十二》(第4卷第10期,1940年4月10日),A.库奇金作、戈宝权译《一月九日——是第一次俄国革命的开始——联共(布)党史研究资料之二十三》(第4卷第11期,1940年10月20日),M.巴甫洛夫作、戈宝权译《论列宁的〈在民主革命中社会民主党的两个策略〉(上)——联共(布)党史研究资料之二十四》(第4卷第12期,1940年4月30日),《论列宁的〈在民主革命中社会民主党的两个策略〉(上)——联共(布)党史研究资料之二十五》(第4卷第13期,1940年5月10日),A.比亚思科夫斯基作、戈宝权译《〈前进报〉与一九〇五年革命的思想上的准备——联共(布)党史研究资料之二十六》(第4卷第14期,1940年5月20日),S.科库西金作、戈宝权译《一九〇五年的工人代表苏维埃(上)——联共(布)党史研究资料之二十七》(第4卷第16、17期,1940年6月20日),《一九〇五年的工人代表苏维埃(下)——联共(布)党史研究资料之二十八》(第4卷第18期,1940年7月7日),A.比乔尔斯基作、戈宝权译《"波乔姆金号"战斗舰上的起义——联共(布)党史研究资料之二十九》(第5卷第1期,1940年7月25日),A.顾勒维奇作、戈宝权译《一九〇五年莫斯科十二月武装起义及其教训(上)——联共(布)党史研究资料之三十》(第5卷第3期,1940年8月25日),《一九〇五年莫斯科十二月武装起义及其教训(下)——联共(布)党史研究资料之三十一》(第5卷第4、5期,1940年9月10日),戈宝权译《俄国社会民主工党第五次伦敦代表大会——联共(布)党史研究资料之三十二》(第5卷第6期,1940年9月25日),《第一次俄国革命中的各个阶级——联共布党史研究资料之三十三》(第5卷第8期,1940年10月15日),雅罗斯拉夫斯基作、戈宝权译《俄罗斯社会民主工党第三次代表大会——联共(布)党史研究资料之三十四》(第5卷第9、10期,1940年10月30日),A.彼亚斯科夫斯基作、戈宝权译《斯托雷宾的反动——联共(布)党史研究资料之三十五》(第5卷第11期,1940年11月15日),E.哥罗杰支基作、戈宝权译《俄罗斯社会民主工党第五次代表大会第五次代表会议——联共(布)党史研究资料之三十六》(第5卷第12期,1940年11月25日),《普拉格代表会议及其历史意义——联共(布)党史研究资料之三十七》(第5卷第13、14期,1940年12月5日),《一九一二年至一九一四的新的革命高潮——联共(布)党史研究资料之三十八、三十九》(第5卷第15、16期,1940年12月25日),雅罗斯拉夫斯基作、戈宝权译《第一次帝国主义战争时期中的布尔什维克党》(第5卷第15、16期,1940年12月25日)。

其次,研究资料发表后,许多读者反映缺乏相关的观点正确的教科书。于是,《群众》周刊在第3卷第18—19期合刊、第20期、第21期,先后翻译发表了谢斯他科夫教授主编的《苏联史简明教程》的第9章至第12章,内容包括《沙皇俄罗斯的资本主义之发展》《俄国的第一次资产阶级革命》《俄国的第二次资产阶级革命》以及《俄国底伟大的十月社会主义革命》。最后,《群众》周刊在第三卷第18、19期合刊至23期,连续刊出了《联共(布)党史简明教程》在英国、美国、意大利、瑞典、挪威、丹麦、荷兰等国的普及运动,重点介绍了这些国家工人阶级的学习方法,为国内的学习提供了很好的镜鉴。

抗战时期《联共(布)党史简明教程》在中共党内的大规模学习宣传,为推进马克思主义大众化发挥了积极作用。据《群众》周刊编辑许涤新回忆,"为了宣传马克思列宁主义,《群众》周刊经常介绍马克思、恩格斯、列宁和斯大林的经典著作。在国民党统治下,人们要读到马列主义的经典著作,是十分困难的。《新华日报》曾经出版了一部六巨册的《列宁选集》,但发行受到限制。《群众》周刊在介绍经典著作方面,是做得不少的。《联共(布)党史简明教程》出版(1939 年)之后,《群众》就系统地发表有关的研究资料,帮助读者进行研究。”①

三、诠释马克思主义基本原理

马克思主义理论体系的科学性、实践性和大众性,就决定了它不是简单的教条主义,而是能够指导各个时期、各个民族的具体实践的理论武器。想要将马克思主义运用到实践中去,首先要清楚“什么是马克思主义”,更要搞清楚马克思主义的精髓是什么,只有把握了马克思主义的理论本质,才能真正推动马克思主义的大众化。由于当时主客观因素的限制,还是存在一大部分的民众不能读懂被翻译的马克思主义著作,更加不能理解马克思主义的深刻内涵。这时用具有中国风格、中国气派、中国习惯的民众易于接受、喜闻乐见的语言和形式来诠释马克思主义基本原理就成了重中之重的任务。据统计,《新华日报》和《群众》周刊发表的诠释马克思主义基本原理的文章共 45 篇,其中《新华日报》27 篇,《群众》周刊 18 篇。主要是从马克思主义哲学、政治经济学和科学社会主义这三个方面来展开论述的。

1. 马克思主义哲学原理

抗战时期,《新华日报》《群众》周刊刊发的关于马克思主义哲学的研究文章数量较多,共有 26 篇,其中《新华日报》18 篇,《群众》周刊 8 篇。主要包括了三个方面:一是梳理列宁和斯大林对马克思主义哲学的发展,如 A.萧格洛夫作、北泉译《列宁和斯大林怎样发展了马克思主义哲学(上)》(第 7 卷第 18

---

① 许涤新:《〈群众〉史话》,新华日报群众周刊史学会南京分会等编:《群众周刊回忆录》,群众杂志社 1989 年版,第 13 页。

期,1942年9月30日),《列宁和斯大林怎样发展了马克思主义的哲学(中)》(第7卷第19期,1942年10月15日),《列宁和斯大林怎样发展了马克思主义哲学(下之一)》(第7卷第20期,1942年10月30日),《列宁和斯大林怎样发展了马克思主义哲学(下之二)》(第7卷第22期,1942年11月30日),系统而详细地阐述了列宁和斯大林怎样粉碎了第二国际各种修正主义的思想并重新恢复了马克思主义的革命理论与实践的统一,列宁和斯大林怎样发展了马克思主义的哲学唯物论,列宁和斯大林怎样在新的历史条件下充实了唯物论的学说,列宁怎样发挥了马克思主义的认识论,列宁和斯大林怎样发展了马克思主义的历史唯物论,列宁和斯大林怎样批评了民粹派、社会革命党及无政府主义者关于个人在历史上的作用的学说而发展了社会发展规律的学说,列宁和斯大林怎样在反对经济派、孟赛维克和其他机会主义者的斗争中发扬了社会发展的学说,斯大林怎样在列宁之后发展了关于国家的理论,斯大林怎样充实了和发展了辩证唯物论和历史唯物论等。① 二是介绍马克思主义哲学的基本观点,如《马克思主义辩证法的原则及其运用》(席特考夫斯基作、吴敏译)、《形式与内容》(于茂林)、《辩证唯物论对偶然现象底解释》(傅大庆译)以及潘梓年的《关于认识论与辩证法的同一问题》和《关于"由量变到质变"的辩证律》等,完整地讲述了马克思主义辩证法的规律和原则。三是与读者互动交流学习哲学的方法,如艾思奇的《怎样研究辩证法唯物论》一文,总结了辩证法唯物论的特点,详细叙述了怎样才算是把握了辩证法唯物论,把握辩证法唯物论的步骤以及辩证法唯物论与马克思主义的全部理论;另外在读者信箱栏目刊登的《读什么哲学书?》、《"真理"的问题》、《内容与形式,现象与本质》、《学习哲学的方法》、《关于哲学上的几个问题》(问题解答)、《怎样学习哲学》(潘梓年)等回信,耐心细致地为读者介绍了学习哲学的方法。

2. 政治经济学原理

抗战时期,《群众》周刊刊发的关于马克思主义政治经济学的学习和研究

① 参见《群众》周刊第7卷第18期,1942年9月30日。

文章共18篇(其中1939年3篇、1940年2篇、1941篇2篇、1942年3篇、1943年1篇,1944年5篇、1945年2篇),包括《资本论自修——列宁的指示》(何思敬)、《理解资本论所必须的预备知识——怎样研究资本论第一章》(J.亚尔帕里作、许涤新译)、《论马克思的〈政治经济学批判〉——〈政治经济学批判〉出版八十周年纪念》(戈宝权译)、《关于讲授政治经济学的几个问题》(戈宝权译)、《无产阶级政治经济学的特点》(王学文)、《社会主义与劳动纪律》、《二十余年来资本主义经济与社会主义经济》、《怎样研究政治经济学》、《无产阶级政治经济学的特点》、《是“社会价值”还是劳动价值?》、《论经济与政治》、《游资问题的发展》、《关于讲授政治经济学的几个问题》、《战后资本主义的趋势》、《资本主义的规律是不能改变得吗?》,等等。在这些文章中有针对性地讲述了学习政治经济学的方法和途径,介绍了政治经济学的研究对象和主要特点,解释了关于原始公社制度、研究资本主义、社会主义制度、社会主义的经济法则、价值法则的问题以及关于在社会主义条件之下的剩余生产的问题等,把马克思主义政治经济学与中国抗战的实践联系起来,让民众利用政治经济学为抗战做贡献。

3. 科学社会主义原理

关于科学社会主义的文章共有14篇,其中《新华日报》9篇,《群众》周刊5篇,如《社会主义与共产主义的分别是什么?》(读者信箱)、《论民族解放与社会主义革命底相互关系——为纪念十月革命二十二周年而作》(吴玉章)、《什么是教条式的马克思主义与创造性的马克思主义?》(春江译)、《共产主义与马列主义》(潘梓年)、《共产主义者怎样看民族历史和传统文化》(沈友谷)、《马克斯—列宁主义的理论不是教条而是行动的指南》(米丁著,吴敏译)、《社会主义与劳动纪律》(A.克莱雨作、企程译)、《马克思主义——列宁主义——统一的、整个的学说》(G.加克著、博古译)等文章,阐明了马克思、恩格斯对于科学社会主义的伟大贡献,解读科学社会主义与空想共产主义的不同,指出了共产主义与马列主义的关联,立足于中国的国情和实际来阐述科学社会主义原理,有效地推动了马克思主义无产阶级理论在国统区的传播。

《群众》周刊曾对艾思奇的《新哲学大纲》和《大众哲学》做过介绍,指出"在抗战期间,每个中国人都得把自己的脑筋武装起来,这武装就是新哲学。而新哲学是不断地进步着的哲学,它每年都有新的论战,新的发展,新的收获,它的内容是一年比一年更丰富,更具体,更深刻。《新哲学大纲》就是它的最近的精华的结果,原著作者是十几位苏联的新近哲学家,经过了两年多的功夫,才写成了这本十七万字的册子。从哲学的历史发展,一直到唯物辩证法和认识论各个方面的问题,全部都简明而深刻地说到,有很多地方是其他同类著作从来没有说过的。中国的读者能和它见面这不是很庆幸的吗?""在生活中,每个人都有他自己的哲学,但从来都觉得哲学家们爱用神秘高深的言论来谈哲学,使一些人犯糊涂起来,以为哲学是高在天上,没有办法接近。《大众哲学》就打破了这种误解,用日常生活的事例,通俗的笔调来讲述最新的哲学思想。使素来害怕哲学的人,也可以平易地读下去。这一本通俗的哲学著作,是可以普遍地做我们全国大众读者们的指南针,拿它来认识世界和改变世界的。"①《哲学选集》是艾思奇先生特地把现有的各种教本,抽出其中较为专长的部分编辑成的。编末另有两个附录:第一个是《辩证唯物论与历史唯物论》,对于辩证唯物论的几个根本要点,有极深刻明了的阐明。第二个附录是编者自己做的提纲,目的在帮助读者更有系统地了解辩证唯物论的全部理论。并在某些问题上举例说明提纲中每部分都附有讨论的问题,目的在使读者研究时,能把握中心。当时书店出售的这些书籍很大程度上为当时的文化人和民众理解马克思主义、传播马克思主义作出了重要贡献。

四、宣传国际共产主义运动重大历史事件

国际共产主义运动是19、20世纪马克思主义理论的重要实践。随着科

① 《群众》周刊第1卷第2期,1937年12月18日。

学社会主义理论的传播，追求自由平等的无产阶级为了推翻压迫剥削，建立社会主义、实现共产主义，在世界各国迅猛开展了国际共产主义运动。1848年《共产党宣言》的问世，使得国际共产主义运动有了纲领性的文件，从此无产阶级革命斗争有了方向和目标。1864年国际工人协会成立，拉开了无产阶级在国际范围内联合对抗资产阶级的序幕。1871年巴黎公社是无产阶级第一次尝试暴力武装推翻资产阶级剥削，夺取城市政权的壮举，有力地论证了共产主义理论的科学性，在国际共产主义运动史上书写了伟大的开端。1917年十月革命的胜利是无产阶级推翻资产阶级统治，创立新世界的创举，开辟了世界无产阶级和国际共产主义的新时代。《新华日报》和《群众》周刊主要是通过纪念巴黎公社和十月革命来回溯国际共产主义运动历史。

《群众》周刊关于国际共产主义运动中的重大事件、重要组织和纪念第一国际和巴黎公社的纪念性文章有很多，包括：伍明的《从第一国际到第三国际》（第8卷第9期，1943年6月1日），吴克坚的《纪念巴黎公社》（第1卷第14期1938年3月19日），季米特洛夫的《巴黎公社七十周年》（第六卷第1、2期，1941年3月18日），徐冰著《历史的教训——在反法西斯侵略战争下纪念巴黎公社》（第7卷第5期，1942年3月18日），芦蕻的《从孤单的独唱到雄伟的合奏——纪念巴黎公社七十三周年》（第9卷第6期，1944年3月25日），淳跃的《法兰西的复活——纪念巴黎公社七十三周年》（第9卷第6期，1944年3月25日）。

《群众》周刊关于第二国际的纪念文章有：K.Hoffman著、南原译《服役于帝国主义国家的第二国际》（第4卷第15期，1940年5月30日），闵廉译《第二国际的“和平目的”》（第5卷第8期，1940年10月15日）。

《群众》周刊关于十月革命的隆重纪念文章有：《共产国际为纪念十月革命二十二周年宣言》（第3卷第24期，1939年12月21日），西民《俄国十月革命与民族解放》（第5卷第1期，1940年7月25日），石衡《以加强中苏友谊的努力来纪念苏联十月革命二十五周年》(第7卷第20期,1942年10月30日)。

《群众》周刊关于“第三国际”的文章有:宝权译《共产国际五一节的宣言》(第2卷第1期,1938年6月11日),《共产国际执行委员会主席团的决定》(译自《共产国际》七月号)(第2卷第10期,1938年9月10日),《共产国际五一宣言》(第3卷第2期,1939年5月28日),季米特洛夫作、启程、春江译《社会主义国家及国际无产阶级的斗争》(第3卷第2期,1939年5月28日),O.库西宁作、王春江译《共产国际二十周年》(第3卷第3期,1939年6月4日),《论联共(布)党史的发行和研究并论共产国际各支部中马列主义的宣传工作》(第3卷第23期,1939年12月10日),季米特洛夫作、朔望、企程译《战争与资本主义国家的工人阶级》(第4卷第1期,1940年1月10日),《共产国际五一宣言》(第4卷第15期,1940年5月30日),何思敬译《关于日本底形势与日本共产党底任务的提纲》(第6卷第5、6期,1941年6月10日),师哲《“联共党史结束语”与“论党的布尔什维克化”产生的历史条件》(第7卷第16期,1942年8月31日),《共产国际执行委员会主席团解散建议解散共产国际的决定全文》(第8卷第9期,1943年6月1日),《中国共产党中央委员会关于共产国际执行委员会主席团提议解散共产国际的决定》(第8卷第9期,1943年6月1号),《英国、墨西哥、美国、瑞典共产党对解散共产国际的反映》(第8卷第9期,1943年6月1日),《重庆时事新报、中央社对共产国际解散的反映》(第8卷第9期,1943年6月1日),《重庆大公报对共产国际解散的态度》(第8卷第9期,1943年6月1日),《共产国际结束声明》(1943年6月9日)(第8卷第10期,1943年6月16日),于怀《共产国际解散与世界战局》(第8卷第10期,1943年6月16日),《美国共产党对解散共产国际决议之反响》(第8卷第10期,1943年6月16日)。

抗战时期《群众》周刊刊发的相关纪念文章统计

纪念内容	1937	1938	1939	1940	1941	1942	1943	1944	1945	合计
第一国际、巴黎公社		1			1	1		2		5
第二国际				2						2
十月革命			1	1		2				4
第三国际		2	4	2			9			17

1. 宣传巴黎公社历史

在中共南方局的指示下，《新华日报》和《群众》周刊每年3月份都会刊登一些纪念巴黎公社的文章。如1940年3月18日，《新华日报》第一版的社论《纪念两个“三·一八”（巴黎公社和中国三·一八纪念）》以及第四版列宁著、徐冰译的《巴黎公社底教训》（附木刻“巴黎公社万岁”）等，讲述了在“六十九年前的今天，法国的无产阶级在巴黎树起了红旗，创造了人类历史上第一次的无产阶级政权——巴黎公社，这是全世界革命人类最光荣的纪念日。成为俄国伟大十月革命的先驱，缔造苏维埃政权的胚胎……八七年三月十八日巴黎公社的诞生，这是人类革命史上的胜利，法国的无产阶级获得了光荣的胜利，创造了崭新的政权和民众武装的军队，解除了人剥削人的制度，在公社成立之后，巴黎真的是做到了‘路不拾遗，夜不闭户’。可是公社仅仅存在了七十三天，便被摧残了，巴黎公社的斗争史，虽然很短，但是在今天也有特别值得回忆的意义……历史的教训绝不是空虚的，在欧战中的法国工人，将永不会忘记巴黎公社的光辉……”①。为读者呈现了在公社时期巴黎的完整形象，解读了巴黎公社的历史地位和当代价值，同时也告诉我们国人我们可以从巴黎公社得到什么经验教训，我们坚持抗战必须扩大反汉奸运动，必须彻底粉碎“反共”“防共”，也要提高警惕，重视群众，扩大革命力量，为争取抗战的最后胜利

① 《新华日报》1940年3月18日。

而努力。1941 年 3 月 18 日，《新华日报》第二版汉夫译的《巴黎公社七十周年》，20 日，第一版的《苏联各地纪念巴黎公社》、《国际劳工保卫会，苏联人民援助各国革命战士》（纪念巴黎公社）等，阐述了巴黎公社的伟大意义和无产阶级的伟大贡献，“巴黎无产阶级，以其无限的英雄主义和自我牺牲，为了巴黎公社的神圣事业，和国内外众多的敌人，作了两个多月的斗争。巴黎公社的战士，以他们的热血，在工人阶级的解放斗争史上，增加了最光荣和最光辉的一页。巴黎公社是工人阶级争取创立自己的政府，建立无产阶级专政的第一次认真的努力。巴黎公社是新型国家的，无产阶级国家的雏形，是苏维埃的胚胎。巴黎公社表现了国际无产阶级的利益和最迷恋的希望，并且成为无产阶级的国际主义的旗帜。巴黎公社是群众自己首创的杰作，是他们的创造力，自动性和革命热诚的成果……”，通过分析巴黎公社失败的原因，成功地为读者解读了“公社是永存的”，指出我们应该“用一切的方法加强伟大的社会主义国家——全世界劳动人民的祖国的力量，更坚持以国际无产阶级大团结的精神教育群众，更高地扬起，更坚定地握住无产阶级国际主义的旗帜，这个无产阶级国际主义的活生生的体现，就是常胜的苏维埃的爱国主义，不倦的团结世界各国劳动人民的战士队伍，争取巴黎公社不朽的工作，和马克思、恩格斯、列宁、斯大林的伟大工作，在全世界的完全胜利……”①1942 年 3 月 18 日，《新华日报》第二版的社论《向伟大的法国工人致敬》（纪念巴黎公社）等，以及《群众》周刊第七卷第五期徐冰的《历史的教训——在反法西斯侵略战争下纪念巴黎公社》等；1943 年 3 月 18 日，《新华日报》第四版沈友谷的《历史的创造力——为纪念巴黎公社而作》等，以及《群众》周刊第八卷第五期的《纪念巴黎公社七十二周年》；1944 年 3 月《群众》周刊第九卷第六期蘆蕻的《从孤单的独唱到雄伟的合奏——纪念巴黎公社七十三周年》等。这些文章完整地讲述了巴黎公社的经过，描写了巴黎公社时期的美好生活情况，分析了巴黎公社失

① 《新华日报》1941 年 3 月 18 日。

败的原因，总结了巴黎公社的经验教训，结合中国抗日战争的实况和国情，揭示了纪念巴黎公社，传承公社精神的伟大意义，为我们无产阶级革命提供了参考和指引。

2. 宣传十月革命

《新华日报》围绕十月革命，以纪念活动为载体，刊登如此众多的纪念文章、通讯等，关注的主题集中在苏联社会主义制度的优越性、苏联为什么能成为反法西斯战争的中流砥柱以及最后取得胜利的原因。从系列纪念中，让国统区民众进一步认识"归根结底最基本的原因是苏联经过了一次十月革命，建立了世界上第一个社会主义国家，有了苏联的参加，而且也必须有苏联的参加，才能解决世界范围的问题"。① 通讯报道可以分为两类，一是关于工人举行各种生产竞赛援助前线抗战来纪念十月革命。二是知识分子积极投身于后方的建设来纪念十月革命。

1938—1945 年《新华日报》纪念十月革命形式一览表

	社论	纪念文章	通讯（苏联）	通讯（中国）	贺电通信	报告演说词	其他	小计
1938	1	9	11	6	3	7	3	40
1939	1	7	9	2	3	4	2	28
1940	1	4	9	3	3	2	6	28
1941	2	11	5	3	7	5	7	40
1942	2	16	11	8	10	3	14	64
1943	1	20	2	2	13	4	7	49
1944	3	8	3	4	4	2	1	25
1945	1	2	3	3	3	3	1	16

在中共南方局的指示下，每逢十月革命纪念，《新华日报》和《群众》周刊都会刊发大量的纪念十月革命的文章。如 1939 年十月革命二十二周年纪念

① 《新华日报》1943 年 11 月 7 日。

之际,《新华日报》刊登的社论《十月革命二十二周年》、吴玉章的《论民族解放与社会主义革命底相互关系》、叶剑英的《纪念苏联十月革命的二十二周年》、吴克坚的《布尔塞维克党的旗帜是十月革命胜利的旗帜》、潘梓年的《十月革命的果实》《共产国际为十月革命二十二周年宣言》等。这些文章讲述了俄国十月革命以来所取得的社会主义建设成就,十月革命以来的二十二年间人民生活、国家政治、经济、文化等方方面面的变化,“伟大的社会主义十月革命二十二周年了。在这短短的历史时期中,黑暗贫穷野蛮的地主资本家的俄罗斯,变成了充满着自由和幸福的社会主义国家,社会主义的社会,基本上已经完成,在劳动人民无比强固的团结和一致的条件下,迈步向着共产主义前进。由于两个斯大林五年计划的完成和第三个五年计划的开始,苏联力量飞跃发展,它与资本主义世界之间的力量对比,已经有了新的巨大变化。在今天的国际政治舞台上,它已经处于举足轻重的地位。自由幸福的苏联人民,在今年纪念十月革命的伟大节日的时候,面向着帝国主义者所挑起的全人类大屠杀的空前浩劫,坚持自己社会主义与和平政策的立场,充满着坚定不移的胜利信心,准备迎接新的伟大斗争和胜利。处在坚苦抗战中的我们,谨向社会主义国家的一切劳动者,向列宁斯大林的布尔塞维克党,向全世界工人阶级和劳动人民的领袖斯大林同志致热烈的敬礼!”①;1940 年十月革命二十三周年纪念之际,《新华日报》刊登的社论《庆祝十月革命二十三周年》《十月的光辉——苏联全国纪念盛况》、潘梓年的《十月革命给予苏联人民的文化果实》、石西民的《中苏永远携手——为纪念苏联革命二十三周年》等,以及《群众》周刊的十月革命二十三周年纪念特辑之《斯大林的和平外交政策》(章汉夫)、《第二次世界大战中苏联对于世界和平的贡献》(瀚若)等,这些文章阐述了十月革命的伟大意义以及纪念十月革命的当代价值,“伟大的十月革命纪念,不仅是苏联人民的节日,而且是全世界工人阶级与被压迫民族的节日。这是人类真正的

① 《新华日报》1939 年 11 月 7 日。

新生命的开始。在黑暗与贫困的漫漫长夜中，射出了太阳的光辉。劳动人民获得了新的希望，新的道路，新的勇气……十月革命的产儿——苏联成了全人类的解放斗争的灯塔。每年在十月革命的纪念中，人类就可发觉距离它伟大的战斗目标，是更接近了一步。十月革命的伟大意义，在第二次帝国主义大战中，可以看得特别明显。”同时也讲述了苏联与中国的关系以及苏联对于中国的援助，“中国人民对于苏联的关系，较之其他各国更为深切。中国与苏联是唇齿之邦，而且又有历史的传统友谊。自从十月革命的第一天起，苏联政府及其人民就坚决奉行援助被压迫民族的政策。二十三年来，苏联对于中国人民解放运动的影响和助力，是无法计算的……最重要的，是在苏联的影响和推动之下，中华民族逐渐觉醒，中国人民力量逐渐发挥，这就造成中国在长期苦斗中求得解放胜利的最可靠的基石……”，提出中国民众应当要增进与苏联的往来，在苏联的帮助下，利用有利的国际形势，实现民族解放独立自主，“中国抗战以后，中苏友谊，更有新的增进。三年多来，苏联对中国的同情和援助，是中国坚持抗战的基本要素之一……苏联是中国最忠实最可靠的朋友……我们应当以一切方式，增进两国人民的联系……”①。1941 年十月革命二十四周年纪念之际，《新华日报》刊登的《庆祝苏联十月革命二十四周年》（标语八条）、《“携手并进，以取得胜利”！——庆祝苏联二十四届国庆》（延安解放日报社论）、冯玉祥的《苏联友邦的前途是光明灿烂的》、孙科的《预祝苏联抗战胜利》、章伯钧的《纪念苏联十月革命之箴言》、梁塞操的《真理必胜——祝友邦苏联的国庆》《苏联国庆在桂林》（桂林通讯）等；1942 年十月革命二十五周年纪念之际，《新华日报》刊登的《一切为了前线！苏联工人以社会主义竞赛来迎接十月革命二十五周年》，以及《群众》周刊的苏联十月革命二十五周年纪念特辑之《“钢”是怎样练成的——纪念十月革命二十五周年》（梓年）、《以加强中苏友谊的努力来纪念苏联十月革命二十五周年》（石衡）等；1943 年十月

① 《新华日报》1940 年 11 月 7 日。

革命二十六周年纪念之际,《群众》周刊的社论《〈人类的希望在辉煌着〉——纪念苏联十月革命二十六周年》《〈斯大林报告〉——十月革命二十六周年在劳动人民代表苏维埃及莫斯科党部和民众组织的庆祝大会报告》等。这些文章分析了十月革命的伟大意义,总结了十月革命的成功经验,讲述了十月革命之后苏联取得的社会主义建设伟大成就,以实践证明了马恩的科学社会主义的先进性和科学性,揭示了无产阶级的无穷力量和伟大使命,有效地传播了无产阶级专政理论。

3. 介绍各国共产党的情况

抗战期间,《群众》周刊刊发介绍各国共产党状况的文章总共有19篇,其中介绍国际共产主义运动中各国共产党总体情况的文章1篇,介绍日共的6篇、菲律宾共产党1篇、美国共产党2篇、西班牙共产党2篇、意大利共产党1篇、英国共产党3篇、法国共产党3篇,德国共产党1篇。包括:柯山《日本共产党的诞生》(第7卷第21期,1942年11月15日),柯山《日共党内两条战线的斗争》(第7卷第22期,1942年11月30日),《冈野进同志告日本国民书》(第8卷第16期,1943年9月30日),《日本共产党简史》(第10卷第15期,1945年8月5日),《菲律宾共产党为建立反军阀法西斯主义统一战线致菲律宾与中国人民书》(第3卷第3期,1939年6月4日),《美国共产党宣言》(第6卷第7期,1941年6月30日),汉夫《美国共产党解散了吗?》(第9卷第12期,1944年6月30日),世纶译《我们继续斗争,我们一定胜利! 摘译自西班牙共产党卡达龙纳统一社会党五一联合宣言》(第3卷第4期,1939年6月11日)《西班牙共产党中央委员会宣言》(第7卷第19期,1942年10月15日),《意大利共产党反战宣言》(第5卷第11期,1940年11月15日),《加拉彻同志谈英国共产党政策》(第6卷第7期,1941年6月30日),《英国共产党宣言,号召和苏联团结起来》(第6卷第7期,1941年6月30日),《英国共产党向中国人民致敬》(第6卷第11、12期,1941年11月30日),朱世伦《二十年来英勇奋斗的法国共产党》(第3卷第18、19期,1939年10月29日),《法国共产党宣言》(第5卷第9、10期,1940年10月30日),《法国共产党的新任务——1944年4月21日在阿尔及尔共产党大会上的报告书》(第9卷第14期,1944年7月30日),吴文焘译《德国共产党宣言》(第5卷第15、16期,1940年12月25日)。

此外,还有介绍世界工人运动和妇女运动状况的一些文章。比如潘梓年著《反法西斯斗争中国际工人的统一运动》(第2卷第23期,1939年5月1日),《国际劳工统一运动》(第3卷第10期,1944年5月30日),B.莱翁尼多夫作、葆荃译《欧洲各解放国家的职工运动》(第10卷第9期,1945年5月15日),廖青《世界工人大团结——世界工会大会和欧美工人运动鸟瞰》(第10卷第9期,1945年5月15日)、文晖《"三八"节的历史及其意义》(第4卷第7期,1940年3月8日),仁浩《国际妇女节与妇女反法西斯》(第7卷第4期,1942年2月28日),《纪念"三八"以反法西斯斗争(时论)》(第8卷第4期,1943年2月16日),萧之榕《民主战争加速妇女解放——英美妇女的战时工作》(第9卷第5期,1944年3月10日),罗轩《欧洲妇女怎样反抗着法西斯》(第9卷第5期,1944年3月10日)。

五、报道苏联社会主义建设成就

在当时的人们看来,苏联社会主义建设的实践成效是检验马克思主义真理性与科学性的试金石。苏联是世界上第一个以马克思主义来指导社会主义建设的社会主义国家,是俄国十月革命胜利的果实。在20世纪三四十年代,在中国民众的眼中苏联的社会主义建设成就就是马克思主义理论真理性和科学性的体现。抗战时期,《新华日报》和《群众》周刊刊登了大量介绍苏联社会主义政治、经济、文化、外交、民生建设等方方面面的内容,在民众心中有效地构建了苏联模范榜样的整体形象。每年刊登在《新华日报》介绍苏联情况的文章数不胜数,据不完全统计,在1938年到1944年间,《新华日报》中报道苏联的文章有9770篇,涉及马克思列宁主义、哲学、经济、政治社会生活、军事、法律、文化教育、文学、语言文字学、自然科学、医药卫生、工农业技术等方面。《群众》周刊为呈现苏联建设成就，刊发相关文章38篇，内容涵盖苏联政治、经济、文化、外交、民族、民生等方面，有效宣传了马克思主义的真理性科学性和社会主义制度的优越性。

1. 经济建设成就

1938年《新华日报》报道苏联经济的有：卢竞如《第三个斯大林五年计划的第一个春季》（1938年5月10日、11日），《苏联本年国家经济发展计划》（5月23日），《苏联人民委员会通过本年第三季经济计划，较去年同季工业出产增28%》（6月3日），《捷人盛赞苏联建设》（8月28日），许立新《今年苏联国民经济的发展——第三个五年计划第一年的成绩》（11月7日），世纶译《苏联在世界生产中所占的地位》（12月4日），《苏联工业惊人发展，耕耘土地大量扩充，水电力有极度提高》（1月12日），《苏工厂增加农业机械化》（12月22日），《苏联社会主义建设猛进，新电力厂大增，矿工及儿童20余万人得到修养，农民卫士得奖，人民收入增加》（12月26日），《莫斯科改建三周年，完成各种伟大计划》（7月12日）。9月29日报道《苏联工业生产激增，较去年增加12.7%》，10月15日报道《苏联本年上半年新建工厂600所》，11月2日报道《苏联工业与年俱增，新建工厂共606所》，11月5日《苏联工人以新纪录纪念十月革命节，汽车及煤矿产量已超过原有计划》，12月7日报道国际简讯《苏联工业生产跃居欧洲第1位、世界第2位》。

关于苏联农业发展的相关报道有：《苏联本年农业计划，实行农业机械化，缩小耕地增生产》（1月24日），《苏联发表农业决议，本年集体农场新耕土地准予免除呈缴国家收获》（3月1日），《苏联积极改进集体农场，发表重要决议三项》（4月21日），《苏联今春各地丰收》（5月29日），《苏联农产丰收，茶叶及棉花产量均超过原定计划》（11月14日），《苏联今年棉花收成极佳，为植棉以来最大的丰收》（11月23日），5月18日报道《苏联积极完成西伯利亚铁路》。

在1940年的8月20日、8月29日、9月23日、9月4日、9月6日、9月12日,《新华日报》连续刊载了《苏联在建设中》的报道。另外,2月19日刊载了戈宝权的《第一个五年计划是什么?——苏联讲话之十一》(2月26日),《第二个五年计划是什么?——苏联讲话之十二》(3月3日),《第三个五年计划是什么?——苏联讲话之十三》。还有11月8日报道的《二十三年来苏联经济发展,工业生产全国第一,生产发展速度与技术装置超过世界各国》、11月22日《苏电气化一日千里》,并发表社论《苏联胜利辉煌的一年》(12月3日)。《苏联电气化计划实施20年》(12月23日),《第三届五年计划完成后,电气产量将占世界第二、欧洲第一》(12月23日)、《苏联人民收入激增》(12月30日),以及苏联工业发展的系列报道,包括《苏联加强煤业运输》(3月28日),《苏联开采最大煤矿》(4月11日),《苏联新机械制造厂开始生产》(6月27日),《苏联化学工业的金矿》(1月9日),《苏联纺织工业进步》(11月26日),《苏联1940年工业发展重大生产总值较去年超出136万万卢布,激增11%,明年任务经济上超过资本主义国家》(12月2日),《苏联15年间达成工业化,工业产量在欧洲第一、世界第二》(12月20日),《苏联煤业、纺织业纷纷掀起完成计划,钢铁产量激增》(12月27日)。关于农业建设发展的报道有《苏联农业的科学化》(2月3日),戈宝权《苏联的农业怎样走上了集体化的道路?——苏联讲话之十五》(4月21日),《苏联社会主义国家农民生活丰裕,集体农场存款飞增,已达20万万卢布》(2月6日),《乌克兰农业预期机械化》(2月20日),《苏联第二次五年计划中集体农场的发展,从有趣数字中看出他的成长》(4月25日),《苏联积极发展农业》(4月28日),《苏联全国丰收集体农场与新式工作法,使收获达意想不到成绩》(8月26日),《苏联今年大丰收,畜牧业愈渐发达》(9月12日),《苏联1940年集体农场农作大丰收,畜牧竞繁殖,人民日快乐》(12月26日)。除了农业之外,还包括了水利建设、苏联的交通运输、贸易、邮电、财政、金融等等。

《群众》周刊介绍苏联经济情况的有30多篇文章:《〔苏〕工厂增加,农业机械化》、《苏联兴水利计划，大规模药厂落成》、《苏联社会主义建设猛进，新电力厂大增，矿工及儿童二十余万人得修养，农民卫士得奖，人民收入增加》、《苏联工业生产跃居欧洲第一位，世界第二位》、《苏联各城市间大辟航空路线，计长116000公里》、《苏联汽船周游世界》、《〔苏〕储蓄银行存款大增》、《苏联全国人民在斯大林领导下，完成伟大社会主义之建设》、《十五年来苏联建设猛进，国防坚强日寇领教丧胆》、《论苏联第三个五年计划》、《苏联国民经济的发展》、《苏联赶上并超过美国，航空线占世界第一》、《创造奇迹的国家》等，内容涉及苏联的工业、农业、贸易、医药业、国防业、交通运输业以及航空建设等方面，以苏联的经济稳步发展、工农业机械化程度逐步提高、国防越发坚强、水陆空交通建设便利等具体情况，呈现了苏联社会主义经济建设的巨大成就。

许涤新在《二十余年来资本主义经济与社会主义经济的对照》一文，指出了"到了一九二八——二九年，资本主义与苏联的经济形势间，便开始有一个剧烈的分歧……当资本主义经济颓下，于一九三九年把它的生产降低了百分之四十的时候，苏联的经济便以历史上无比的速度开始了它的上升。当一九三八年资本主义世界仅爬回到一九二九年水平又消下去时，苏联的经济，特别是它的工业生产，却增加了百分之一千以上增加了十倍之多。社会主义经济之雄飞突进，是苏联全国人民，在伟大的列宁斯大林党——联共(布)领导之下英勇奋斗获得的。从一九二七年开始，他们以四年和几个月的功夫，完成了第一个斯大林五年计划；在一九三七年又完成了第二个斯大林五年计划。第一个五年计划，把它的工业生产提高到百分之二百以上；第二个五年计划则又提高了百分之二百二十五……"①。通过对资本主义和社会主义经济二十二年发展情况的对比，许涤新表明黑暗的资本主义终将会衰落，光明的社会主义正在蒸蒸日上，这是一种趋势，这种趋势也表明了社会主义的优越性。

① 《群众》周刊第3卷第20期，1939年11月7日。

2. 民主政治建设

介绍苏联政治情况的主要有戈宝权关于苏联的系列文章，如《苏联的政治——论专政与民主》、《苏联是什么样的一个国家?》、《苏联历史的概述》、《苏联的地理一瞥》、《苏联是怎样组成的》、《苏联的政府是怎样组成的?》、《什么是苏联的新宪法》、《什么是苏联的和平外交政策》、《什么是苏维埃的民主制?》、《苏联怎样解决了民族问题?》、《苏联怎样实现了最理想的民主制度》等。通过这些文章，戈宝权详细讲述了苏联的政治制度、宪法、历史地理概况、外交政策和民族政策，让中国民众对苏联的社会主义政治建设有一个全面的了解。

另外，朱世纶在《真正解放了的苏联各民族》一文中指出，“在社会主义的国家里是完全两样的。十月革命不但是把各民族从沙皇制度压迫和摧残下解放了出来，它并且把大俄罗斯民族的创造力量发展起来，来帮助本国其他民族的发展。在苏联国内，民族解放已经成为了过去的问题。这种解放是早已获得了的。”①朱世纶以翔实的史料和充足的数据论证了苏联是一个各民族都获得了解放的国家，有效地塑造了苏联自由民主的国家形象。

M.威尔纳的《苏联是怎样打胜仗的?》一文中，明确指出苏联的胜利依靠的是人民作为国家的主人，迸发了人民的无穷力量，“十月革命解放了人民的力量，苏联的胜利是人民的胜利……苏联的军队就是苏联的人民，人民不是机械，它是不能被毁灭的，人民是不朽的……”。②

3. 军队和国防建设

介绍苏联军事情况的有：《苏联红军是怎样组织和成长起来的?》（戈宝权）、《苏联红军的野营生活——译自真理报》、《苏联红军举行宣誓——宣誓方式改个别进行，表示苏联政治文化提高》、《苏联红军伟大》、《苏联红军二十一周年，红军文化训练》、《庆祝苏联红军二十二周年纪念》、《苏联红军——最

① 《群众》周刊第3卷第20期，1939年11月7日。

② 《群众》周刊第8卷第19期，1943年11月15日。

有教养的军队》、《苏联的海军》、《苏拟建设最强海军》、《〔苏〕六十余城实行防空防毒演习》、《苏联红军为什么是不可侮的军队》、《苏联空军现势》、《苏联潜艇世界第一》等，通过介绍苏联国家和人民对于红军建军节的重视和庆祝，苏联政府对红军有功人士的高调嘉奖，苏联人民对于从军之事的热烈响应，以及苏联海军、空军的现状，全面解读了苏联的军事实力，增强中国民众对社会主义国家——苏联的信任和向往之情。

4. 外交

介绍中苏关系以及苏联外交政策的有，如《苏联的和平政策及其对中国的援助》（宋庆龄）、《苏联外交政策的胜利》、《对于苏联外交政策的认识》、《苏屹然中立，保障邻国和平，援助中国抗战》、《苏日关系的新发展》、《苏联伊朗签订商约》、《苏罗关系日睦》、《和平外交之页：苏保商约签订，双方互惠待遇，积极扩充贸易》等，全面解读了苏联的和平外交政策，讲述了苏联对中共的援助，以充分的事实分析了苏联与日本、法国、伊朗、土耳其、保加利亚、南斯拉、德国、英国、芬兰、美国、丹麦、意大利、加拿大等亚洲各国的外交关系，更加凸显了苏联这个社会主义国家的和平外交风范，彰显其大国气质。《群众》周刊刊载茹纯《三年抗战期中的苏联外交》一文，强调苏联的外交政策具有高度的原则性，自十月革命以来不论国际形势如何变化，苏联的外交政策始终坚持着为和平而斗争的原则。

另外，还有章汉夫的《苏联抗战一年——斯大林的旗帜，是胜利的旗帜》、石衡的《苏联的政治——论专政与民主》、焦敏之的《苏联怎样解决青年教育问题的?》《苏联的家庭》等，以及《苏联人民幸福生活的增进》（刘莹译）、《什么是苏联的新宪法?》（戈宝权）、《复旦大学新闻系请戈宝权讲“苏联之新闻事业”》《苏联的人民有继承权吗?》等介绍苏联人民的幸福生活、苏联文化教育情况以及苏联各种法律的文章，为中国民众全面宣传报道了一个在马克思主义指导下稳步建设社会主义，成功实现国富民强的五年计划，人民自由平等、生活幸福的社会主义国家，扩大了苏联的渲染力，助推了马克思主义的大众化。总之,为民众报道了苏联社会主义建设的方方面面成就,勾勒了一幅在马克思主义指导下爱好和平、人民安居乐业、生活幸福、政治稳定、经济繁荣的苏联国家形象。

六、宣传中国化马克思主义

据不完全统计,《新华日报》在 1938 年到 1944 年间对于中共高层领导人的相关报道,与毛泽东相关的有 140 篇、与周恩来相关的有 145 篇、与朱德相关的有 109 篇、与叶剑英相关的有 56 篇、与彭德怀相关的有 26 篇、与董必武相关的有 74 篇、与吴玉章相关的有 57 篇。《群众》周刊在抗战期间对于中共高层领导人的相关报道,与毛泽东相关的有 23 篇、与周恩来相关的有 12 篇、与朱德相关的有 12 篇、与王明相关的有 12 篇、与彭德怀相关的有 9 篇、与左权相关的有 7 篇、与博古相关的有 6 篇、与叶剑英相关的有 6 篇、与董必武相关的有 6 篇、与吴玉章相关的有 1 篇。

《新华日报》和《群众》主要为国统区民众宣传中共的持久抗战、统一战线和游击战战略战术理论,尤其是马克思主义中国化的理论成果——毛泽东思想。

1. 党的抗日战略方针

"笔战是枪战的前驱,也是枪战的后盾。"①作为中国共产党的机关报刊,《新华日报》《群众》周刊的根本任务,就是要及时地、正确地向国统区民众宣传党的抗战方针政策,发挥党报党刊应有的"宣传群众、教育群众、组织群众"的政治动员作用。中国人民的抗日战争是一场持续了 14 年之久的持久战。从 1937 年日本帝国主义发动"七七"卢沟桥事变进而全面侵华,中华民族的全面抗战也长达 8 年的时间。中国的抗日战争经历了抗战防御、抗战相持、抗战反攻三个阶段,需要对抗日战争的规律和形势变化作出准确的

① 中央文献研究室:《周恩来年谱(1898—1949)》,中央文献出版社 1997 年版,第 268 页。

把握和认识。为全面批驳"亡国论"、"速胜论",1938 年 5 月,毛泽东在延安发表《抗日游击战争的战略问题》和《论持久战》。这两篇著作是抗战时期毛泽东军事思想的重要文献,深入分析了中日战争所处的时代以及敌我双方的实力、基本特点,有力地驳斥了"亡国论"和"速胜论"以及轻视游击战争的错误思想,阐明了持久战的总方针和抗日游击战争的战略地位以及人民战争的战略思想,科学地预见了抗日战争的全部过程,为中国的抗战指明了方向。面对错综复杂的战争形势,《新华日报》高度关注抗战时局的发展,及时作出科学判断,大力宣传党的持久战抗战方针,为全国人民的抗战指明了正确的方向。

一是大力宣传持久战的理论和方针。抗战初期,一个经济文化落后的中国面对着一个蓄谋已久且经济军事等综合国力强大的侵略者日本,最终战局结果将会怎样呢?当时出现了"亡国论"和"速胜论"等错误的思潮。对此,毛泽东在 1938 年 5 月召开的抗日战争研究会上作了长篇演讲,分析了敌我对比情况,最后得出中国的抗日战争只能是持久战,既不会亡国也不会速胜的正确结论。后来,《新华日报》刊登了毛泽东的演讲全文即著名的《论持久战》,并根据文章的观点陆续发表了一系列文章,科学分析中国抗战的形势,指出坚持持久战就一定能获得抗日战争的全面胜利。中共中央高度重视党报党刊在宣传党的政策方针方面的作用,指出"宣传党的政策,贯彻党的政策,反映党的工作,反映群众生活,要这样做,才是名符其实的党报"。①《新华日报》《群众》周刊一经发刊,积极宣传党的全面抗战路线、持久战战略思想、游击战的战略方针,从理论层面上推进中共抗战方针政策在国统区的大众化。

为传播持久战战略思想,批判"亡国论"和"速胜论",为抗战清除思想障碍。1937 年 12 月,周恩来在《群众》周刊发表《目前抗战形势与坚持长期抗战

① 中央档案馆:《中共中央文件选集(十三)》,中共中央党校出版社 1991 年版,第 358—359 页。

的任务》一文，就明确提出："巩固和扩大抗日民族统一战线，坚持长期抗战，是克服抗战危机的出路。"①1938年1月11日，周恩来又为《新华日报》题词："坚持长期抗战，争取最后胜利"，这也成了报纸的办报方针。在实践中，《新华日报》、《群众》周刊始终坚持了这一办报方针，刊登了大量宣传中共持久战略思想的文章。1938年10月7日，《新华日报》连续三天刊登了周恩来撰写的抗战形势长文《论目前抗战的形势》，详细地介绍了毛泽东关于持久战的观点和战争三个阶段的预断。文章指出，"中国抗战，经过了十五个月的英勇奋斗，完全证实了一个真理，即只有坚持长期抗战，才能争取中华民族解放战争的最后胜利。一切对中国抗战之速亡论或速胜论，均已从事实上宣告破产。"②这些文章展示了中共对局势的准确判断力，帮助各方面人士划清了国共两条抗战路线界限，从而明确争取抗战胜利的正确道路，坚定持久抗战的信念。1938年1月8日，《群众》周刊刊登周恩来《怎样坚持持久抗战》一文，详细地阐述了持久抗战的思想，开篇指出："只有持久抗战，才能争取最后胜利，这是抗战五个月中最主要的教训！"③伴随着上海、南京等地失守，"失败论"、"亡国论"等悲观失望情绪一度笼罩全国。及至台儿庄一战大捷，一些人头脑里的"速胜论"就泛滥起来。对于台儿庄大捷和这一时期各战场的报道，《大公报》在题为《这一战》的社论中，鼓吹蒋介石集团散布的"速胜论"，认为这一战，"是准决战"，"是敌人最后挣扎"，并宣称："我们胜利了，日阀就在精神上失去了立场，只有静候审判。"而《新华日报》在发表的《庆祝台儿庄胜利》的社论中，一方面肯定这次胜利的重大意义，另一面也指出，"这还不过是局部的开端，敌人的损失和挫折，也不过是部分的开始"。对待这次胜利，"应当是在胜利的基础上，提高胜利的信心，紧张抗战的努力，绝不能因部分胜利，而发生丝毫骄惰的情绪。"这篇社论委婉地批评"速胜论"。

---

① 《群众》周刊第1卷第3期，1937年12月25日。
② 《新华日报》1938年10月7日。
③ 《群众》周刊第1卷第5期，1938年1月8日。

二是宣传中共全面抗战路线。抗战爆发伊始，中国共产党推行全面抗战的路线，而国民党坚持片面抗战路线。针对全面抗战与片面抗战的矛盾，《新华日报》创刊后，接连发表《动员全体人民参加抗战》、《论抗战时期的民众运动》、《动员全国人民物力财力增强抗战力量》等文章，阐述发动以工农为主体的人民大众进行全面抗战的重大意义。《群众》周刊也先后刊发了董必武的《怎样动员群众积极参加抗战》和《武汉的民众动员和组织》、李伟的《组织无组织的民众》、何云的《动员青年到军队中去》、张闻天的《战时民运工作的八个基本原则》、潘梓年的《抗战中青年的作用与任务》和《民众运动问题商榷》、许涤新的《开展农村工作的几个原则》、郭树勋的《动员农民保卫武汉》等，这些文章强调了动员群众抗战的重要性。如董必武在《怎样动员群众积极参加抗战》一文中指出，“群众中蕴藏着无限的力量，一切社会的困难问题，只要依靠群众，都能获得适当的解决。”

三是宣传游击战的战略方针。正确解读“持久战”战略军事思想，还需要对中共战略方针的认识，即要全面认识中共抗日救国十大纲领制定的游击战的战略方针。1938 年 6 月 21 日，《新华日报》连续两版刊登毛泽东《抗日游击战争的战略问题》一文，系统介绍了游击战的战略方针，指出独立自主的游击战争与国民党正面战场在战略上具有同等意义，强调“抗日游击战争的战略纲领，是达到保存和发展自己，消灭和驱逐敌人，配合正规战争，争取最后胜利的必要途径”。文章有力地批驳了在抗日战争初期党内外轻视游击战争战略作用的观点，传播了中共的战略战术思想。《群众》周刊更是大力宣传游击战，在创刊号就刊登了《开展游击战与武装民众》，第 2 期的《游击县长与游击队》，第 9 期的《关于游击战争》，第 10 期朱德的《八路军半年来抗战的经验与教训》和第 20 期的《抗日游击战争》，第 23 期徐向前的《开展河北的游击战争》等文章。之后，在第 2 卷第 3 期上又全文刊登了毛泽东的《抗日游击战争的战略问题》。这些文章有助于国统区民众了解中共的战略战术，坚定抗战信心。

2. 新民主主义理论

新民主主义理论提出后，《群众》周刊作为活跃在国统区的唯一中共理论刊物，立即着手进行理论宣传和阐释。一方面，及时向国统区民众传播毛泽东的这一理论原著。《新民主主义论》于 1940 年 2 月在延安公开发表后，《群众》周刊随即于同年 4 月 10 日出版的第 4 卷第 10 期转载此文，题目仍为《新的民主主义的政治与新的民主主义的文化》，但因技术条件关系，文章残缺一千余字，另一方面，积极组织编撰人员学习、研究该理论，大量刊发相关文章，对其进行系统论述与分析，使之得到广泛传播。早在 1940 年毛泽东的《新民主主义论》中，提出了新民主主义经济的发展道路，这一理论一经提出，就在党内外的知识分子和理论工作者中引起广泛反响。而时任《群众》周刊编辑的许涤新，也在毛泽东发表《新民主主义论》之后不久，“即注意新民主主义经济的一些问题”①，1940 年 12 月，中共中央南方局在统战委员会下设立经济组，“宣传党的财经政策，特别是陕甘宁边区和敌后抗日根据地的新民主主义财经政策；搜集国民党统治区财经资料和开展工商业的统一战线工作。”②经济组在许涤新的主持下，对新民主主义经济理论进行了较为系统的分析和宣传，成功地把中共关于经济发展的声音传播到国统区乃至港澳和海外。

《群众》周刊自 1940 年 4 月首次刊登毛泽东的《新的民主主义的政治与新的民主主义的文化》以来，围绕新民主主义社会理论问题，进行了长达 9 年的阐述与宣传，在国统区和香港地区引起了广泛的社会反响，实现了对新民主主义社会理论的有效传播。《群众》周刊注重传播马克思主义中国化的伟大理论成果——毛泽东思想，虽然仅发表毛泽东著作 21 篇，其中有 2 篇毛泽东与记者的谈话、3 份电报，而毛泽东的《论新阶段》、《论联合政府》等名篇未能刊登，这是由于国民党的严酷禁锢和封锁。为了宣传毛泽东提出的科学理论，《群众》周刊发表一些标题中不出现“毛泽东”的字样、而文中则对其理论大加

① 孟宪章：《新民主主义经济教程》，上海光明书局 1951 年版，第 1 页。

② 许涤新：《风狂霜峭录》，生活·读书·新知三联书店 1989 年版，第 234 页。

肯定的文章。如慕伊在《他们在反攻着》一文中盛赞毛泽东的《论持久战》《论新阶段》，他说："在《论持久战》那部辉煌的著作中，英明地指出了抗日战争的战略三阶段后，毛泽东同志在《论新阶段》中就大声疾呼地向全国号召：'停止敌之进攻，准备我之反攻'！这个响亮的号召，在敌后解放区四十七万正规部队和二百一十万民兵中，是实实在在的在实践着了。"①为了宣传毛泽东主张的新民主主义政治纲领，香汀以《三三制》为题论述了陕甘宁边区和敌后解放区采取的"三三制"，在文中，他引用了毛泽东的话语，这些话语有："这种政权，就是一切赞成抗日又赞成民主的人们的政权，几个革命阶级联合起来，对于汉奸、反动派的民主专政，（被略）几个革命阶级联合专政这就是今天中国所要树立的民主政权。"②一些作者正是通过这种巧妙的方式，既在一定程度上避开了国民政府的新闻检查制度，又传播了毛泽东同志的理论。

3. 毛泽东文艺思想

在1942年5月召开的延安文艺座谈会上，毛泽东发表重要讲话（后以《在延安文艺座谈会上的讲话》为题发表在1943年10月19日的《解放日报》上）。毛泽东的《在延安文艺座谈会上的讲话》发表后全文传到重庆。针对毛主席的著作送检、全文被扣的事实，《新华日报》报馆的同志们认真研究了种种反扣压的办法，努力争取把《毛泽东在延安文艺座谈会上的讲话》公开向国统区民众发表出去。报馆编辑室同志决定采用"化整为零"的战术，先将《讲话》里的两万余字分而化之，运用或摘录原文或概述的办法将之"化"为三篇独立的文章，各安上不同的作者名字，用《文艺上的为群众和如何为群众的问题》、《文艺的普及和提高》、《文艺和政治》三个题目将《讲话》分解成三篇文章，能摘录原文的就尽量摘录原文。然后与其他几篇文辞激烈的论文一起送审，检察官扣下其他几篇火气较为强硬的文章后，害怕报纸开"天窗"过多，只好允许这几篇文艺评论的专稿通过。

① 《群众》周刊第9卷第16、17期，1944年9月15日。

② 《群众》周刊第9卷第16、17期，1944年9月15日。

1943年11月11日,《新华日报》为宣传贯彻《讲话》精神,还另外发表了《文化建设的先决问题》的社论,引述《讲话》的第一个问题:“我们的文艺是为什么人的?”《新华日报》宣传了毛泽东文艺思想,澄清了国统区文艺界的混乱思想,照亮了文艺工作者前进的道路。1944年元旦,《新华副刊》又以整版篇幅,用毛泽东的名字,以“毛泽东同志对文艺问题的意见”为总标题,分:“文艺上的为群众和如何为群众的问题”、“文艺的普及和提高”、“文艺和政治”三个小标题刊出。还写了一个说明,称:“毛泽东同志在延安文艺界座谈会上的讲话,系统地说明了目前文艺和文艺运动上的根本问题。原文不可能全部发表,只好提要介绍一下。在这三篇文章中,关于普及与提高问题的一篇,全部是毛泽东同志的原文;另外两篇中加着引号的部分,都是他的原文。……”①这样一来就很好地传达了此次讲话的基本精神即“文艺为工农兵服务的原则。”

围绕着文艺大众化问题,《新华日报》的“团结”副刊和后来的《新华副刊》都组织了专题讨论,为推动国统区的马克思主义文艺理论大众化、为国统区的文艺和文化运动起到了纠正偏差、指明方向的重要作用。《新华副刊》发表的文章具有文艺色彩但又不是单纯的文艺作品,有短小精悍发人深省的评论、有生动活泼的散文、有控诉罪恶激励反抗的读者来信,总之是一块雅俗共赏的读者园地,内容综合而不杂芜,形式庄重而不板滞,文字活泼而不轻佻。②并经常用讲历史故事或以古喻今、借古讽今的方式批评国民党的独裁。在《新华副刊》中影响最大的当属郭沫若写的《甲申三百年祭》,中国共产党还将之列为延安整风的学习文件。

为向广大读者及时传达《在延安文艺座谈会上的讲话》精神,《群众》周刊也在第9卷第18期特辟了“文艺问题特辑”,登载了郭沫若的《新陈代谢》、夏衍的《如何做大众的牛》、何其芳的《关于艺术群众化的问题》、刘白羽的《新的

---

① 《新华副刊》1944年1月1日。

② 参见韩辛茹:《新华日报史》,重庆出版社1990年版,第371页。

艺术、新的群众》，以及翻译了苏联学者顾而希坦的《论文学中的人民性的问题》等文章，着重讨论文艺的群众化问题。① 通过学习和讨论，许多进步的文化艺术工作者进一步认识到，“要实现《讲话》的要求，只有在彻底摧毁政治上、文化上的独裁、专制、实现人民当家作主的条件下，文化艺术工作者才能深入到工农兵群众中去，也才能开创出表现新的时代波澜壮阔的群众文艺运动。”②

4. 延安整风精神

1942 年春，中共在全党开展了以树立马克思主义作风为目的的整风运动。1942 年 6 月 8 日，中共中央宣传部发出《关于在全党进行整顿三风学习运动的指示》。之后，整风运动全面展开。以周恩来为首的中共中央南方局立即召开会议研究部署，决定成立学习委员会，领导南方局机关、八路军办事处、《新华日报》和《群众》周刊的人员进行整风学习。国统区的地下党员因条件限制无法参加这个运动，《群众》周刊就不断登载有关这方面的文件和毛泽东整顿三风的文章，借以教育党的同志和党外朋友。结果，“党的整顿三风，不但在党内起了巨大的作用，而且对党外的朋友也起了极大的影响。不少进步的民主人士也通过《群众》研究整风文件。”③

1942 年 5 月 31 日，《群众》周刊在第 7 卷第 10 期全文登载了毛泽东在中央党校开学典礼上的演讲《整顿学风党风文风》。7 月 31 日，《群众》周刊在第 7 卷第 14 期，发表了毛泽东在延安干部大会上的演讲全文《反对党八股》。同时，为将整风运动引向深入，《群众》周刊刊发了大量整风学习心得的文章。如，汉夫：《谈‘自己的文章’——反党八股中的一点检讨》，《群众》周刊第 7 卷第 9 期，1942 年 5 月 15 日。华岗的《整顿三风与开展前途》，《群众》周刊第 7

① 参见《群众》周刊第 9 卷第 18 期，1944 年 9 月 30 日。

② 郑新如、陈思明：《群众周刊史》，中共党史出版社 1998 年版，第 100 页。

③ 许涤新：《〈群众〉史话》，新华日报群众周刊史学会南京分会等编：《群众周刊回忆录》，第 13 页。

卷第9期，1942年5月15日。华岗的《论主观主义和宗派主义的关联性》，《群众》周刊第7卷第17期，1942年9月15日。吴克坚：《反对群众工作中的宗派主义倾向》，《群众》周刊第8卷第3期，1943年2月1日。俞炯：《从老八股到新八股》，《群众》周刊第7卷第8期，1942年5月1日。

为了结合整风学习，以改进刊物，除了刊发学习文件、学习心得，《群众》周刊还将整顿三风落到实处，从1942年5月31日第7卷第10期至8月31日第7卷第16期，连续刊登启事《敬向读者要求指示》，广泛征求改进刊物的意见。征询的意见主要有：第一，读者对文章类型的好恶及其原因；第二，组稿方面存在的问题，应增减何种类型的文章；第三，文字语言方面是否通俗；第四，编排形式是否合理。① 从以上四条，我们不难看出《群众》周刊一切从为读者服务出发，反对主观主义、宗派主义办刊，以及向群众学习语言、反对党八股的真诚态度。

5. 党的建设理论、重要会议和文献

1938年《新华日报》报道中国共产党的会议决议有：《中国共产党扩大的六中全会决议》（11月23日），《中国共产党扩大的六中全会告全国同胞、全体将士和全党同志书》（11月29日），《中国共产党扩大的六中全会给东北义勇军及全体同胞电》（11月29日），《中国共产党扩大的六中全会致蒋介石电》（12月6日），12月7日至10日发表毛主席的《论新阶段——抗日民族战争与抗日民族统一战线发展的新阶段——一九三八年十月十二日至十四日在中共扩大的六中全会的报告》（附毛主席照片一张，毛主席手书标题），《中共中央关于开除张国焘党籍的决定》（4月22日和24日）。

1942年《新华日报》刊发的关于中国共产党的文献指示决议比较多，有3月8日《中共中央指示各党委纪念三八节办法》、4月26日《怎样办党报？中共中央宣传部改进党报的通知》、5月3日《中共中央发表五一劳动节的指

① 参见《群众》周刊第7卷第10期，1942年5月31日。

示》、5 月 30 日《中共中央对晋东南抗日根据地职工运动的指示》、6 月 28 日《为纪念抗战五周年,中共中央发布决定》、7 月 7 日《为抗战五周年纪念,中共中央宣言》、7 月 8 日《中国共产党中央委员会告抗日根据地,全体党员和××军、××军将士书》、9 月 18 日《中共中央宣传部关于纪念“九一八”十一周年的通知》、12 月 9 日《中国共产党发表对于国民党十中全会决议的意见》、1943 年 2 月 5 日《中共中央关于庆祝中英、中美间废除不平等条约的决定》。

关于党的思想、组织、作风建设的文章,有吴克坚的《论巩固革命的先锋队伍》(第 3 卷第 23 期,1939 年 12 月 10 日),洛甫的《了解具体情况》(第 5 卷第 7 期,1940 年 10 月 5 日),慕钢的《论工作计划》(第 5 卷第 7 期,1940 年 10 月 5 日),陈云的《到什么地方学习》(第 7 卷第 9 期,1942 年 5 月 15 日),吴克坚的《反对群众工作中的宗派主义倾向》(第 8 卷第 3 期,1943 年 2 月 1 日)。关于党的思想建设的文章有潘梓年的《学习什么? 怎样学习?》(第 4 卷第 14 期,1940 年 5 月 20 日),晓周的《学习理论与实践》(第 4 卷第 14 期,1940 年 5 月 20 日),孙蕴的《怎样应用理论与实际问题》(第 4 卷第 14 期,1940 年 5 月 20 日),潘梓年的《怎样加强团结?》(第 5 卷第 12 期,1940 年 1 月 25 日),于刚的《医治“急性病”》(第 7 卷第 9 期,1942 年 5 月 15 日),于刚的《痛快指摘与耐心培养》(第 7 卷第 11、12 期,1942 年 6 月 30 日),周文的《“会议主义”与“事务主义”》(第 7 卷第 16 期,1942 年 8 月 31 日)。关于组织建设方面的文章,有易吉光的《论革命政党的民主集中制》,(第 3 卷第 23 期,1939 年 12 月 10 日),易吉光的《怎样对待党的干部和工作人员》(第 4 卷第 5 期,1940 年 2 月 20 日)。

关于党的会议和党的文献也进行了大量的刊载,包括:《关于准备召集党第七次全国代表大会的决议》(第 1 卷第 4 期,1938 年 1 月 1 日),陈绍禹的《三月政治局会议的总结——目前抗战形势与如何继续抗战和争取抗战胜利》(第 1 卷第 19 期,1938 年 4 月 23 日),《中共中央关于党报问题给地方党指示》(转载解放三｜六期)(第1卷第22期,1938年5月14日),《中国共产党湖北省委员会为纪念“八·一三”告同胞书》(第2卷第8、9期,1938年8月13日),《中共湖南省委为保卫湖南宣言》(第2卷第10期,1938年9月10日),《中国共产党湖北省委会纪念“九·一八”七周年宣言》(第2卷第11期,1938年9月18日),《抗日民族自卫战争与抗日民族统一战线发展的新阶段(中国共产党扩大的六中全会根据毛泽东同志报告通过的决议)》(第2卷第12期,1938年12月25日),《中共扩大的六中全会——关于召集七次全国代表大会的决议》(第2卷第12期,1938年12月25日),《中国共产党扩大的六中全会——告全国同胞、全体将士和国共两党同志书》(第2卷第12期,1938年12月25日),《中国共产党扩大的六中全会——致蒋委员长电》(第2卷第12期,1938年12月25日),《中国共产党扩大的六中全会——致东北义勇军及全体同胞电》(第2卷第12期,1938年12月25日),《中国共产党扩大的六中全会——致八路军新四军电》(第2卷第12期,1938年12月25日),《中国共产党中央委员会为开展国民精神总动员运动告全党同志书》(1939年4月26日)(第3卷第1期,1939年5月21日),《中国共产党中央委员会为纪念抗战两周年对时局宣言》(1939年7月6日)(第3卷第8、9期,1939年7月16日),《中国共产党中央委员会为抗战五周年纪念宣言》(第7卷第13期,1942年7月15日),《中国共产党中央委员会告抗日根据地全体党员和八路军新四军将士书》(1942年7月7日),(第7卷第13期,1942年7月15日),《中共中央庆祝红军成立二十五周年贺电》(1943年2月20日)(第8卷第4期,1943年2月16日),《中国共产党中央委员会对目前时局宣言》(1945年8月25日)(第10卷第17期,1945年9月15日)。在《群众》周刊当中,还有刊发纪念中国共产党建党的重要文章,包括朱德的《纪念中共二十一周年》(第7卷第13期,1942年7月15日),董必武的《党在不断学习中进步》(中国共产党二十三周年纪念)(第9卷第13期,1944年7月15日)等。

七、介绍马克思主义学习和运用的方法

《群众》周刊中有关如何学习和运用马克思主义方面也刊发了不少文章，例如《到什么地方去学习》、《再论我们怎样学习》、《整顿学风党风文风》、《如何结合书本知识和实际工作》、《我们应该做什么，学什么》、《哲学和无产阶级的解放》等。

1. 怎样学习马克思主义

1941 年 12 月《中共中央关于延安干部学校的决定》指出："第一，必须使学生区别马列主义字句与马列主义的实质；第二，必须使学生领会这种实质（不是望文生义，而是心知其意）。"潘梓年在《学习什么？怎样学习？》指出，学习革命理论，要做到不仅研究革命理论的经典，同时要研究讨论革命理论的各种论文而鉴别其真伪，还要在形式上把叙述的方法和研究的方法分别开来。徐特立在《再论我们怎样学习》中指出："理论本身不是教条，只有阉割理论中的生命才成为教条，如果反教条而忽视理论，也必然会陷入教条的深坑中。"《群众》周刊 1942 年 10 月 15 日发表的沈于田的《如何结合书本知识和实际工作》一文认为要做到这几点：第一，不要只记得原书中的结论，而要了解这结论是怎样得到的；第二，不要只知道那里面是怎样的，而要知道那里面为什么这样说；第三，不要为书中所讲的许许多多东西所困惑住了，而要想一下这许许多多东西是如何贯穿在一起的。

2. 怎样运用马克思主义

《群众》周刊发表张闻天的《了解具体情况》一文，该文指出了了解具体情况的目的，他认为，了解具体情况就是认识现实、认识各方面的运动的规律；而根据对于具体情况的正确了解，来决定党的具体任务，就要根据对于现实各方面运动的规律的正确把握来改造现实。怎样了解具体情况？了解具体情况的途径就是"常常注意于各种具体材料的搜索。要做到这一点，必须要有不怕麻烦，不怕琐碎，实事求是的探讨精神。……我们还要依靠马列主义的理论去

分析与研究这些具体材料,从这些具体材料中去把握到现实的一定的规律,再根据这些规律来定出自己的具体任务”①。孙蕴在《怎样应用理论于实际问题》一文则指出,要在了解具体情况的基础上,“一切以具体的时间、地点、条件为转移,采用具体的方法,活学活用原则与法则”②。

① 《群众》周刊第5卷第7期,1940年10月5日。

② 《群众》周刊第4卷第14期,1940年5月20日。

第五章　《新华日报》《群众》周刊的马克思主义大众化话语风格

近代以来，中国报刊“大众话语”模式的成型经历了百余年，不同时期报刊和新闻的“大众话语”意义和侧重点也各不相同，在抗战时期形成并固化了党报宣传的大众话语模式。抗日战争时期，抗日救亡、政治斗争主导着意识形态和政治话语主流，中共报刊话语以其独特的进步性和合理性顺应了时代要求，成为马克思主义大众化的重要载体和主要渠道，最终在历史的竞争和人民的选择中胜出。

第一节　与土地革命时期党在国统区秘密出版的代表性刊物的话语风格比较

话语分析是对语言运用单位进行清晰、系统的描写，可分为文本和语境两个主要的视角。通过对1937年12月至1945年9月抗战时期《新华日报》和《群众》周刊的文献研究，以国统区马克思主义大众化的主要内容：马克思主义相关理论的大众化，其中包括毛泽东思想的大众化和抗日战争时期党的路线、方针和政策的大众化等为样本分析对象进行话语分析。解决的是研究马克思主义大众化话语风格是什么的问题。为什么要研究这些文本内容，就是为了推进马克思主义大众化，马克思主义大众化的目的是让马克思主义能够被广大的人民群众了解和接受，并让人民群众能够自觉运用马克思主义解决实际问题。对此，怎样进行研究，对《新华日报》《群众》周刊与不同时期、不同区域、不同类型的代表报刊进行话语风格比较,凸显抗战时期中国共产党在国统区推进马克思主义大众化的独特性。通过国统区民众日常生活描述话语、国内报道舆论话语、哲学社会科学等意识形态话语、国际舆论宣传话语等不同角度,分析中共争夺舆论话语权,推进马克思主义大众化的话语特点。

一、土地革命时期党在国统区刊物出版情况

中国共产党历来十分重视报刊、书籍在革命斗争中的宣传作用,通过报刊书籍宣传马克思列宁主义、宣讲党的政治主张、指明前进方向、号召广大青年投身革命,是我党进行思想政治工作的重要实践形式。第一次国共合作破裂后,中国共产党进入了独立领导人民进行革命的土地革命阶段。这一时期,党的报刊、书籍等出版面临着国民党反动派镇压、自身革命力量严重削弱、部分民众对我党政治主张持怀疑态度等不利因素,在残酷的斗争环境下,中国共产党坚持灵活的出版方针,在党中央机关报、群众性宣传刊物的出版发行方面取得了一系列成就。

在国统区群众性理论宣传刊物的出版发行中,有较大影响的是《向导》周报和《布尔塞维克》。《向导》周报是中国共产党创办的第一份机关报,主编为陈独秀,1922 年 9 月在上海出版发行,1927 年 7 月 18 日停刊,办报周期历时 5 年,共出版 201 期。1927 年 10 月,中国共产党在上海创办理论宣传刊物《布尔塞维克》,瞿秋白、张闻天等人先后担任主编。作为中国共产党在土地革命战争时期发行时间较长、发行量较大、传播范围较广的群众性宣传刊物,从 1927 年 10 月创刊到 1932 年 7 月停刊,先后历时 5 年,共出版 5 卷 52 期,设有"社论、国内政治、外交问题、国际状况、职工运动、农民运动、国民党、中国革命问题、党内问题、理论问题、经济与财政、寸铁、妇女问题、青年问题、地方通讯、读者之声等十六个栏目。"①

---

① 中国社会科学院新闻研究所:《中国共产党新闻工作文件汇编》(上),新华出版社 1980 年版,第 25—26 页。

《布尔塞维克》的创办有独特的历史背景。大革命失败后，国民党反动派企图统一国内思想，相继出台了《指导党办条例》、《审查刊物条例》等严格的新闻审查制度，严重阻碍了马克思主义在国统区的传播，中共只能在国统区秘密宣传马克思主义，在此背景下，《布尔塞维克》在恢复中国共产党国统区地下宣传阵地的过程中扮演了重要角色。与《向导》、《红旗》、《红色中华》、《新中华报》等中共中央机关报不同，《布尔塞维克》的定位是“中央理论机关报”①，除了配合中共中央机关报宣传党的路线、方针、政策外，还承担着驳斥国民党反动派种种错误思想、唤起民众对革命的信心尤其是对中国共产党土地革命路线的认同等重要任务，并阐明了中国革命领导权问题：“此后中国的革命，只有无产阶级政党能够担负起领导的责任”。②

二、与土地革命时期党在国统区出版刊物马克思主义大众化话语风格的差异

土地革命时期中国共产党创办报纸、出版刊物的过程，不仅是在当时的革命形势下宣传马克思主义的需要，也是对推进马克思主义大众化的探索与实践，还是对如何运用马克思主义指导新闻报道的探索。与《新华日报》《群众》周刊相比，《向导》周报、《布尔塞维克》等早期在国统区秘密发行的党报党刊在报道内容、报道风格和报道形式等方面都存在一定的风格差异。

1. 话语表达：从“半文不白”逐渐转向通俗化

中国近代报刊的新闻话语内容经历了从最初的文言文到文言文和白话文掺杂使用再到完全使用白话文的三个阶段。土地革命时期正处于中国近代报刊新闻话语模式的转变时期，报纸文言文和白话文混合使用的现象时有发生，致使文字生涩难懂，语义莫名其妙，读者望而生畏，难以理解其想要表达的真

---

① 中国社会科学院新闻研究所：《中国共产党新闻工作文件汇编》（上），新华出版社 1980 年版，第 78 页。

② 《布尔塞维克》第 1 卷第 1 期，1927 年 10 月 24 日。

工含义。如长征途中《红色中华》报道红军学校学生毕业典礼时的情景时写道:“还有三幕新剧《到前方去》寓意甚佳,助兴不少游艺完毕,时已七时许,全校学生教职员来宾均在操场内会餐,牵杯痛饮,极尽阶级友谊之乐餐毕各部编队回营。闻各群众团体及在校学生,准备翌日开欢送红军干部到前方去的大会云。”①

土地革命时期,人民群众文化程度普遍较低,报纸“文白混用”致使宣传内容难以深入人心,与宣传内容通俗化的要求更是相距甚远。毛泽东在《反对党八股》中指出:“共产党员如果真想做宣传,就要看对象,就要想一想自己的文章、演说、谈话、写字是给什么人看、给什么人听的……做宣传工作的人,对于自己的宣传对象没有调查,没有研究,没有分析,乱讲一顿,是万万不行的。”②在《新华日报》《群众》周刊的报道中,“文白混用”的现象已经得到了较大改善,党报党刊的叙事风格已经从原来的“半文不白”逐渐转向“白话化”。如《新华日报》的“科学与生活”栏目定位为“通俗的趣味的科学读物 中学生自学青年之良友”。又如《群众》周刊1945年的报道《解放区如何发动民众坚持抗战》中指出:“……抗日游击战争,是整个抗日战争的一部分,它正是中国民族及其人民在遭受日本法西斯压迫侵略于忍无可忍的时候发动起来的……”。③

通过对比可以看出,和土地革命时期中共出版的报刊相比,《新华日报》《群众》周刊的话语表达更加通俗易懂,符合群众的文化程度和理解能力,更加贴近群众、贴近生活、贴近实际,让群众读得懂、看得明白,使理论宣传深入人心,极大地提高了马克思主义大众化的时效性。

2. 话语内容:从“左”倾冒进逐渐转向实事求是

土地革命时期,中国共产党出现了以瞿秋白、李立三、王明等人为代表的

---

① 《红军学校第三期学生毕业典礼》,《红色中华》1932年10月16日。

② 《毛泽东选集》第三卷,人民出版社1991年版,第836—837页。

③ 《群众》周刊第10卷第1期,1945年1月15日。

三次“左”倾错误。三次错误尽管表现形式、错误内容和危害程度各不相同，但就其性质而言，都是思想上照搬照抄苏俄革命经验、实践上主观能动性的发挥违背了当时具体革命形势。“左”倾错误思想对土地革命时期中国共产党的理论宣传也产生了深刻影响，致使报刊报道风格较为激进、报道事实脱离实际，为营造舆论宣传态势而不注重新闻真实性。主要表现为以下两方面：

其一，话语激进、缺乏理性。如《红旗日报》对国民党新闻检查制度的报道《狗化的新闻检查条例》中写道：“现在因为工农斗争的高涨和红军的胜利，使南京这个总狗窝弄得群狗不安、疯跳不已。这些被革命的狂风扫到坟墓之前的疯狗，现在想尽一切办法来维持狗统治，做最后狗的挣扎”。① 这则新闻评论是针对土地革命时期国民党采取严格的新闻审查制度来限制共产党宣传马克思主义而写的。但在实际报道中，将新闻审查制度说成是“狗化”，用“狗”来形容国民党，除了表达对国民党反动派的憎恶外，没有多少实际内容，既缺乏可读性，一定程度上也将当时的“左”倾错误思想潜移默化地传递给读者。

其二，不尊重事实、话语夸张。如《红色中华》对红军某次战役的报道《我军空前光荣伟大的胜利》中写道：“前方来电，我红军之一部二月二十八日在东安宜黄之间，东坡黄坡地方，将敌五十二师全部消灭，五十九师大部分消灭，缴获自动步枪万余支，迫击炮四五十门，短枪五六百支，子弹数百发万发，轻重机关枪自动步枪三四百支。”②又如《红色中华》对1933年红军在福建长汀地区扩大队伍的报道：“长汀扩大红军的突击队在二月十八日到二十八日的十天中，在全长汀扩大红军一千零三个……这一扩大红军的伟大胜利，完全证明党的进攻路线的正确，这是党的正确路线领导下得到的，这给予了退却逃跑的罗明的机会主义路线以铁拳一般的打击，证明罗明路线的破产。”③从上述两则新闻可以看出，受“左”倾错误影响，党内部分领导人和报纸编辑好大喜功，

---

① 《红旗日报》1938年8月20日。

② 《红色中华》1933年3月6日。

③ 《红色中华》1933年3月12日。

不负责任地夸大事实，先入为主，给某一事件定性，“戴帽子”、吹捧、附和等行为影响了新闻真实性。

1935年遵义会议的召开标志着中国共产党第一次将马克思主义基本原理和中国革命的具体实际相结合，开始独立自主地解决问题。遵义会议后，中国共产党逐渐肃清了党内“左”倾错误的影响，宣传工作从之前的浮夸、激进、违背事实逐渐走向实事求是。以全面抗战爆发时《新华日报》的宣传为例，1938年7月《新华日报》对沿江战况、豫东战况、华北战场、苏浙战况的报道克服了之前的浮夸之风，对敌我双方兵力、武器配置、伤亡情况、战争结果的描述较为客观。

3. 话语形式：从隐蔽逐渐走向公开

1927年“四一二”反革命政变后，国民党反动派打着“清党”“分共”的旗号大肆屠杀共产党人和革命群众，中国共产党早期代表人物之一的李大钊也惨遭迫害，革命事业遭受重大损失，国民党逐渐建立了一党专政的独裁统治。1928年2月，国民党四届二中全会通过了《制止共产党阴谋案》该文件规定：“共党之理论、方法、机关、运动者，均应积极铲除，或预为防范。”1929年3月，国民党第三次全国代表大会通过了《暂行反革命罪条例》，宣称：“凡传与三民主义不相容之主义及不利于国民革命之主张者，处二等至四等有期徒刑……凡以反革命为目的的组织团体或集会者，其执行重要事务者，处二等至四等有期徒刑并解散其团体或集会。”此外，国民党还出台了《防制共党案》，该法案规定：“区分发现共党，事前无报告者，解散区分部并查办其执委及介绍人；县党部所辖有两个党部以上发现共党，将县党部解散。”1929年4月，国民党发布《查毁共党假刊物》文件，并相继出台《中央查禁反动刊物名册》《共产党反动刊物化名表》等文件，进一步查禁革命报刊。在白色恐怖笼罩全国的残酷斗争环境下，中国共产党的工作被迫转入地下秘密进行，《布尔塞维克》的出版与发行也日益艰难。《布尔塞维克》为在国民党严厉的书籍报刊审查制度下继续出版发行，采取了秘密发行的方式，报道形式也随之呈现出以下特点：

其一，不定期更换封面，躲避国民党报刊审查。1929年1月，国民党制定了《宣传品审查条例》,该文件规定“宣传共产主义及其阶级斗争者……反对或违背本党主义政纲政策及其决议者”的刊物均为反动宣传品。同年 8 月,为防止共产党从邮政寄送宣传刊物,国民党出台《全国重要都市邮件检查办法》,进一步加大报刊的流通管理。《布尔塞维克》为在国民党严格的报刊审查制度下继续出版发行,从 1929 年 2 月出版的第二卷第三期开始就不再公开使用《布尔塞维克》封面,而是采取伪装封面的做法,如该期封面为“少女怀春”,第二卷第四期至第六期则伪装成国民党中央执行委员会宣传部刊物《中央半月刊》,第二卷第七期到第三卷第五期则采用了当时大量使用的小学高年级课本《新时代国语教授书》的封面,此外,《布尔塞维克》还使用过“中国文化史”“中国古史考”“金贵银贱之研究”等封面。

其二,利用杂文进行批判。第一次国内革命战争时期,中国共产党发行的第一份机关报《向导》周报就设立了“寸铁”栏目,《布尔塞维克》也继承了这一传统。“寸”指的是短、小、精,“铁”意为坚韧、持久,“寸铁”之意在于虽短却坚韧、虽小但持久,“寸铁”栏目用精练的文字传播有穿透力的思想,采用比喻、设问、反语等写作手法解读革命大事件,对敌人进行讽刺,宣传中共的革命主张与政策。据考证,自 1927 年 10 月 24 日《布尔塞维克》第一期创刊到 1928 年 2 月 27 日第十九期出版,“寸铁”栏目共刊登杂文 153 篇,作者署名均为“撒翁”,即陈独秀。“寸铁”批判的矛头直指国民党反动派,意在揭露其对外投靠日本帝国主义、对内镇压革命运动,经济上腐败、政治上独裁的本质,如《布尔塞维克》第十一期《共贼汪精卫》中写道:“汪精卫大喊:‘杀尽共产党’,又大喊:‘一个共产党徒如一条毒蛇一只猛兽一样,决不能听他留种于人世的。……国民党人中一致说顾陈二人是共产党,南京大会讨共大会的请愿书也明言‘共贼汪精卫’,因此,汪精卫等都应该杀尽,决不能听他留种于人世,这乃是很正确的逻辑。”文章以南京讨共大会请愿书的原话为标题,用汪精卫反对共产党的原话来批判汪精卫,既表现出共产党人内心的愤慨,同时又极具讽刺性和艺术性。“寸铁”栏目杂文的共同特点是短小却有力,一方面,表达出共产党人对国民党反动派的愤慨，另一方面则展示了共产党人在白色恐怖的社会环境下仍然坚持斗争的决心和勇气。

1936 年 12 月西安事变和平解决后，国共两党由对抗逐渐走向第二次合作。1937 年 9 月 22 日，国民党中央通讯社发表《中共中央为公布国共合作宣言》，9 月 23 日，蒋介石发表谈话承认中国共产党的合法地位，标志着第二次国共合作正式形成。1937 年 10 月，国民党承认共产党在国统区有发行党报党刊的合法权利。1937 年 12 月 11 日，《群众》周刊在湖北武汉创刊，次年 1 月，《新华日报》也与读者正式见面。《群众》周刊是中国共产党在国统区公开发行的第一份理论性宣传刊物，《新华日报》则是中国共产党在国统区公开发行的第一份党中央机关报，二者分工略有差异，《新华日报》时效性更强，《群众》周刊侧重理论宣传，共同担负起宣传我党抗日主张、路线、方针、政策和推动马克思主义大众化的任务和使命。

三、话语风格差异的原因分析

上述报刊的话语风格有两方面较为明显的特征，一方面，和《万国公报》《强学报》《新民丛报》《新青年》等“五四运动”前后的报刊相比，土地革命时期中共党刊党报的话语风格带有明显的进步性，革命主张明确，政治立场坚定；另一方面和《新华日报》《群众》周刊等抗战时期的党报党刊相比，土地革命时期发行的刊物表现出一定局限性，“白话”不彻底，言辞较为激进。究其原因，主要是马克思主义还没有完全和中国具体国情相结合，马克思主义对中国传统文化去粗取精的改造并不充分，马克思主义大众化程度较低。

1. 文化形态：马克思主义广泛传播对报刊发展的影响

中国近代第一份报刊是 1815 年创刊的《察世俗每月统计传》，到 1937 年《新华日报》《群众》周刊创刊的 122 年间，报刊话语风格发生了较大转变。土地革命时期，党报党刊对马克思主义的传播促进了民众思想解放，而为了更好地解放民众思想，中共报刊话语风格正处于“承上启下”的转变阶段。

通过党报党刊传播马克思主义，要使报刊语言表达符合民众的文化水平，做到通俗、易懂，真正实现马克思主义的“大众化”。因此，报刊宣传始终坚持群众路线，坚持“一切宣传工作，仍应尽可能地群众化，与群众日常生活联系起来，使群众自觉地认识接受党的政治主张，决心为这种政治主张奋斗”。①在中共党报党刊的发展过程中，话语表达从一开始的“文白混用”“半文半白”“半文不白”到抗战时期《新华日报》《群众》周刊完全实现白话化、大众化、通俗化，这也是抗战时期国统区报刊和土地革命时期中共在国统区秘密出版的刊物话语风格进步的重要表现。

2. 理论体系：照搬照抄到独立自主

1921 年中共建党时，指导思想和理论体系尚未成熟，先有中共二大将党的最高纲领确立为实现社会主义和共产主义，最低纲领是打倒军阀、推翻帝国主义的压迫、统一中国为真正的民主共和国；后是大革命失败后瞿秋白、李立三等人生搬硬套苏联模式推行“进攻路线”，苏共党内斯大林与布哈林等人的斗争屡屡对中共方针和路线产生较大影响。中共早期理论体系的不成熟对报刊话语产生了负面作用，这一时期的报刊话语表达言辞激烈，感性谩骂胜过理性报道，过分追求功绩而报喜不报忧的情况时有发生。

遵义会议后，中共将马克思主义与中国具体实际相结合，及时纠正“左”倾错误，开始独立自主地探索符合中国国情的革命道路。1935 年 12 月，中共在陕北召开的瓦窑堡会议通过了《中共中央关于目前政治形势与党的任务的决议》，解决了遵义会议没有来得及解决的党的政治策略问题，制定了抗日民族统一战线的策略路线，有力地推动了全国抗日的发展。在国统区的马克思主义传播过程中，《新华日报》《群众》始终坚持巩固和扩大抗日民族统一战线，团结一切可以团结的力量，这与抗战时期中共理论体系的成熟和政策路线制定符合中国实际是分不开的。

---

① 《中国共产党新闻工作文件汇编》，新华出版社 1980 年版，第 48 页。

3. 社会环境：国内主要矛盾转变

社会主要矛盾的转变是土地革命到抗日战争期间中共报刊话语风格发生变化的重要原因。我国近代社会有多对矛盾，内部矛盾方面，有国民党新军阀与北洋军阀的矛盾、国民党内部的矛盾、中国共产党内部的矛盾，阶级矛盾则是以蒋介石为代表的国民党与共产党的矛盾，民族矛盾方面则表现为中华民族和日本帝国主义的矛盾。

土地革命时期，阶级矛盾是我国社会的主要矛盾，以蒋介石为首的国民党对共产党展开清剿。抗日战争时期，民族矛盾是我国社会的主要矛盾，中华民族必须将日本侵略者赶出中国，才能实现民族独立。我国社会的主要矛盾表现在中共报刊的创办上，体现为土地革命时期国民党不承认中共的地位，不赋予中共合法发行报刊的权利，因此中共的马克思主义传播活动只能秘密进行。而到抗日战争时期，中共获得了合法地位，《新华日报》《群众》周刊得以在国统区公开发行。

第二节 与延安时期《解放》周刊、《解放日报》话语风格比较

延安时期，中国共产党先后创办和发行了《解放》周刊、《解放日报》等理论宣传刊物。和《新华日报》《群众》周刊的寻求共识、宣传时兼顾各方和表达方式委婉含蓄相比，延安时期创办和在陕甘宁革命根据地发行的刊物马克思主义大众化话语特征鲜明，话语表达直截了当，以宣传教育的形式为主。两类刊物话语风格差异的原因在于发行地区不同，舆论宣传目的的差异以及受众群体的差别。

一、延安时期《解放》周刊、《解放日报》的历史沿革

延安时期，共产党在解放区创办的刊物以《解放》周刊和《解放日报》为代

表,二者功能基本一致,就创办时间而言,《解放》周刊早于《解放日报》。

1.《解放》周刊的创办、发行和停刊

中国共产党历来都十分重视党报党刊的创办、出版和发行工作,并由专门机构中央党报委员会具体负责。1937 年 1 月,中共中央从保安(今陕西省志丹县)迁到延安后,新的中央党报委员会随之成立,委员会成员由张闻天、周恩来、王明、秦邦宪(博古)、凯丰等人组成,具体负责编辑出版《解放》周刊、继续发行《新中华报》、管理新华社和印刷厂等事务。抗战初期,中国共产党急需对外宣传自己的政治主张和广泛发动群众参与抗战,但当时党的地下宣传机构大多数已经被国民党反动派查封、破坏,能正常工作的少之又少,而仅有的《红色中华》等理论宣传刊物,由于编辑群体整体水平、发行范围、对抗战局势把握等因素的限制,不能适应宣传要求。1937 年 3 月中央政治局扩大会议提出“办报纸”的要求,1937 年 4 月 24 日,《解放》周刊在延安创刊,定位为“中共中央机关理论刊物”。

创刊初期,《解放》周刊设有时评、论著、翻译、通讯、来件转载、文艺等栏目,后期又逐步增加了木刻、理论增刊、专载、评论选辑、特载、来信、专刊、特刊、特辑、党内教育、社论、研究、学习指导、随感录、捷报等栏目,栏目不是固定的,而是根据稿件和需要灵活设置。《解放》周刊创刊发行后,得到张闻天、毛泽东等中共中央领导人的高度重视,每一期出版前,中央党报委员会都要召开会议,专门讨论《解放》周刊的选题、组稿、文字、排版等,毛泽东《论持久战》、《新民主主义论》等多篇著作均在《解放》周刊上发表。

1941 年 1 月皖南事变后,国民党加紧了对陕甘宁边区的经济封锁,《解放》周刊的发行缺少足够的经费,加之在国统区出版的《新华日报》《群众》周刊等刊物受到国民党当局的严密监视,宣传内容受到极大限制,出版较为困难,难以完成宣传任务。此外,为统一全党认识,“用一个声音说话”,1941 年 4 月,中共中央政治局会议决定,将《新中华报》和《今日新闻》合并,创办《解放日报》,为集中有限的人力、物力和财力办好《解放日报》,更好地担负起宣传任务,1941 年 8 月 31 日,《解放》周刊停刊。

2.《解放日报》的发行与改版

《解放日报》是中国共产党在陕甘宁革命根据地创办的第一张大型机关报。1941 年皖南事变后,《新华日报》受到国民党当局的限制未能报道事件真相,而各根据地报刊由于消息来源不准确以及和中央联系不够紧密等原因,对皖南事变的报道大相径庭,出现了若干起和中央口径不一致的报道。为统一全党舆论,更好地在解放区宣传中国共产党的政治主张,弥补《新华日报》因国民党多种限制留下的宣传空白,1941 年 5 月 16 日,《解放日报》在延安正式创刊,在《解放日报》第一次编辑部会议上,时任社长博古提出,要将《解放日报》"办成战斗的党的机关报"。在 5 月 16 日的《解放日报》第一版上,毛泽东为《解放日报》题名并写了《发刊词》:"本报之使命为何?团结全国人民战胜日本帝国主义一语足以尽之。这是中国共产党的总路线,也就是本报的使命。在目前的国际国内形势下,这一使命是更加严重了。……现在是中国存亡绝续的关键,全国一切抗日党派抗日人民必须团结起来,对付日本帝国主义这个主要的敌人。……中国共产党的使命就是本报的使命……今当本报发刊之始,愿掬至诚,以告国人。"①《发刊词》中明确表示中国共产党的使命和《解放日报》的使命都是"团结全国人民战胜日本帝国主义",也间接阐明了《解放日报》的办报方向和特点,即宣传宣讲中国共产党政治主张、方针、政策和路线,成为马克思主义大众化的有力武器。

作为陕甘宁革命根据地创办的第一份大型报纸,《解放日报》创办初期苏德战争、中国人民抗日战争、陕甘宁边区建设都做了大量报道,勇敢揭露国民党反动派的"消极抗战、积极反共"的阴谋,但仍体现出较大的局限性。一是版面安排不妥当,在安排版面时采取固定的一国际、二国内、三边区、四本地的模式,新闻采用固定的报道顺序,从第一版到第四版分别是国际新闻、国内新

① 《解放日报》1941 年 5 月 16 日。

闻、陕甘宁边区新闻和延安本地新闻，导致民众大多关注国际新闻，而对国内新闻尤其是与自身关系密切的事件关注度较低。二是宣传工作欠考虑，如未刊登《改造我们的学习》等与整风运动关系密切的报告，对解放区的重大政策报道不及时。三是文风沾染党八股，如坚持"社论每天一篇"，为了凑数注重空谈、质量不高，部分文字仍然出现文白混用的现象，不够通俗，影响读者理解。四是新闻失实缺调查，典型的如《鄜县城内家家户户纺纱声》的报道严重失实。

针对《解放日报》存在的不足之处，党中央决定对《解放日报》进行改版，由毛泽东直接领导，并将其作为延安整风运动的重要组成部分。1942 年 4 月 1 日，《解放日报》初步完成改版，将版面编排顺序调整为边区—解放区—国内—国际，减少了社论发表频率，更加注重新闻真实性，力戒空洞无物的文风、减少泛泛而谈的语言，增强了解放日报的可读性、时效性和人民性。

二、与延安时期《解放》周刊、《解放日报》话语风格差异

在全面抗战的大环境下，无论是《新华日报》《群众》周刊，还是《解放》周刊、《解放日报》，都承担着宣传中共政治主张、进行舆论宣传和政治动员等推进马克思主义大众化的职能，《新华日报》和《解放日报》都是中国共产党中央委员会机关刊物，《群众》周刊和《解放》周刊同为中国共产党理论宣传刊物。总的来说，中共党报党刊在政治目的上具有高度一致性，但在宣传马克思主义的具体方式方法尤其是话语表达上，在话语形式、话语内容和话语表达等微观层面存在一定差别。

1. 话语形式：宣传教育与寻求共识

社论、时事评论等栏目是《解放》周刊和《解放日报》表达政治观点、进行政治动员、塑造政党形象等推进马克思主义大众化的主要方式。无论是全面抗战开始时创办的《解放》周刊，还是皖南事变后作为陕甘宁革命根据地"喉舌"的《解放日报》，在话语形式上，最大的特点是偏向舆论宣传和说服教育。

《解放》周刊和《解放日报》报道内容较广，覆盖经济、政治、文化等各个方面，在政治上，通过舆论宣传进行抗战动员与宣传党的抗战主张、方针是这一时期马克思主义大众化的主要方式。在进行抗战动员时，《解放》周刊和《解放日报》多用口号式、标语式、号召式的语言，如“跟着共产党走”“坚持抗战”“抗战必胜”“打倒日本”“抗战的保卫祖国的人民战争万岁！独立、自由、民主与统一的新中国万岁！”，利用带有强烈情感色彩的短句来进行抗战动员，能使话语形式更有说服力和感染力，带着读者抗战胜利的信心，使读者在不知不觉中对马克思主义产生认同，对中国共产党的领导产生认可，自然而然地拥护中国共产党的领导。此外，《解放》周刊与《解放日报》话语多采用说服教育的形式，以“七七事变”为例，1937 年 7 月 8 日，《解放》周刊第十期刊登了《中国共产党为日军进攻卢沟桥通电》，指出：“只有全民族实行抗战，才是我们的出路”。① 1944 年 7 月 7 日全面抗战七周年纪念日，《解放日报》发表社论《在民主与团结的基础上，争取最后的胜利！》，社论第一句“保卫祖国的神圣抗战已经七年了”开宗明义，之后论述了“欧洲反法西斯战争已经进入了最后决战阶段”“反法西斯联合国——首先是美苏英——团结和合作地更加巩固与亲密”“太平洋上美国对日反攻的开始”等国际上有利于抗战的大环境，接着指出“关于中国的内部形势，由于七年来战局的推移，整个中国战场被划分为正面与敌后两大战场。这种划分，从抗战之初就开始了，到现在，这两大战场的差别是愈加明显了。现在是敌后战场在进攻，正面战场在退却”态度直截了当，最后表明了中国共产党的抗战主张“我们共产党人坚持民主、坚持团结、坚持抗战、坚持实行三民主义与保证四项诺言，七年如一日，始终不变”，并对国民党当局提出“我们希望国民党当局，珍重七年合作抗战之成果，在民主与团结的基础上，改变旧有政策，克服危机，完成同盟国共同期望的神圣事业②（即共同期望的神圣的抗战事业，原文为：共回期望的神对事业）”的要求，通篇充满

① 《解放》周刊，1941 年 7 月 8 日。

② 参见《解放日报》1944 年 7 月 7 日。

了对局势的分析、解读，对解放区抗战的号召，对国民党正面战场的批评与对国共继续合作的期望。

与《解放》周刊和《解放日报》在解放区对广大民众进行宣传教育不同，《新华日报》《群众》周刊所处的武汉、重庆等地人员密集，既有农民、工人，还有高校教师、学生等中高级知识分子，还有民族资产阶级和小资产阶级等工商业人士，加之国民党对《新华日报》《群众》周刊的严格监管，公开进行舆论宣传和政治教育一方面会引起部分人士的反感，另一方面又面临国民党当局的压力。因此，《新华日报》《群众》周刊在国统区的宣传采取了迂回的形式。1942 年 2 月 20 日，《新华日报》开辟“友声”专栏，主要刊登民主党派人士和无党派人士中进步阶层的文章。周恩来为专栏写了前言：“本报特辟‘友声’一栏，欢迎各方面朋友，对于各种问题，提出真知灼见，赐予本报发表，以便公开讨论，这就是本报的嘤嘤之鸣，想为读者诸君所乐于赞助的罢。”①“友声”意为“友好的声音”，出自《诗经》“嘤其鸣矣，求其友声”，表明了中国共产党开放、包容，团结国有进步人士共同抗战，愿意和所有爱国人士共商国是的态度。“友声”专栏开辟以来，著名纺织科学家蒋乃镛、爱国人士沈钧儒等均在专栏发表过文章。“友声”专栏用包容各方、兼容并蓄的态度寻求各方共识，在国统区尤其是重庆地区营造出中国共产党的“在场”感。

2. 话语内容：兼顾国共与中共为主

《新华日报》《群众》周刊和《解放》周刊、《解放日报》都将抗战动员作为自己的重要使命，但在具体话语内容的选择上，二者呈现出较大差异，主要体现在以下两个方面。

首先是对待国民党的不同态度。《新华日报》《群众》周刊在抗战的大环境下团结各方，共同抗日。如 1938 年 7 月 7 日“七七事变”一周年时，《新华日报》刊登了蒋介石的《抗战周年纪念日告世界友邦书》，1942 年 7 月 7 日刊

---

① 《新华日报》1942 年 2 月 20 日。

登的《“七七”抗战五周年蒋委员长勖勉军民》，并配有副标题“五年血战已为人类树不屈权威 应发扬尽其在我精神奋斗自强”。① 又如1943年7月7日社论《健步踏入抗战的第七个年头》，文中写道：“今天中国局势的关键，在于国内国际一切抗日力量的民主合作。中国共产党将在这方面继续努力，希望国民党也在这方面尽最大的努力，使能协力克服困难，完成消灭法西斯主义的伟大事业。”②和《新华日报》争取团结、表达委婉的语气相比，《解放》周刊和《解放日报》对国民党采取的是批评的态度，主要集中于批评国民党政府抗战立场不坚定、国民党右派对日妥协、国民党正面战场失利等，如1944年豫湘桂战役失败后，7月8日《解放日报》发表社论《豫湘桂战役为什么失败》，文中毫不客气地指出国民党军队一溃千里，批评国民党军队腐败，军队战斗力下降，战斗意志不坚定，并且指出：“当前战争的失败，应负责任的不是任何别人，而正是我们友党友军的统治人士而已。”③此外，《解放日报》还在多期刊物的头版发表若干文章，指责国民党的反共行为，对《中央日报》《扫荡报》等报刊关于反共的言论进行针锋相对的有力回击。

其次是抗日战争报道的不同选材。《新华日报》《群众》周刊对抗日战争报道内容的选择较为全面，对国内参与抗战的国民党、民主党派、无党派人士、共产党等均有涉及。值得一提的是，针对当时国民党极少报道解放区抗日斗争的情况，《新华日报》《群众》周刊的报道中使用“陕甘宁人民英勇斗争”“冀鲁豫人民的地道战”等标题，一定程度上淡化党派和军队的概念，而采用地区简称来代表，较好地在国统区宣传了中共的抗战事业，对推进马克思主义大众化也有积极效果。与《新华日报》对抗战的全面报道不同，《解放日报》对抗战的报道呈现出“一边倒”的态势，集中表现为共产党的胜利和国民党的失利，共产党坚持抗战与国民党消极抗战，共产党团结各方势力与国民党对日妥协，

① 《新华日报》1942年7月7日。
② 《新华日报》1943年7月7日。
③ 《解放日报》1944年7月8日。

敌后战场胜利和正面战场溃败。如《解放日报》的报道多选取八路军、新四军英勇抗战，陕甘宁、晋察冀、冀鲁豫等抗日根据地军民团结根据地建设取得的成效等。但对正面战场的报道中，因处于第二次国共合作时期，《解放日报》也对国民党正面战场有过积极评价，但随着1940年皖南事变、1943年“国民党第三次反共高潮”等事件的发生，《解放日报》很少报道国民党正面战场取得的成绩，取而代之的是对国民党反共的报道，如国民党消极抗日、国民党军队进攻革命根据地、共产党员受到迫害等。

3. 话语表达：委婉含蓄与直截了当

《新华日报》《群众》周刊和《解放》周刊、《解放》日报的党报党刊定位决定了其必须代表党的立场，表达党的观点，宣传党的路线、方针和政策，传播党的声音，起到“喉舌”的作用。换句话说，党报党刊不仅要能说话，还要敢于说话，最重要的是要善于说话，针对不同的说话对象采取不同的说话方式，说的话不仅要让人听得懂，还得要起作用。由于党报党刊与生俱来的意识形态和政治立场属性，加之抗战动员和推进马克思主义大众化的政治目的，《新华日报》《群众》周刊和《解放》周刊、《解放日报》针对不同地域、不同人群采取了不同的话语表达风格。

《新华日报》《群众》周刊创刊于武汉，后迁至重庆，在进行抗战动员和推进马克思主义大众化的过程中话语表达较为委婉和含蓄，而是借助新闻报道、读者来稿或文学作品表明自己的立场。如1939年7月7日，“七七事变”两周年之际，《新华日报》发表社论《伟大的抗战节日》，“今天是我中华民族抗战卫国第二周年纪念日，是反对日本法西斯军事斗争两周年纪念日。今天，在全国和全世界的范围内，都注视着这个伟大的战斗节日……”，并开辟了“抗战二周年纪念专栏”，发表文章《蒋委员长发表告全国军民书》，配以副标题“主和投降就不是中国人 加强团结粉碎寇奸阴谋”。无论是社论还是专栏文章，都没有明确表达共产党自己的观点，而是用“中华民族抗战”“伟大的”“投降不是中国人”等话语，既表达出团结抗战、反对投降的决心和立场，又将民族立场和政党立场合二为一。此外,《新华日报》还设有《妇女之路》、《文艺之页》等副刊,发表大量的文艺作品,正确引导了当时抗战文化的走向,同时,部分作品如号召青年积极斗争的《永葆这个光荣》,抗战后期论述一党独裁危害的《甲申三百年祭》等,通过文章背后的隐喻委婉地表达中共的政治主张。

《解放》周刊和《解放日报》主要服务于解放区,话语表达上最大的特点是一针见血、直截了当,体现在文风上最大的特点是直接给出观点或结论,不需要读者仔细理解和深入思考,使读者一眼就能看出主要内容和主要观点。此外,《解放》周刊、《解放日报》还大量使用疑问句、感叹句,起到渲染文字气氛和加深读者印象的作用。

三、与延安时期《解放》周刊、《解放日报》话语风格差异的原因

《新华日报》《群众》周刊与《解放》周刊、《解放日报》之间既存在普遍性,又存在特殊性。普遍性在于同样作为党刊党报,二者都发挥着传播中共声音、唤起民众的“喉舌”功能,特殊性在于二者在所处社会话语环境、报纸发行目的和读者等方面有差异,也正是这些差异,导致了二者马克思主义大众化话语风格的不同。

1. 话语环境:国统区和解放区

发行地区、覆盖范围、读者群体是《新华日报》《群众》周刊和《解放》周刊、《解放日报》最大的差别,主要表现在政治环境、经济社会环境和文化环境三个方面。

就政治环境而言,国统区存在三种不同类型的政治力量,国民党为主导的统治力量、民族资产阶级等中间派和共产党作为参政党力量存在。抗日战争期间国共虽然有了第二次合作,但不管武汉还是重庆都是国民党统治的核心地区,《新华日报》《群众》周刊作为共产党的宣传刊物,作为共产党的“喉舌”而存在,发出的是共产党的声音,要面对国民党严格的书报审查制度、新闻检查制度、编辑部若干次被搜查等恶劣的办报环境,只能采取迂回的宣传方式。

《解放》周刊、《解放日报》创刊的延安,从1935年红军长征到达陕北到1948年都是中共中央的所在地,是中国共产党政权的核心地带。在延安,中共是唯一存在的政权,《解放》周刊和《解放日报》先后作为中共的机关刊物,不仅可以获得来自中央人财物方面的直接支持,而且具有稳定且相对宽松的政治环境,报纸可以直接表达党的政治主张,公开宣传马克思主义。

就文化环境而言,随着国民政府从南京迁往重庆,大量高校和文艺社团等也相继迁往西南地区,重庆聚集了大量知识分子、文化艺术界人士,加之国民党军队成员文化水平相对较高,短时间内积聚了浓厚的文化氛围。这对《新华日报》《群众》周刊的经营环境提出了较高的要求,不仅要面对知识素养较高的读者群体,还要考虑到读者群体的不同政治主张和倾向,因此在话语选择和表达上不能一味地表达中共政治主张和意识形态,而是要寻求共识,求同存异。延安地区的文化环境则呈现出“两面性”,一方面,民众媒介素养较低、文盲率较高,信息较为闭塞,部分民众根本不知道“报纸”为何物,对马克思主义更是完全一无所知;另一方面,延安地区封闭的文化环境为《解放》周刊和《解放日报》推进马克思主义大众化提供了良好契机,在陕甘宁边区政府开展的扫盲运动中,《解放》周刊和《解放日报》一开始被当作识字读物,在这一过程中,民众知识水平提高后逐渐对马克思主义有所了解,对共产党有了新的认识和认同,延安地区的党刊党报则充分利用这一契机宣传中共的政治主张和抗战方针。

就经济社会环境而言,抗战期间重庆出版过的报纸有150余种,通讯社有40余家,20余家报纸在全国范围内有较大影响力。[①]《新华日报》《群众》周刊在如此激烈的办报环境中,要想更好地发挥中共“喉舌”作用,首先要解决报纸的销量问题,直接宣传马克思主义和中国共产党的政治主张不仅会遭到国民党当局的打压,还会引起其他政治力量的排斥和部分民众的反感,从而影响

① 参见周勇:《重庆通史》(第二册),重庆出版社2014年版,第487页。

报纸销量，因此，《新华日报》《群众》周刊只能先寻求认同，再宣传主张。《解放》周刊从1937年4月到1941年8月一直作为中共中央理论宣传刊物存在，《解放日报》是延安时期中共规模最大也是最权威的报纸，拥有单一的经营环境，统一的媒体环境和和谐的舆论环境，可以公开表达中共的政治主张和诉求。

2. 话语目的：存在与发展

《新华日报》《群众》周刊和《解放》周刊、《解放日报》的根本目的是一致的，即推进马克思主义大众化，构建中共政党形象，但在具体目的和方式上，二者又存在差别，概言之，《新华日报》《群众》周刊的首要目的是在国统区多元舆论环境中保持中共声音的存在，在国共合作的大环境下对冲负面舆论，避免中共声音被边缘化，而《解放》周刊、《解放日报》是解放区大型的党刊党报，其目的是推进马克思主义大众化，加深民众对马克思主义的认知，进而发展马克思主义，树立中共抗战的正面形象。二者的具体目的有代表性的体现是《新华日报》和《解放日报》的发刊词。

《新华日报》于1938年1月11日在武汉创刊，发刊词写道：

"在民族自卫战争的浪潮中，本报得与读者诸君及全国同胞相见，本报同人实觉无限之感奋及欣幸，甚愿于此相见之初，一倾本报创立之初衷及今后努力之鹄的。

日寇猖狂，国家破碎，我前方数十万将士正以热血头颅为民族之独立生存而流血牺牲，我后方千百万民众亦正以英勇坚毅之精神为前线之胜利而努力奋斗。全中国沸腾着。'贯彻抗战到底，争取最后胜利'，在今天成为响彻于全中国的雄伟壮烈的呼声。我们坚信在伟大的民族觉醒的基础上，在我们的力量更广泛的动员，更严密的组织，更亲切的团结的基础上，中华民族的儿女们是有充分的力量足以战胜日寇，维护我们珍贵的民族生命的。本报愿在争取民族生存独立的伟大的斗争中作一个鼓励前进的号角。为完成这个神圣的使命，本报愿为前方将士在浴血的苦斗中，一切可歌可泣的伟大的史迹之忠实的报道者记载者；本报愿为一切受残暴的寇贼蹂躏的同胞之痛苦的呼吁者描述者，本报愿为后方民众支持抗战参加抗战之鼓动者倡导者。在‘抗日高于一切，一切服从抗日’之原则下，本报将尽其绵薄提倡与赞助一切有利于抗战之办法、设施、方针，力求其迅速确实的实现；而对于一切阻碍抗日事业之缺陷及弱点，本报亦将勇敢地尽其报急的警钟的功用。本报愿与全国一切志在救国的抗日战士与同道，互相勉励，手携手地共同为驱除日寇争取抗战最后胜利而奋斗。

不仅如此，我们深信，当前挽救国家危亡的民族自卫抗战实为我中华民族复兴之必经途径及其起点。为我们民族的光辉的前途，不仅需要在今天全国同胞精诚团结、共同救国，而且需要在抗战胜利后和衷共济、共同建国。民族独立，民权自由，民生幸福的新中国是我们民族优秀的儿女们近百年来前仆后继再接再厉所力求实现的理想，我们愿意在踏着先人们奋斗的血迹而为这崇高的理想而斗争时担负起应尽的职责。

欲求抗战的最后胜利，欲求独立自由幸福的新中国之实现，其在今天和将来，除应加强我们内部的团结，巩固抗日民族统一战线外，别无方法与途径。这是挽救时局和振兴中华的关键。本报同人前曾为创造此伟大的团结而努力奋斗。于今团结初成之时，本报更将尽其所能为巩固与扩大抗日民族统一战线而效力。本报愿将自己变成一切抗日的个人、集团、团体、党派的共同的喉舌；本报力求成为全国民众的共同的呼声；同时本报将无情地抨击一切有害抗日与企图分裂国内团结之敌探汉奸及托派匪徒之阴谋。务使实现地无分南北东西，人无分老幼男女之铁一般坚固的团结，并且在这个团结之中，各种力量能够互相帮助互相扶持、共同负责共同发展。四万万五千万人民的坚强团结，将成为牢不可摧的新的长城，保护我们民族的生命，将成为坚不可碎的新的基石，创立起独立自由幸福的新中华！

当此发行之始，本报更希望全国人士及读者请君，对本报力加扶持赞助培植指导，使新华日报能与我们光明灿烂的新中华同时生长发育与同垂永久！”①

---

① 《新华日报》1938年1月11日。

《解放日报》于 1941 年 5 月 16 日在延安创刊,发刊词写道:

“本报之使命为何?团结全国人民战胜日本帝国主义一语足以尽之。

这是中国共产党的总路线,也就是本报的使命。在目前的国际国内形势下,这一使命是更加严重了。

现在的问题是:世界是帝国主义强盗互相屠杀的世界,还是世界人民和平的世界?中国是日本帝国主义的中国,还是中国人的中国?这些问题,在现在帝国主义战争变为世界范围的战争,日本帝国主义企图最后灭亡中国之时,已经尖锐地摆在我们面前了。

没有一个帝国主义国家不卷入战争(美国实际上已经参战),战争已以全球为屠场,全世界人民如不奋起反对战争力争人民的和平,则世界有陆沉之忧,人类有毁灭之祸。现在全世界人民反帝反战的斗争已经发展起来,这是世界真正光明的所在,各国共产党站在这一斗争的前线,这一斗争将援助着中国人民的斗争,中国人民有与世界人民相联系的任务。

日本帝国主义在四年战争中不能解决的中国问题,它现在企图来‘最后解决’了,一切对日本帝国主义的进攻加以轻视的意见是不对的,在这种意见之下,就是国共摩擦,就是反共高潮,就是两个战争。我们的主张是国共团结,是消灭摩擦,是一个战争。须知只有一个战争,一个专对日本帝国主义的战争,才能打退日本帝国主义的进攻与驱逐日本帝国主义。中国的外交政策必须是亲苏政策,虽然同时不放弃对英对美的外交。中国的内政政策,必须是民主政策,一切反共反人民反民主的反动政策,必须取消。

现在是中国存亡绝续的关键,全国一切抗日党派抗日人民必须团结起来,对付日本帝国主义这个主要的敌人。中国共产党是站在这一斗争的前线的,过去如此,现在还是如此,将来还是如此。中国共产党的政策,始终是抗日民族统一战线政策。中国共产党是与人为善的,一切在抗日战争中犯过错误的人,中国共产党予以反省改悔的机会,仅仅对背叛民族利益而又绝对坚决不愿改悔的人,方才予以坚决的打击。而这乃是完全必要的,对于背叛民族利益而又绝对坚决不愿改悔的民族叛徒，如不予以坚决的打击，则民族抗战必然遭到失败。

中国共产党的使命就是本报的使命，本报同人完全相信，由于世界人民与中国人民协力斗争的结果，世界必然要变成一个世界人民的光明世界，中国必然要变成一个中国人民独立自主的中国，日本帝国主义的一切企图，我们是能够粉碎的。团结，团结，团结，这就是我们的武器，也就是我们的口号。今当本报发刊之始，愿掬至诚，以告国人。”①

通过对比《新华日报》和《解放日报》的发刊词可以看出，《新华日报》“愿将自己变成一切抗日的个人、集团、团体、党派的共同的喉舌”“力求成为全国民众的共同的呼声”，彰显出《新华日报》“共同”“团结”“抗战”的政治主张。《解放日报》发刊词中明确阐述“团结全国人民战胜日本帝国主义”，号召“团结，团结，团结，这就是我们的武器，也就是我们的口号。”但同时还强调“中国的外交政策必须是亲苏政策”“中国共产党的政策，始终是抗日民族统一战线政策”，更为具体地阐述了中国共产党的抗战主张和抗战方针。

3. 话语受众：工人与农民

受众是信息传播的接受者，报纸话语的直接受众是报纸的读者，间接受众还包括读者对信息进行再次传播过程中的接受者。话语受众的不同是《新华日报》《群众》周刊与《解放》周刊、《解放日报》马克思主义大众化话语风格差异的又一重要原因。

《新华日报》《群众》周刊马克思主义大众化话语受众主要是工人阶级。抗日战争期间，沿海地区逐渐沦陷，大批工厂迁往西部地区，重庆社会的人口结构中工人群体占了大部分。以工人为主体的无产阶级是新民主主义革命最基本的动力，是新的社会生产力的代表，是近代中国最进步的阶级，自然而然是《新华日报》《群众》周刊马克思主义传播的主要对象。《新华日报》《群众》

① 《解放日报》1941年5月16日。

周刊为工人专门开辟版面，刊登工人关于抗战、工作、生活等各方面的言论，收获了一大批工人阶级的忠实读者，而在这一过程中，逐渐让工人阶级认识到“共产党人不是同其他工人政党相对立的特殊政党。他们没有任何同整个无产阶级的利益不同的利益。”①通过潜移默化的方式传播马克思主义，不是强制灌输而是寻求共识，不是理论说教而是自发认同，使马克思主义首先在工人群体中实现大众化，逐渐树立起中共“团结”“民主”“进步”的抗战形象，使“无产者在这个革命中失去的只是锁链。他们获得的将是整个世界”②成为工人阶级的共识，而“挣脱锁链”“获得整个世界”的第一步，就是团结一致，投身抗日，《新华日报》《群众》周刊巧妙地将马克思主义大众化融入抗战舆论宣传和政治动员中，在巩固抗日民族统一战线的过程中悄无声息地推进马克思主义大众化。

在半殖民地半封建的近代中国社会中，农民占全国人口的80%以上，深受帝国主义、封建主义和官僚资本主义的剥削和压迫，有强烈的反帝反封建的革命需求。基于此，农民是中国革命的主力军，陕甘宁革命根据地的广大农民是《解放》周刊、《解放日报》最广大的读者群体和马克思主义大众化的主要对象。在广大农村传播马克思主义面临诸多挑战，其一，农民文盲率较高，首先要进行扫盲运动，使其对“马克思主义”、“共产党”、“红军”、“政策”等有基本认知。其二，红军长征途经陕西、甘肃、宁夏等地之前，当地政治生态较为混乱，国民党政府对这些地区实际控制能力较弱，当地有多种地方武装存在，如少部分国民党军队、旧军阀势力、地方武装势力、土匪、流寇势力等，百姓深受其害。其三，农民多忙于自给自足的农业生产，很少有闲暇时间。因此，《解放》周刊、《解放日报》进行马克思主义大众化时，只能采取理论灌输和自上而下的宣传态势，先让农民从思想上认识到共产党领导的军队和其他武装的区别，树立起中共真正代表广大农民利益的政党形象，再使农民从行动上做到

① 《马克思恩格斯文集》第4卷，人民出版社2009年版，第3页。

② 《马克思恩格斯文集》第2卷，人民出版社2009年版，第66页。

“一心跟党走,永做革命人”。

第三节 与国统区不同政治倾向报刊的话语风格比较

一、抗战时期国统区的三足鼎立宣传格局

抗战时期,国统区有三股重要的舆论宣传力量,分别是中共的舆论宣传,以中国共产党在国统区公开发行的《新华日报》《群众》周刊等党刊党报为代表;其次是国民党当局的舆论宣传,以国民党机关报《中央日报》最具代表性;最后是民间的舆论宣传,以中国近代创刊时间最长、发行量最大的商业报纸《大公报》为代表。三股舆论宣传力量既有进行抗战动员的共同点,也各自代表不同的阶级和政党。

《中央日报》创刊于第一次国共合作时期,由国民党中央宣传部主办,是国民党中央机关报。作为国民党“喉舌”的《中央日报》创刊以来一直积极宣传国民党的施政方针和政策。在对待共产党方面,全面抗战爆发前,《中央日报》一直为蒋介石的“攘外必先安内”政策背书和做注脚,发表《舆论上的病态》等多篇社论驳斥《申报》、《大公报》等提出的积极抗日言论。抗战时期,《中央日报》的抗战舆论宣传并不是自愿的,主要受到三个方面的影响。一是不得不顺应第二次国共合作的潮流。1937 年 2 月 3 日,国民党中央宣传部对外宣布:“此种民族危急存亡的时期,要把民族内部过去的种种小我思想,在救护全民族之下,完全消灭,为民族共同奋斗。”“整个民族之厉害终将超出一切个人一切团体厉害之上。”①国民党“由内战、独裁和对日不抵抗的政策,向

① 《中国国民党全国代表大会及历次中央全会资料》(下册),光明日报出版社 1984 年版,第 429 页。

着和平、民主和抗日的方向转变,而开始接受抗日民族统一战线。"①受此影响,《中央日报》的舆论宣传方向也开始转变。二是来自《新华日报》的压力。作为共产党第一张公开向全国发行的报纸,《新华日报》自创刊以来就担负着在国统区发出中共声音的重任。抗战开始时,《新华日报》与《中央日报》就抗战问题展开激烈论战,多次反驳《中央日报》的错误言论,呼吁全国积极抗日,在国统区抗战宣传中占有重要地位。三是国统区民间报纸《大公报》《申报》对国民党政府和《中央日报》立场的批评。《申报》指出:"国民之今日,只愿全国团结,一致对外;只愿有良好的政府,真心与我国民合作,抗侮救国。故今后不论政府之当局如何,苟真能顺从民意,与人民切实合作,勿以精诚团结等之空言,搪塞我人民者,必为人民所拥护。反之,而阳以服从民意为言,而阴实拒绝人民之公意,则必为人民所反对,此一定不易之原则也。"②《大公报》则公开批评《中央日报》的新闻宣传选题:"概不敢指摘官吏,全国报纸绝少记载文武高官徇私舞弊之事。然而社会公众消息乃急灵,从报纸外,尤得知许多事实。""政府欲消灭共党根株,亦为不能。是以此一战,恐将延绵至亡国之日,犹不能息止。"③

为了与国民党政府的政策调整相适应,也为了在与《新华日报》的论战中找到着力点和立足点,以及应对《申报》《大公报》等当时影响广泛的民间报刊的压力,《中央日报》的舆论宣传逐渐由原先的大肆宣传国民党"攘外必先安内"政策,到后来成为旗帜鲜明的抗战宣传平台。在抗战宣传中,对共产党方面,《中央日报》记载了第二次国共合作的若干重大事件,对八路军、新四军的抗战事件也多有正面报道;对民众宣传上,《中央日报》努力激发军民抗战爱国热情,为抗战宣传作出了一定的贡献。

《大公报》于1902年6月17日在天津创刊,是中国近代史上创刊时间最

① 《毛泽东选集》第一卷,人民出版社1991年版,第255页。
② 《申报》1932年3月10日。
③ 《大公报》1932年7月22日。

长、发行量最大、辐射面最广、有重大影响力的民间报纸之一。创刊初期,《大公报》受到法国天主教会的资助,宗教色彩较为浓厚。北洋政府时期,《大公报》政治上倾向北洋政府和日本方面,销售状况并不理想。1925 年 11 月 27 日,由于销量不佳几乎无人购买,《大公报》停刊。1926 年 6 月,近代著名实业家吴鼎昌,文化界人士胡政之、张季鸾等人组成新记股份公司全盘接手《大公报》。

1926 年 9 月 1 日,《大公报》复刊第一天,时任总编辑张季鸾发表《本社同人之志趣》,提出"不党、不卖、不私、不盲"的"四不"办报方针。1936 年 4 月全面抗战前夕,张季鸾对"四不"方针作出进一步解释,"本报将继续贯彻十年前在津续刊时声明之主旨,使其事业永为中国公民之独立言论机关,忠于民国,尽其职分。……而不隶籍政党,除服从法律外,精神上不受任何拘束。本报经济独立,专赖合法营业之收入,不接受政府官厅或任何私人之津贴补助。同人等亦不兼任政治上有给之职,本报言论记载不作交易,亦不挟成见,在法令所许范围,力求公正。苟有错误,愿随时纠正之。以上为本报自立之本。""四不"方针对《大公报》复刊后的发行产生了重要影响。抗战期间,《大公报》编辑部和管理层严格坚守该方针,《大公报》渝版、港版和桂版同时发行,成为全国影响力最大的报纸。所谓"四不"方针,其一是"不党",即坚持无党派的原则,不成为任何一个党派的代言人和传声筒。历史上,《大公报》对国共两党都有过正面和负面评价,如认为红军是"共其标榜,匪其实质",也批评蒋介石屠杀共产党人等。其二是"不卖",即不以报纸自身的言论作为交易,不接受投资,不对外销售股权,不受外部势力的影响,保持经济独立和言论独立,始终扮演着"第三方"的角色。其三是"不私",即"忘己之谓大,无私之谓公",《大公报》为的是表达观点、传播知识、教育读者,不谋私利,这也是其办报宗旨所在。其四是"不盲",即不盲目跟随其他报社报道或受某种舆论左右,保持新闻的真实性。

抗战时期,《大公报》进行了大量积极的抗战宣传和对中共的客观报道,如引导民众看清日本所谓"大东亚共荣圈"的本质，宣扬持久抗战、彻底抗战，抨击汪精卫的卖国行为等，使军民团结一心，坚定全国人民的抗战决心和必胜信心。又如《大公报》多次报道八路军和新四军的抗日战绩，对解放区的大生产运动、延安整风运动也有正面报道，践行了其办报之初倡导的"忠""勇"理念，即坚持国家中心论和人民至上论，忠于国家，忠于人民。

二、与《中央日报》《大公报》马克思主义大众化话语风格对比

抗战时期国统区的舆论宣传中，《新华日报》《群众》周刊是推进马克思主义大众化的主要力量。《中央日报》作为国民党的中央机关报，因意识形态、阶级立场、媒介属性的差异，从主观方面没有推进马克思主义大众化的意愿，甚至一度"谈马色变"，不少作者"因马获罪"。《大公报》作为民间商业报刊，因其"不党、不卖、不私、不盲"的办报方针，对中共抗战更多的是客观报道，较少涉及马克思主义的宣传。但从另一方面分析，马克思主义反对剥削和压迫，倡导人的平等和自由，与当时全民抗战的大环境相契合，与三股宣传力量关注的民族、斗争、解放的抗战动员宣传相一致，《中央日报》、《大公报》在进行抗战动员时客观上也在推进马克思主义大众化。与《新华日报》、《群众》周刊相比，后两者在民族认同、三民主义和报纸副刊等方面的话语风格差别较为明显。

1. 民族认同：广泛动员、精神斗志与国家中心

民族认同是社会成员对民族归属的自觉认知，是政治动员和舆论宣传的重要资源。抗战时期，民族主义作为三民主义的前提和基础，是解决中华民族和日本侵略者的主要矛盾、使中华民族获得生存和发展权利、进行全民族抗战动员的政治共识，《新华日报》《群众》周刊和《中央日报》《大公报》等多种不同政治倾向的报纸都对强化民族认同进行多方面宣传。

1938 年 10 月 19 日，《新华日报》发表社论《动员全体人民参加抗战》，文中引用毛泽东《论持久战》中的"人民力量的动员与团结是坚持持久战和争取

最后胜利的基本条件之一,这一真理已逐渐地为各方面所认识,为各方面所公认,这正是成为我们今天能够更好地发展民众运动与动员全体人民参加抗战的先决条件”。① 这段论述也成为《新华日报》《群众》周刊进行民族认同动员的重要指导思想,即动员的覆盖面要广,动员各个群体、各个阶层的民众团结一致抵御外辱。首先,《新华日报》《群众》周刊注重动员农民、工人和妇女等近代中国社会底层民众,连续发表多篇文章,如《动员广大的农村妇女》、《加强妇女动员》、《如何动员工人群众积极参加抗战事业》等,并开辟副刊《妇女之路》歌颂抗战中八路军、新四军的女战士,报道解放区妇女从事农业生产的情况。其次,《新华日报》《群众》周刊注重动员广大青年参加抗战,发表《加强沦陷区工作》、《青年目前的责任》等多篇文章,鼓励青年到沦陷区传播知识、发动民众,另开辟有副刊《青年生活》,用来“交换工作经验、介绍学习心得、研究学习方法、反映实际情形”,特别是“掌握每一次局势的激变为我们提出的新课题”。② 此外,《新华日报》《群众》周刊还注重将动员覆盖到少数民族和海外同胞当中,报道东北、内蒙古、广西等地的少数民族抗战事迹,积极号召海外同胞捐献物资,为抗战提供支持。

和《新华日报》《群众》周刊对各个阶层的广泛动员不同,《中央日报》将动员的重点放在国民党军队和精神鼓舞方面。《中央日报》充分肯定军人在抗战中的重要作用,认为“抗战虽是全民族性的,然而军人却在最前线,军人所做的贡献最伟大。全国抗战中表现的事实,证明军人最爱国,军人都能尽量报国”,③并提出“凡是参加抗战的武装同胞,不管他地位职位如何,又不管他功勋如何,只要在抗战中参加抗战工作而赤心为国赤心崇拜主义的人,在我们心目中,都是荣誉军人”。④ 此外,《中央日报》还号召全体国民要有国民精

① 《新华日报》1938 年 10 月 9 日。

② 《青年生活》副刊词,《新华日报》1942 年 2 月 1 日。

③ 《中央日报》1937 年 10 月 22 日。

④ 《中央日报》1940 年 12 月 7 日。

神，提出《国民精神总动员纲领》，提出“集中一切意识、思想、智慧与精神力量与一个方向，尤在于努力抗战之中”，要做到“国家至上，民族至上；军事第一，胜利第一；意志集中，力量集中”①。

《大公报》在进行抗战动员时，总体思路偏向于国民党的国家中心论，认可“国家至上，民族至上”的观点。“七七事变”后不久，《大公报》发表社论《全国更需要切实团结》，认为要“维护抗日人民战线”，做到“真诚相信政府，信任领袖，不要焦躁或怀疑”，对于中共提出的抗日方针，尤其是与国民政府的主张相悖之处，《大公报》认为应该“不要倡导异见”，在国共合作中共产党应该“对国民党中央党部，还要彻底地执行与民更始的政策，不可稍有遗憾。”②但在具体动员对象上，《大公报》的主张和《新华日报》《群众》周刊相类似，广泛动员各阶层，形成最为广泛的抗日民族统一战线。战略防御阶段，国民党正面战场难以求胜，且兵力消耗严重，部分民众从沦陷区向解放区转移，针对上述情况，《大公报》发表《全国智识青年的责任》、《中国青年》等一系列文章，认为青年是社会的中坚力量，“中国赖以支持和改进今后重大局势者，彻底的讲，最要紧的，是全国智识青年”，提出当今中国青年的现状是“有大批业已毕业，或业已在公私各界服务之热心青年”，针对当前抗日的局势，应该把青年“当然要组织起来，有些需要训练的，也可以加入学校训练，有些阅历稍微丰富或有专长者，则任以各种公职。”③此外，《大公报》也认为，抗战救亡“妇女不容除外”，在抗战中妇女可以发挥重要作用，应该“救护慰劳保育儿童”。④

2. 三民主义：新旧划分、歪曲解释与注重实用

三民主义是对中国近代发展道路和革命经验的高度总结、集中概括、理论

---

① 《中央日报》1939年2月25日。

② 《大公报》1937年10月26日。

③ 《全国智识青年的责任》，《大公报》1937年11月24日。

④ 《对爱国妇女贡献几句话》，《大公报》1938年6月9日。

凝练和具体表达，在抗战时期起到重要的理论指导作用，但由于三民主义固有的局限性以及共产党、国民党和中间派对三民主义理解的侧重点不同，《新华日报》《群众》周刊和《中央日报》、《大公报》在对三民主义进行报道时，对三民主义的阐释及话语风格也各不相同。

中国共产党人将三民主义划分为新旧两个阶段。毛泽东在《中国革命和中国共产党》中解读孙中山《中国国民党第一次全国代表大会宣言》时指出："把适应于旧的国际国内环境的旧民主主义的三民主义，改造成了适应于新的国际国内环境的新民主主义的三民主义"。① 在划分三民主义的两个发展阶段之后，中国共产党人为了使三民主义更好地指导中国革命，也为了争取国统区的舆论领导权，将三民主义马克思主义化，创造性地运用马克思主义的立场、观点和方法赋予三民主义新的生命力。新三民主义是"孙中山的三大政策，即联俄、联共和扶助农工政策的三民主义。在新的国际国内条件下，离开三大政策的三民主义，就不是革命的三民主义"。② 抗战时期，《新华日报》《群众》周刊发表多篇文章对"革命的三民主义"进行了全方位宣传，在《为实现中山先生的遗教而奋斗》中阐述了实现三民主义的具体路径，其一是联俄，提出加强中苏关系，将中华民族的抗日战争置于世界反法西斯战争的大环境中，积极寻求对外支持；其二是国共合作，完善、巩固并逐步扩大抗日民族统一战线；其三是扶助农工，进行全方位的广泛的抗战动员，不区分阶级、阶层和群体，动员一切可以动员的力量来壮大抗日的队伍。

与共产党人实现三民主义的与时俱进不同，抗战时期，国民党独揽三民主义的解释权，多次强调国民党坚持三民主义的"正统"，设立三民主义丛书编委会，出版《三民主义教育 · 民众千字课本》《三民主义教育 · 民族主义》《三民主义教育 · 民生主义》《三民主义教育 · 民权主义》等三民主义教育书籍。《中央日报》专门发表社论《三民主义的民众教育》其教育目的，包括"增进全

---

① 《毛泽东选集》第二卷，人民出版社 1991 年版，第 648 页。
② 《毛泽东选集》第二卷，人民出版社 1991 年版，第 649 页。

国民族文化”,是每个公民“有职业的技能”,实现“人人吃饱饭”,达到“民生主义的境界”等。① 此外,国民党政府为了抗战结束后继续维持腐朽统治,利用儒家思想对三民主义进行“改造”,《中央日报》也发表文章《三民主义思想体系的展开》,鼓吹三民主义应该建立在“仁爱”的“大同主义”之上,认为其“乃天下为公大同世界之基础”,“不仅可以救中国,而且可以救世界”。从本质上来看,国民党将三民主义与资产阶级革命的进步性割裂开来,而强行将其与中国传统文化中的“大同”和“仁爱”观念相联系,真正目的是阻挡民众追求进步,维护其统治地位。

与《新华日报》《群众》周刊对三民主义的与时俱进和《中央日报》对三民主义的歪曲解释不同,《大公报》一如既往地坚持“不党、不卖、不私、不盲”的办报方针,始终站在政党利益之外,保持舆论的独立性。首先,《大公报》认为三民主义具有民族属性,在1938年9月25日孙中山逝世30周年纪念日,《大公报》发表社论《孙中山先生逝世三十周年纪念》,文中提出:“三民主义是民族的,不是阶级的”,呼吁国共两党团结一致“争取民族之自由”。② 其次,由于国共两党对三民主义各执一词,《大公报》发文建议给三民主义一个明确的定义和清晰的解释,在其发表的社论《一个建议》中提到:“明确解释三民主义,一方面是必要”,并认为抗战时期解释三民主义“也比在平时容易。”③此外,《大公报》更加注重三民主义的实用性,即三民主义是否可以真正解决中国的民生问题,是否可以真正为国家寻求出路,是否可以成为抗战胜利后的建国指导思想,认为“三民主义中最核心的,是民生主义”。④

3. 抗战副刊:喉舌化、复杂化与文艺化

报纸副刊是对正刊内容的补充和延伸,通过形式多样的专题性报道增强

① 《三民主义的民众教育》,《中央日报》1944年11月13日。
② 《孙中山先生逝世三十周年纪念》,《大公报》1938年9月25日。
③ 《一个建议》,《大公报》1938年5月25日。
④ 《三民主义共和国——五五宪章的第一条》,《大公报》1944年1月11日。

报纸的趣味性和可读性,提高报纸关注度和销量。抗战时期,《新华日报》《中央日报》《大公报》的副刊在舆论宣传上和正刊保持了高度一致性,同时又有不同的题材选择,呈现出风格多样的话语倾向。

《新华日报》的副刊一般设置在报纸第四版,影响力较大的有"团结副刊"、"新华副刊"、"文艺之页"、"青年生活"、"妇女之路"、"工人园地"、"经济讲座"、"自然科学"等专业副刊,此外,1942年增设副刊"日本研究"。《新华日报》副刊的话语风格和正刊一样,主张团结、抗战。《新华日报》创刊之际《团结》副刊就表明了共产党人对团结抗战的态度:"今后抗战不免再遇困难,我们应当坚持胜利信念,团结一切可以团结的力量,绝不动摇,努力奋进,使抗日战线日益巩固发展,克服困难,就得胜利。抗战愈久,中国愈加团结进步,日本国内国际的矛盾则愈加尖锐。我们应把握此关节,大家加倍努力,争取最后胜利。"①在之后的发展过程中,《新华日报》诸多副刊逐渐走向喉舌化道路,刊登了大量关于抗日局势分析、中国近代社会发展变化、世界反法西斯战场局势、解放区革命根据地的建设情况等大量文章。《新华日报》副刊虽然作为辅助性刊物存在,但真正做到了"副刊不副",而是和《新华日报》正刊、《群众》周刊一道,担负起中国共产党国统区喉舌的任务。

《中央日报》出版的副刊种类庞杂、名目繁多,发行量和影响力较大的是《平明》和《中央副刊》。抗战初期,《平明》和《中央副刊》发表了大量诗歌、日记、杂文等与抗战有关的文艺作品,在抗战宣传方面产生了较大的积极影响,尤其是在国民党军队当中,《平明》因刊登了大量的官兵抗战日记深受欢迎。在抗战中后期,《平明》和《中央副刊》先后经历了多位主编,办刊路线摇摆不定,话语风格难以捉摸,如梁实秋任《平明》主编时改变了前期围绕抗战的文艺宣传,发表了大量与抗战无关的文艺作品,端木露西接任《平明》主编时认为杂志应该"不要太俗,也不要太超俗",认为《平明》应该"有文艺的风味,但

① 《新华日报》团结副刊,1938年1月12日。

却不是 个纯文艺”,①与抗战宣传没有较大的关联性。《中央日报》的另一个副刊《中央副刊》在创办初期较多刊登与经济、政治、军事、社会等有关的议论文,政治氛围较为浓厚,文学性不强,而到了抗战的中后期,随着国民党加强了对党刊党报的监管力度,《中央副刊》大量刊登歌功颂德的文章,沦为国民党的政治宣传工具。

《大公报》的副刊创刊初期话题覆盖范围最广,经济、社会、政治、军事、科学、自然等领域无所不包,部分副刊如《经济周刊》、《医学周刊》等还与国内著名高校合办,既保证了通俗性,又言之有物。1937 年 9 月《大公报》迁往武汉后,其出版张季鸾认为“时代变了,一切在战时,我们的副刊也应随着时代变,再不能刊载一些风花雪月与时代无关的东西,每篇文章必须是战斗的,合乎时代意识。”自此之后,《战线》副刊应运而生,刊登了大量抗战作品,深受民众喜爱,尤其是刊登的多篇探讨抗战文艺作品的创作、文艺作品通俗化、战地文艺等内容的文章,既紧密结合时代,同时又保证了副刊的文艺性。

三、话语风格差异的原因分析

在国统区传播马克思主义,推进马克思主义大众化的过程中,《新华日报》《群众》周刊与《中央日报》《大公报》等报纸话语风格上表现出较大的差异。话语风格差异性的主要原因是共产党、国民党和中间派对待马克思主义的态度,以及各自政治立场和媒介职能的区别。

1. 对马克思主义的不同态度:继承、排斥与中立

马克思主义在中国的发展大致经历了“在继承中坚持—在坚持中发展—在发展中创新”三个阶段。抗战时期,属于马克思主义在中国的“继承—坚持”时期,中国共产党人以马克思主义为指导思想,将马克思主义与中国半殖民地半封建社会的具体国情相结合,积极动员各阶级和阶层特别是工人和农

① 《中央日报》平明副刊,1939 年 4 月 3 日。

民参加抗战。共产党人以马克思主义为指导,积极探索马克思主义中国化大众化,是《新华日报》《群众》周刊在国统区积极传播马克思主义的主要原因。抗战时期,《新华日报》《群众》周刊先后在中共中央长江局、南方局的领导下,集中了一批具有马克思主义理论素养较高的编辑群体,依托灵活的出版政策和可靠的发行队伍,在国统区的工人、妇女、青年学生等群体中广泛传播马克思主义,内容涉及马克思主义发展历史、俄国十月革命历史、马克思主义经典作家介绍、解读马克思主义相关理论、推荐马克思主义相关书籍、介绍马克思主义在中国的传播情况等,宣传中共政治主张,推进马克思主义大众化。

国民党对待马克思主义的态度经历了“探索—认可—排斥—打压”四个时期,对马克思主义的研究要早于共产党人。1894 年,孙中山领导的兴中会在美国檀香山成立,旨在“驱逐鞑虏,恢复中华”,到 1919 改组为国民党的二十多年间,以孙中山为代表的国民党知识精英们积极探索近代中国的出路,学习西方各类政治理论。马克思主义作为这一时期西方社会各类政治学说的代表之一,其对未来社会的构想、对封建阶级的批判以及对共产主义社会的理想描绘对国民党人产生了极大吸引力。在马克思主义传入中国早期,除了以陈独秀、李大钊、瞿秋白等为代表的共产党人外,国民党人也对马克思主义进行了研究和介绍。如国民党早期报刊《民报》、《建设》从马克思主义的产生、理论体系、在德国的传播等多方面对马克思主义进行介绍,朱执信、戴季陶、胡汉民等人还对社会主义学说、唯物史观、政治经济学等进行详细研究,研究成果在《星期评论》《潮流周刊》等刊物发表。第一次国共合作之时,部分国民党人对马克思主义持保留态度,但国民党并没有公开反对马克思主义,“七·一五”反革命政变后,国民党彻底改变了对马克思主义的态度,国民党中央宣传部刊物《中央半月刊》斥责共产党“并无真正的主义”,认为共产党人是“流寇”,马克思主义并不适合于中国,并通过《全国一致消弭共祸案》,要求全党公开抵制马克思主义。土地革命时期,国民党对共产党实行政治上打压,军事上打击,经济上封锁的态度,对马克思主义更是充满了敌视情绪。抗日战争时期，在国共合作的背景下，国民党仍然强调“一个国家，一种主义”，认为三民主义是全国意识形态的正统，不断歪曲、解构马克思主义。在这样的背景下，《中央日报》主观上不可能推进马克思主义大众化，但在客观上《中央日报》对共产党的报道和对马克思主义的错误评价，一定程度上加深了国统区民众对马克思主义的了解。

抗战时期，《大公报》坚持“不党、不卖、不私、不盲”的办报方针，并没有对马克思主义有过多宣传，但其创办的《现代思潮》、《世界思潮》两个哲学专刊上，广泛介绍了当时西方哲学思想和流派，对马克思主义辩证唯物主义也有所涉及。如介绍黑格尔和马克思哲学思想的比较研究，刊载《卡尔・马克思年表》《恩格斯在马克思下葬时的演说》，在国统区介绍马克思主义哲学方面作出一定贡献。

2. 政策立场：中共立场、“党国利益”与“不党”

新闻媒体的政策立场决定了其办刊方针、宗旨和舆论宣传倾向，媒体政策立场的直接决定因素是其代表的政党和利益群体。

《新华日报》《群众》周刊作为中共在国统区创办向全国公开发行的党报党刊，宣传对象可以划分为三个层次。首先是国统区的工人群体和农民群体，这与中共代表的是全国广大人民的利益密不可分；其次是国统区的青年、妇女、知识分子群体；最后是国民党利益集团，阐明中共的抗战主张、政策、方针、路线等，驳斥针对中共、解放区、马克思主义的种种错误言论，包括和《中央日报》展开的论战等。因此，《新华日报》《群众》周刊与生俱来就带有中国共产党国统区代言人和传声筒的属性，建立中共媒介形象、推进马克思主义大众化是其义不容辞的政治任务。

《中央日报》作为国民党的舆论宣传工具，代表的是国民党集团的利益，其宣传对象为“全体中华民国国民”，具体的受众定位并不清晰，打着面向全体国民的旗号，真正的宣传重点是所谓的“党国利益”，即以蒋介石为代表的大地主大资产阶级的利益。在整个抗战时期，《中央日报》的宣传始终贯穿了这一立场，在对待共产党的态度上，是不得不团结与不得不宣传，尽管对解放区敌后根据地、八路军和新四军的抗战表现也有过不少正面的客观报道，但并非其本意，而是由当时抗战的大环境决定的。在对待马克思主义的态度上，《中央日报》采取的一贯态度是排斥、歪曲、消解。

《大公报》定位“不党”的政治属性，抗战中是中间派的宣传刊物，但在实际宣传中仍偏向于国民党，如拥护国民党的“国家中心论”，认为抗战只能有“一个中心”，即以国民党为中心。尽管在实际报道中，《大公报》秉承国家中心论和民族至上论，但始终未出现与国民党政策相悖的情况，与《中央日报》的宣传倾向基本一致，虽有不同，但仅限于文字表述层面，其“不党”的主张决定了对共产党和解放区仅限于客观事实的报道，并未过多阐述共产党的理念，对于马克思主义，《大公报》始终坚持“不私”，仅有少量报道与马克思主义哲学有关，而对于政治经济学和科学社会主义并未过多涉及。

3. 媒介职能：国统区喉舌、“党国报刊”与“忠勇”

报纸媒介的职能由舆论宣传、社会动员、沟通情况、提供信息、传递知识、提供娱乐和经济效益等七部分组成，在抗战宣传中，《新华日报》《群众》周刊、《中央日报》、《大公报》等报纸都在不同程度上履行了上述职能，但主要侧重于舆论宣传、社会动员、提供信息和传递知识。由于媒介职能具有较强的意识形态和政治立场属性，国统区的三大舆论宣传力量的媒介职能也各有差异。

全面抗战时期，《新华日报》《群众》周刊的职能主要侧重舆论宣传和社会动员，其他职能退居其次。在国统区宣传中，《新华日报》《群众》周刊将社会舆论向有利于团结抗战的方向进行引导，广泛动员社会各阶级阶层参与抗战，这也符合其所属机构《〈新华日报〉馆章程》的规定和领导机构中共中央长江局和南方局的指示，即巩固和扩大抗日民族统一战线，在国统区积极传播马克思主义。

《中央日报》的媒介责任更多地偏向于舆论宣传，同时有意识地淡化其他职能，这是由其“党国报刊”的属性决定的，早在 1928 年 2 月 1 日的发刊词

《本报的责任》中，时任国民党第一军军长兼黄埔军校教育长的何应钦就指出《中央日报》要“屏蔽反对党言论”，同时“进一步宣传三民主义”，更提倡“同志之爱党者，固应该爱护本报。国人之爱护中国国民党者，也应该爱护本报也。”①在抗战中，《中央日报》虽然也较好地履行了社会动员、提供信息等媒介职能，但其宣传更多基于国民党立场，将社会舆论引导向有利于国民党的方面，对马克思主义实行“屏蔽”态度。

《大公报》倡导新闻人士以“忠”“勇”为天职，“忠”即忠诚于办报主张，“勇”意为不畏惧，实事求是报道新闻真相，与“四不”方针中的“不盲”相呼应。在抗战宣传中，《大公报》既有跟随《中央日报》“屏蔽”重要信息等举措，又有真实报道抗战信息，忠实地履行了社会动员、提供信息、传递知识的职能。值得一提的是，《大公报》始终坚持“不卖”的办报方针，但却成为当时国统区影响力和发行量最大的报纸，在“忠”“勇”和媒介经济效益方面能协调一致。

第四节 《新华日报》和《群众》周刊的话语特点

——以社论为例

话语权是“一种掌握、控制、支配和阐释‘话语’的权利与权力，就是对话语背后的是非判断、价值取向和意识形态进行引导和塑造的一种资格、能力、身份与地位。”②话语体现着权力关系，不同政治力量话语之间存在着斗争。中国共产党和国民党有着各自的话语诉求。1937 年至 1945 年的全面抗战时期，国共两党既是合作关系又存在权力之间的较量。第二次国共合作使得中国共产党获得了在国统区公开发行报刊的权利，利用《新华日报》《群众》周刊一报一刊在国统区进行了抗战话语权博弈。《新华日报》和《群众》周刊的社论鲜明地表达了党报党刊的立场和观点，是中国共产党的党性灵魂，有效地传

① 《本报的责任》，《中央日报》1928 年 2 月 1 日。

② 杨昕：《中国共产党意识形态话语权研究》，社会科学文献出版社 2015 年版，第 40 页。

达了党的声音,集中反映了党的话语诉求。由于这些社论能牢牢把握时代话语主题,坚持以人民为中心的话语价值取向,以及丰富多彩的话语表达方式和注重与国际话语接轨,赢得国内外对中国共产党的广泛政治认同和支持。

一、牢牢把握时代话语主题

“主题是特定时代和具体历史阶段提出的主要任务、展现的主要矛盾和面临的主要挑战,因而其决定了天下大势、人心向背。”①在抗战这个特定的时代,主要矛盾是民族矛盾,主要任务是抗日救亡,这个当前最紧要的任务,如果不能引导广大人民深刻认识这个时代的民族矛盾,就难以形成民族统一抗战路线,正是如此,中国共产党就需要牢牢把握住时代的主题。1937 年 8 月,中共中央在洛川会议上通过了《中共中央关于目前形势与党的任务的决定》和《中国共产党抗日救国十大纲领》,表明当前的话语主题就是抗日救国,中国共产党正是根据现阶段中国面临的民族困境所提出的方针路线。《新华日报》和《群众》周刊是抗战时期诞生的产物,两刊紧紧围绕抗战救亡的时代主题。1937 年 12 月 11 日,《群众》周刊发刊词这样写道:“愿意把自己救亡所见贡献于国家,但更大的希望,是在于收集一些各地救亡的实际情形,供给全国救亡工作人员作参考与研究的资料”。② 1938 年 1 月 11 日,《新华日报》的创刊号发刊词写道:“本报愿在争取民族生存独立的伟大斗争中作一个鼓励前进的号角。本报愿为前方将士在浴血的苦斗中,一切可歌可泣的伟大史迹之忠实的报道者记载者;本报愿为一切受残暴的日寇蹂躏的同胞之痛苦的呼吁者描述者;本报愿为后方民众支持抗战参加抗战之鼓动者倡导者。”③以时代共同话语的视角,一刊一报并肩作战,鲜明地高举抗战、团结、民主、进步的旗

---

① 侯惠勤:《马克思主义的意识形态批判与当代中国》,中国社会科学出版社 2010 年版,第 68 页。

② 《群众》周刊创刊号,1937 年 12 月 11 日。

③ 《新华日报》创刊号,1938 年 1 月 11 日。

帜,牢牢把握时代话语主题,建构中国共产党在国统区的话语权。

二、贯彻民族抗战路线

一个国家在民族危亡之际,只有凝聚全民族的力量,才能挽救国家危难。中国共产党的中心工作就是要动员一切力量,从局部抗战发展成为全面的全民族抗战。对此,中国共产党对国家战争形势进行细致分析后,贯穿全民族抗战路线,在国统区发表大量激昂愤慨的抗战言论,《新华日报》发表社论:“日寇猖狂不已,国家破碎更甚,但是我们炎黄子孙斗志亦愈坚,我们绝不为一时的军事挫折而张皇,绝不为某些大城市之得失而动摇,绝不为国际间局势之变幻而眩惑,我们将继续地、坚定地、英勇地、不屈不挠地进行持久的自卫抗战。”①中国共产党一开始就在国统区高举抗战的旗帜,践行抗战宣言。中国共产党领导的游击战是继国民党正规军正面抗战外的敌后抗战。毛泽东认为:“游击战争虽在战争全体上居于辅助地位,但实占据着极其重要的战略地位。”②中国共产党力量弱小,主要以游击战为主,游击战作为一种与正规军相互配合的战略,在广大敌后战场长期实行战略反攻。《新华日报》发表社论《第八路军成立的一周年》:“八路军二万数千的伤亡战斗以及其中七千多共产党员为民族解放而英勇牺牲。随后一年来中,八路军进行了大小六百余次战斗,消减了三万四千余敌军,俘获两千余人,消耗了敌军许多物质资源,缴获了大批的军用品,给敌人交通运输以大的破坏和威胁。”③阐述了八路军一年以来对抗战事业的贡献,表明中国共产党虽不是正面抗敌,但敌后游击战依然是中国抗战事业中不可忽视的力量。“据不完全统计,从 1937 年 9 月到 1938 年 10 月,在战略防御阶段的一年多时间里,八路军、新四军同日伪军作战 1600 余次,毙伤俘敌 5. 4 万余人,八路军发展到 15. 6 万余人,新四军发展到

---

① 《新华日报》1939 年 10 月 25 日。

② 《毛泽东选集》第二卷,人民出版社 1991 年版,第 552 页。

③ 《新华日报》1938 年 8 月 25 日。

2.5万人，敌后抗日根据地（包括游击区）总人口达5000万以上。”①中国共产党抗日取得的成绩有力地驳斥了国民党对共产党散布“游而不击”的污蔑和“逃跑主义”的攻击。《新华日报》先后发表社论《华北军民反扫荡的一年》（1939年11月14日）介绍华北敌后反扫荡的战绩；《华北百团大战的历史意义》（1940年9月19日）总结八路军在华北地区收复许多重要据点，起到严重削弱日军的历史作用；《伟大的考验》（1941年7月1日）指出中国共产党抗战五年在晋察冀边区粉碎日伪军六万等。《新华日报》用真实的数据反映了中国共产党在敌后战场英勇抗敌的事迹，将其坚持贯穿抗战路线以真实行动向国统区广大人民群众证明，让人们了解敌后战场的故事。1939年11月30日《群众》周刊刊登社论《发展敌后游击战争》中可以了解到中国共产党几个月的努力建立了不少敌后根据地，牵制了不少日寇兵力，为国民党正面抗战减轻了压力。通过论述敌后抗日武装力量的发展壮大，树立起中国共产党为民族和国家利益英勇抗战的形象，提高中国共产党在国统区民众心中的威望。

三、坚持团结统一方针

凝聚民族力量就要做好团结的工作，团结一切可以团结的力量。中国共产党坚持团结统一的方针，为抗战提供力量基础。毛泽东指出：“抗日民族统一战线是否只限于国共两个党的呢？不是的，它是全民族的统一战线，两个党仅是这个统一战线中的一部分。抗日民族统一战线是各党各派各界各军的统一战线，是工农兵学商一切爱国同胞的统一战线。”②中国共产党和国民党是两个不同性质的政党，在民族大义面前，双方握手言和，共同合作抗战。中国共产党始终坚持团结统一方针，为争取一切团结的力量奔走呼号。《新华日

① 中共中央党史研究室：《中国共产党历史（1921—1949）》第1卷下册，中共党史出版社2011年版，第508页。

② 《毛泽东选集》第二卷，人民出版社1991年版，第365—366页。

报》在社论《加强抗日各党派的团结》中明确提出："以前所争论的只许一党合法存在，或取消其他一切党派而合作于国民党内的问题，现在已经不存在了。同时，过去除国共两党外不承认其他抗日党派存在的问题，现在也已经解决了。"①并提出要把各党派、团体、民众组织起来。为进一步夯实抗日民族统一战线的基础，《新华日报》发表社论《巩固国内各民族的团结》指出："日寇的野心，是征服整个中国。要征服包括汉蒙回藏及其他一切少数民族的中华民族。所以，要动员汉族，还要动员蒙回藏以及一切少数民族参加抗战，才能获得抗战的最后胜利。"②《群众》周刊同样发表《加强民族抗日力量的团结》社论，强调为实现全民族大团结，中国共产党就必须摒弃各种成见，要以相互尊重，相互信任，相互帮助，相互监督，共同负责，共同发展的态度，紧紧团结在以蒋介石为国民领袖周围。"蒋委员长指出目前我们第一要务在认识抗战目的和敌我形势，坚定决心与信心，并以事实证明帝国必败及我国必胜。"③为顾全大局，中国共产党把蒋介石尊为最高统帅，蒋介石也发布了一篇告全国国民书。《群众》周刊在宣传统一抗战时，也宣称八路军、新四军要在蒋委员长的指挥之下，担负起光荣的抗战任务。共产党高呼：只要我们团结得像一个人，人人敌忾，步步设防，不屈不挠，前仆后继，随时随地发动坚持抗战，最后胜利必将属于我们，体现了共产党坚定抗战的决心。此后，蒋介石实行消极抗战、积极反共的行为以及对共产党战绩的否定，与共产党言行一致的行为形成鲜明对比，反映出中国共产党在民族大义面前心胸宽广，把民族解放事业和人民的利益放在首位，赢得国统区广大民众的赞赏。

四、始终高举民主旗帜

广大人民群众需要一个全心全意为人民的政党，而不是一个独裁专政

---

① 《新华日报》1938 年 4 月 29 日社论。

② 《新华日报》1938 年 4 月 24 日社论。

③ 《新华日报》1939 年 1 月 26 日社论。

的政党,中国共产党始终把人民利益放在首位。在国统区,共产党不仅呼吁民主并且为民众努力争取民主。《实行民主政治是必要的》社论指出:“共产党的根本主张,是一贯坚决地把全国政治生活逐步地推向民主政治。……唯一的道路,就是集中全国各个党派的力量,将政治认真地推向民主。”①这符合国统区广大民主人士以及民众的共同心理。国民参政会的召开,为广大民主找到了一条发表言论自由的渠道。《新华日报》关注国民参政会,传达中国共产党民主政治的主张,是凝聚民心的需要。《新华日报》连续发表《抗战与改善民主》、《抗战中的民主权利》、《再论抗战与民主》、《胜利的保障》等社论,不断传达爱国人士民主的心声。民主渴望实现政治权利,中国共产党不断呼吁保障人民的民主权利。不仅要求政治民主,还要求经济民主,《新华日报》社论指出:“经济与政治是分不开的,要解除产业困难,就必须以民主政治作前提、作保障。现在横在后方工业生产的问题,正是如此。因此,后方工商界人士,应将眼光突出经济界的领域,去注意政治,去认识政治,并推动政治走上民主宪政的大道”。② 中国共产党从国家大局出发,为工业、民族工商界争取政治民主和经济民主指明了方向,给国统区广大人民争取民主注入强心剂。

五、始终提倡进步思想

从五四运动开始,民主与科学进步的思想就在中国传播开来,新文化运动是一次进步思想的大解放。1921 年中国共产党成立后,追求不断进步的思想,追求不断进步的事业是中国共产党的前进方向。《新华日报》指出:“本报将尽其绵薄提倡与赞助一切有利于抗战之办法、设施、方针,力求其迅速确实的实现,而对于一切阻碍抗日事业之缺陷及弱点,本报亦将勇敢地尽其报急的

---

① 《新华日报》1939 年 9 月 16 日社论。

② 《新华日报》1944 年 4 月 21 日社论。

警钟的功用”，“同时本报将无情地抨击一切有害抗日与企图分裂国内团结之敌探。”①中国共产党一开始着手办报就提倡进步思想，旗帜鲜明地宣传中国共产党的方针政策。关于中国共产党中央的会议报告，《新华日报》以社论的形式发表，如《中国共产党扩大的六中全会》中国共产党对过去抗战做了一个基本的总结，阐述了国共合作和建立抗日民族统一战线的重大意义，并提出新的任务和努力的方向，提倡抗日救国进步的总方针，还指出：“三民主义为中国今日之必需，本党愿为其彻底的实现而奋斗。三民主义成为抗日民族统一战线的政治基础。”②这是一种新式民主共和国，是一种三民主义的新“中华民国”。这种宣传效果十分明确，就是为中华民族伟大事业的进步以应有的表扬。中国共产党的办报方针就是提倡进步，反对倒退。亲日派汪精卫的倒行逆施就是一种倒退主义和投降主义，必须要进行无情的批判。1939 年 8 月 26 日，《新华日报》发表《彻底肃清汪派叛逆》社论：“通敌卖国的汪派叛逆这种助纣为虐、丧心病狂的行为，全国军民和海外侨胞，无不义愤填膺，声罪致讨”③，公开通缉汪精卫的倒退行为，并连续发表《对寇奸的一个严重打击》、《反汪斗争的关键》、《斥汪逆伪国民党全代大会》、《斥汪逆“中日经济提携”谬论》等社论。坚决批判和声讨汪精卫的卖国行为，提醒国民注意汉奸及托派匪徒之阴谋。毛泽东提出，“我们的战争是神圣的、正义的，是进步的、求和平的”，④在《论持久战》中系统地阐述了持久抗战的思想，并提出了“抗日战争是持久战，最后胜利是中国的”⑤科学论断。中国共产党铿锵有力的宣言极大地安抚了国统区的民众，指明抗战是进步的事业，要有抗战必胜的信心，进步思想一定会有新的曙光。

---

① 《新华日报》1938 年 1 月 11 日。
② 《新华日报》1938 年 11 月 23 日。
③ 《新华日报》1939 年 8 月 26 日。
④ 《毛泽东选集》第二卷，人民出版社 1991 年版，第 476 页。
⑤ 《毛泽东选集》第二卷，人民出版社 1991 年版，第 515 页。

第五节　坚持以人民为中心的话语价值取向

“话语的效应取决于语境的相关性,即只有当话语内容与话语对象具有关联性时,才具有取得话语效应的可能性。”①话语根植于现实当中,要想取得人民的回应,就要把话语的现实性与人民的需求性架构起来。对于中国共产党来说,“一个政党要成为革命的政党,一个革命政党要完成自己的任务,该党对群众的关系和态度有着重要的决定意义。”②《新华日报》和《群众》周刊作为中国共产党在国统区的机关报,是人民的喉舌,是人民的向导,显然是将人民放在首要位置,更多是为国统区的民众服务。纵观国民党的机关报刊《中央日报》体现的是国家意志的喉舌,是领袖的喉舌,其设置了一套条例,必须站在国民党的立场上进行报道,不得违背领袖和政府的意志,这与中国共产党的价值取向形成鲜明的对比。中国共产党之所以能赢得民心,就在于始终坚持以人民为中心的话语价值取向,关注民生、解决民困、争取民众,对国统区人民日常生活进行全方位报道,以舆论引导解决社会民生问题。

一、关注民生

马克思指出:“人们为之奋斗的一切,都同他们的利益有关。”③人类历史活动的规律离不开现实个体的人的利益,马克思对民生问题的关注,就是对人的利益问题的关注。《新华日报》发表大量的社论来阐述国民党统治区社会民生问题,特别是关系到广大民众切身利益的生活层面问题。中国共产党为他们代言,反映他们的需求,呼吁社会的关怀,引起了底层百姓情感上的共鸣。物价就是直接关系到广大人民群众的社会经济生活问题,《新华日报》先后发

---

① 张寿强、李兰芬:《马克思主义道德话语的境况及其建构》,《学海》2010 年第 6 期。

② 《新华日报》1939 年 1 月 29 日。

③ 《马克思恩格斯全集》第 1 卷,人民出版社 1995 年版,第 187 页。

表了多篇社论，阐述了国统区物价上涨的原因、危害、应对措施。“奸商之操作和特殊人物之投机取巧乃是物价高涨的主要原因。”①“物价上涨，苦的是工人、苦的是农民，这些投机家对抗战间接带来了罪恶，是敌人的帮凶，还帮助敌人走私。”②这样一来，造成民众生活的艰难，而民众恰恰是抗战胜利的基础力量，这严重危害到了抗战的前途。党报作为人民的喉舌，有义务揭露这种社会黑暗面，报道出来希望能得到当局政府的支持与寻求相应的对策，也体现了中国共产党对民生问题的关注。而“粮食问题，对于前方和后方，对于抗战和民主，都有第一等重要的意义。”③要提高粮食生产，还要注意调节问题，统制各地粮食的运销。另外，中国共产党发表社论《救灾和防汛》、《整顿谷贱伤民问题》、《改善人民生活》、《平抑必需品的价格》等都体现了中国共产党时刻关注国统区民众与切身利益息息相关的问题，并有所作为。这些举措提高了国统区民众对中国共产党的认知和信赖，为建构话语权赢得了优势。

二、解决民困

中国共产党是否坚持为人民服务的宗旨，就体现在他是否能够为人民破解民生领域的难题。《新华日报》不局限于关注民众的困难问题，还要帮助民众克服困难。关于反映民众需求的，都是中国共产党迫切需要解决的问题。抗战以来，国民经济遭到严重破坏，赵雁林称：“许多工厂停工，大批工人被抛到后头，除极少数改行糊口以外，最多数在没办法中往沦陷区走，这是多么可怕的现象。”④对此，中国共产党呼吁当局政府救济那些饥饿的失业工人。当然，更主要应该设法解决当前国内的经济困难，挽救工业破产危机。中国共产党发表社论《疏散难民中的救济问题》、《救济河北水灾反对敌寇“扫荡”》、

① 《新华日报》1940年4月8日。

② 《新华日报》1940年1月8日。

③ 《新华日报》1938年5月23日。

④ 《新华日报》1944年3月16日。

《保障战时劳工生活》、《救济战区学生》等等，提出：除了政府的救济之外，如何消灭这种不断增长的失业率呢？那还有一个办法就是开办工厂，因为“苏联之所以能够击溃德国法西斯侵略者的进攻，主要有赖于前线红军的英勇奋斗，而大后方劳动英雄的努力生产，起着极其重要的作用。”①增加生产也是迫切的要求，工人自己需要努力劳作和增强自己的劳动效率，当局政府还要采取适当的经济政策和社会政策，来保障工人的待遇和生活。在社论《论战时的经济政策》中指出，“正确的经济政策，是抗敌胜利的重要条件之一。第一要实行经济的反封锁，第二要动员和增加全民族的一切生产力量，第三应该减轻一般民众的负担，第四培养经济财政的泉源。在企业上，除了积极建设国营事业外，必须保护与扶持私人资本的发展；生产关系上，改善租佃关系；交通运输上，迅速解决国际交通问题；财政上，执行钱多多出钱少少出的原则。”②。中国共产党这个主张符合中国实际，是抗战经济建设的迫切需要，也能团结中等资产阶级，对全民抗战大业有益无害。不仅如此，对于中下层公务员的生活困难，《新华日报》也指出：“让公务员有安定的生活，固定的职务，并且严格实行人事制度，厉行考核，严明赏罚，以公正民主的方式激浊扬清。这样，公务员便能减却私忧，专心公务，我们便会有合乎战时要求的行政效率”。③ 这样一来，公务员也能更好地为国家服务。底层许多民众给《新华日报》写信反映诉求，请求公众媒体为他们争取权益。还有围绕工人、妇女的维权等问题，《新华日报》设身处地地为民众排忧解难，中国共产党的新闻报道替民众说话，极大地改变了民众对中国共产党的看法。

三、争取民众

人民群众是社会发展和社会变革的主要力量，无产阶级要有自己的力量，

---

① 《新华日报》1943 年 12 月 28 日。
② 《新华日报》1942 年 11 月 17 日。
③ 《新华日报》1943 年 4 月 5 日。

必须赢得广泛人民群众的支持，才能够顺利推动党的方针路线的实施。抗战期间，中国共产党的全部工作重心紧紧围绕民族解放的抗日救亡，因此必须广泛发动人民群众，调动人民的积极性，壮大革命队伍。熊复回忆："《新华日报》通过各种道路和形式，一直保持着自己同群众的联系，同国民党统治区的工人运动、青年运动和妇女运动的联系，以及同国民党统治区的爱国民主运动的联系。"①中国共产党与工人、青年、妇女以及爱国人士保持联系，是为最大限度争取各阶层的支持，壮大抗日统一战线的力量。1938 年 2 月 16 日，《如何动员工人积极参加抗战事业》的社论明确指出："加强工人职员的教育和组织，据国民党二十四年调查，全国只有二百七十一个工会组织，会员只有七十六万余人。同时已参加了工会的，实际也得不到教育和训练。"全国工人人数相当庞大，但工会组织相对较少，怎样加强和扩大工人组织呢？"就是使工人职员不分地域、不分党派、不分帮口、不分民族、不分信仰地加入职工会的组织"。② "我们要团结全国各地各行各业的职工会，改善职工生活，充实抗战的力量。"③社论表明中国共产党对工人持以信任，希望获取工人对共产党的信任，增强工人的团结。

青年作为抗战救亡的有生力量，《新华日报》社论指出："希望中国的青年更加强其本身的团结，来给国际友人看到中国青年团结统一的强固阵容，以及由统一产生的伟大的不可征服的力量！"④中国共产党高度赞赏了学生救国的行为，并号召"有知识有觉悟的青年们，应当广泛的到部队去，到军校去。"⑤抗战前线需要青年的支持，中国民族解放事业更离不开青年。马克思指出："每

---

① 熊复：《幸好没有辜负党的委托和人民的期望》，载《新华日报的回忆》，四川人民出版社 1979 年版，第 38—40 页。

② 《新华日报》1938 年 2 月 16 日。

③ 《新华日报》1938 年 5 月 24 日。

④ 《新华日报》1938 年 4 月 28 日。

⑤ 《新华日报》1938 年 5 月 20 日。

个了解一点历史的人也都知道，没有妇女的酵素就不可能有伟大的社会变革。”①妇女是推动社会变革的一分子，也是中国抗战的重要组成力量。1938年3月8日，《新华日报》发表《三八妇女节与中国妇女》社论，指出：“大时代的中国妇女中国男子对国家民族负着同样的伟大繁重的任务：同样握着国家兴亡的命运。”②中国共产党对建立妇女统一战线给予高度希望，指出妇女们是今日抗日的一支生力军，也是明日独立自由新中国的新公民。因此，“妇女在今天为了获得最后的解放，就不能不脚踏实地，忍苦耐劳，从事切切实实的工作。……一点一滴地去学习一切技术。”③《新华日报》还向全社会宣告：“一个国家的文明与否，以妇女解放的程度可以看出来，现在我们也可以使用同样的尺度，以妇女的职业状况，来衡量中华民族前进了多少。”④妇女的贡献可以说是巨大的，如慰问救护、努力生产、救济难民、保育难童、锄奸警戒等。《新华日报》唤起了广大妇女为争取独立的经济权利和自尊自重自立自强的意识，也为广大妇女指明前进的方向，激励她们为争取民族解放和妇女自身解放勇敢地投入到抗日救亡的伟大斗争。总之，中国共产党在国统区为工人、青年、妇女等发出呐喊，促进他们的民族觉醒，建立和扩大了下层统一战线，有力地巩固和发展了中国共产党的民众基础。

第六节　丰富多彩的话语表达方式

中国共产党的党报党刊发表大量的社论与国民党进行论战，通过丰富多彩的话语表达方式，从正面引导、中性描述、反向批判的叙述方式，凸显标题关键词的倾向性表达和开天窗留白的特殊方式进行文字的交锋，彰显出中国共

---

① 《马克思恩格斯选集》第4卷，人民出版社2012年版，第480页。

② 《三八妇女节与中国妇女》，《新华日报》1938年3月8日。

③ 《妇女就业问题》，《新华日报》1943年8月16日。

④ 《为职业妇女开辟坦途》，《新华日报》1943年5月10日。

产党的政治立场和政治意图,有的放矢地开展话语权的争夺,以此引导进步势力、吸引中间势力、批判敌对势力,扩大中国共产党在国统区舆论场域的影响力。

一、正面引导、中性描述、反向批判的叙述方式

中国共产党在新闻宣传方面的社论一般从正面提出问题、发出号召和摆出主张来表达自己的意图。《新华日报》和《群众》周刊通过社论对当前时局的把控和重大问题发表看法,以鲜明的政治立场来引导社会舆论。抗战初期,中国共产党以社论呼吁救国,如《建设新中国而奋斗》、《坚持长期抗战》等坚定持久抗战的决心和最后胜利的信心;在抗战相持的艰难期,《新华日报》又以多篇社论呼吁广大人民要战胜困难,振奋军队的士气,如《在困难中前进》;抗战即将胜利时,中国共产党又正确分析了战争的形势动态,如在《群众》周刊社论中《胜利途中的严厉考验》更给人民指明了前进的道路。还有对共产党军队的抗战业绩进行真实的报道,在社论的内容叙述了八路军、新四军、游击队等中国共产党军队奋战抗敌的事迹,细数他们的贡献,这些报道彰显了中国共产党军队英勇杀敌、保卫国家的奉献精神,让人们看到中国共产党武装力量的英雄本色,激发了广大人民保卫家园的血性,激励了广大民众投身抗战的行动。社论积极地向国统区民众反映中国共产党一心抗战的决心和积极抗战的实情,引导人民形成爱国统一战线,鼓舞广大人民积极抗日。在中国共产党的正面积极引导下,大批进步分子坚定了政治立场,找到了前进的方向。

同样,中国共产党以中性客观性的新闻描述,反映出新闻的客观立场,没有所谓的褒贬意味,就客观阐述新闻事实。《新华日报》的社论有《论保障救亡团体和抗日党派的合法权利》、《祝国民参政会成功》、《对基本国策不容许含糊》等都详细客观地阐明了当前的事实,但也传达出中国共产党以同心同德来互让互助、互信互勉争取完成伟业的光明前景,让全国人民看到中国共产

党的诚意和所追求的价值目标。作为党的机关报，中国共产党为真实全面地报道抗日战场上的新闻，《新华日报》也高度关注国民党战场的情况，不遗余力地报道国民党抗战成绩，讴歌国民党军队的抗战英雄，肯定了国民党军队的作用。这不仅是对国民党抗战胜利的肯定，坚定了民族抗战的信心，也让中国共产党在国统区民众心里留下了一个公正客观的形象。1938 年 11 月 8 日《新华日报》社论发表《第二届国民参政会谈的总结》中表示，在抗战最严重的时候，中国人民各党派各阶级的团结进一步巩固了抗战到底的意志，进一步坚决拥护蒋委员长和国民党政府的热忱。① 这些言论也表明了中国共产党的态度，对各党派展现了中国共产党具有民族大义秉性的形象，能够大气地拥护抗战中的国民政府，进一步鼓动了国民党内部的抗战派，也助力国统区民众的抗战气焰，团结一致对外。通过客观的阐述，内含中国共产党的态度与目的，宣传了党的政策，积极发展更多中间势力加入抗战工作。

中国共产党还用大量的篇幅在社论中以一些反面报道来揭露、批判一切反动分裂的行径。日本对中国实行军事侵略以来，随着各地区逐渐沦陷，各种亡国论、速胜论、投降主义甚嚣尘上，这种错误的言论和一些错误的行径严重动摇我国抗战的决心。对此，《新华日报》和《群众》周刊以论战的形式批判性地分析当前事实，如：1938 年 11 月 4 日，《新华日报》发表社论《粉碎一切汉奸伪组织》披露出，“在华北，有溥仪、郑孝胥、李守信等；在华北，有王克敏、江朝宗等；在华中有温宗尧等，这一切的民族败类，便是敌人发动伪组织的主要工具。敌人对于汉奸，根本是把它们当成傀儡。”②对待汉奸，中国共产党严肃声明自己的立场，肃清一切汉奸伪组织。对于敌寇的阴谋论，《新华日报》发表社论：“凡是一个中国的国民，对于近卫声明存在丝毫幻想着，必为全国人民所唾弃。”③争取抗战最后胜利已经是全国人民不可动摇的信念，中国共产党

---

① 参见《第二届国民参政会议总结》，《新华日报》1938 年 11 月 8 日。

② 《粉碎一切汉奸伪组织》，《新华日报》1938 年 11 月 4 日。

③ 《揭破敌寇阴谋与巩固内部团结》，《新华日报》1938 年 12 月 28 日。

义正词严抨击这种投降主义的谣言，稳固民心。1939年后，国民党实行了消极抗战和积极反共的方针，发起了一波又一波的反共高潮，严重破坏了抗日民族统一战线。国民政府利用报纸、广播等制造了一系列反共言论，对此，中国共产党以事实为依据，对国民党虚伪的言行给予抨击和各种反共行为给予反抗。如《群众》周刊发表社论《阻止国民党反动派造成的全面分裂》、《历史新事件—全面内战的信号》、《立即无条件停战！实行政协决议》等揭露国民党反动的阴谋，宣传党坚持和平建国的方针。而《新华日报》对于皖南事变背后的真相进行揭露，引起了广大民众对国民党当局的强烈反抗，对于中国共产党给予莫大的同情。

二、凸显标题关键词的倾向性表达

一个好的标题通常是画龙点睛之笔，中国共产党的社论在标题上常常凸显关键词，这样的话语设置通常最醒目，最能抓住人的目光。中国共产党社论的标题多以“加强”、“团结”、“巩固”、“保卫”、“提高”、“前进”、“动员”等带喊口号的话语表达方式，贯穿着社论的总基调。细数1938年1月份《新华日报》社论共发表18篇，其中就有7篇带有动员呼吁的字样，如《团结救国》、《巩固前线》、《保卫河南》、《巩固山西阵地》、《提高抗战军队纪律》、《在困难中前进》等社论，都彰显了中国共产党推进民族统一抗战的强烈愿望和积极引导广大人民群众走向抗战胜利的信心。同样，以“论”、“再论”、“谈”、“关于”、“与”等为标题，通常是中国共产党以鲜明的政治立场来阐述当前时局，如《论目前的局势》、《再论目前的局势》、《论抗战时期的民众运动》、《论欧洲的局势》、《论山西战局》、《关于建立新的军队》、《中国抗战与国联前途》等社论，既客观强调当前形势问题，又在社论内容里传递着党的真实意图。1938年3月26日，《群众》周刊发表社论《我们的一点意见》中传递出中国共产党的态度，“加强民族团结统一战场的关键是三个问题，如何使各党派更加亲密合作、民意机关更加健全、全民运动更加开展，最好的方法是完成孙中山先生的遗教”,①表明中国共产党是真实忠诚地为实现孙中山先生唤起民众联合奋斗的遗教。除此之外,《新华日报》上常看到“粉碎”、“揭露”、“傀儡”、“敌伪”、“揭穿”、“阴谋”、“汉奸”、“反对”等字样标题的社论,其主要一语中的地揭示文章的中心思想,直指敌寇的阴谋和反动派的谎言,让国统区民众认清反动的本质和错误的言论。如《汪伪傀儡登场以后》、《揭穿寇奸底双簧戏》、《彻底粉碎日寇的和平攻势》、《粉碎敌人新的以华制华毒计》等,这样显著的关键词让人迫不及待地想要了解事实的真相,同时也能激发广大人民群众的愤怒,唤醒国统区人民的意志。凸显标题关键词不仅要精炼,还要能够一瞬间抓住人的眼球,也让人直接从题目中就能看出文章的中心内容。中国共产党以这样的话语表达方式也表现出党的话语风格,干净利索、形象、让人一目了然,这也成为广大读者喜爱的一种话语表达方式,引起广大群众的共鸣,起到了动员群众的作用。

三、开天窗留白的特殊方式

留白是话语风格中的一种特殊方式,作者可以通过省略部分标题、文字、内容等构成话语叙述的留白,造成信息上的缺失,引发读者巨大的想象空间,达到一种无声胜有声的目的。国民党当局虽然允许《新华日报》和《群众》周刊的发行,但随着《新华日报》的影响力不断增强,国民党顽固派也对其严密封锁、无情迫害。其设置了一套“新闻检查所”、“图书杂志审查委员会”以及“邮电检查所”等钳制机构,就新闻的内容、标题、信息等都要经过严格的检验,合格后才能发表。甚至许多关于共产党正面报道都不允许刊登,还有一些不利于当局的字眼都不能发表。针对国民党政府的新闻检查和统制,为了让国统区广大民众能够听到中国共产党的呼声,《新华日报》不断探索行之有效的斗争方式,来冲破国民党新闻检察机关的枷锁。中国共产党在《新华日报》

① 《我们的一点意见》,《群众》周刊第一卷第15期。

的社论以开天窗留白的这种特殊的话语表达方式进行表达。针对稿件上一些敏感字眼,新闻监察局常常要求删除或者修改,不然就强行扣留,不能出刊。经过几次据理力争无果后,《新华日报》编辑部也逐渐摸出了一些门道,知道哪些词不易通过,就可以想方设法换一些代词来掩盖,或者就直接采取“被删”、“略”、“××”、“遵检”等字样,例如新四军、八路军、汉奸等字样只能用×××代替,其他多为直接留白方式进行无声的抗议,如 1940 年 11 月 24 日社论《彻底粉碎日寇的和平攻势》一文就有删节十处。每次读者看到内容中含有如此留白的地方,就知道背后隐藏的意思了。有时候整个社论的内容都大面积开天窗,只保留标题,文章内容全面留空白,典型性的就数 1940 年 1 月 6 日的社论,只保留下了标题《抗战第一! 胜利第一!》,超大字号显示头版,没有内容,让广大民众看到国民党政府对新闻自由的迫害。还有 1943 年 9 月 19 日社论《对三届二次国民参政会的期望》,文中既有被删字样,也有大面积开天窗的留白,这也是一种无声的反抗来回应国民党当局对新闻自由的束缚管制。在驻华记者看来,战时新闻统制政策对中国共产党言论自由的严重控制,已经严重影响了新闻的真实与自由,国际对国民党及其政府也越发失望。《新华日报》要求出版自由,必须废除现行检查办法。《新华日报》和《群众》周刊就是在艰难的新闻统制环境中生存发展的,并不断扩展它的读者群,扩大它的影响力,在与国民党斗智斗勇中赢取了广大中间势力的理解与支持,也争取到了国际舆论的支持。

第六章　抗战时期马克思主义在国统区大众化的效果分析

面对种种艰难险阻，《新华日报》《群众》周刊采取灵活多样的斗争形式，坚持理论通俗化、大众化和密切联系群众的方针，赢得了广大读者群众的喜爱，为抗战时期国统区的马克思主义大众化建立了不朽的功勋。

第一节　加强了国统区地下党员马克思主义理论教育

抗战以来，南方各省党组织普遍得到较大发展。中共中央南方局成立之后，鉴于抗日救亡以来国民党统治区党组织的迅速发展，以及国民党时不时挑起的摩擦，开始着手加强党内教育，整顿和巩固党的组织。1939 年 4 月下旬，周恩来视察南方工作时提出，要立即转变组织形式和工作方式，加强对党员的教育，整顿巩固党的组织，在组织发展上要"质重于量，巩固重于发展"。① 而在国民党统治区，中共正是通过《群众》周刊和《新华日报》对地下党党员进行系统的政治教育。

一方面，南方局通过《新华日报》《群众》周刊号召广大党员要学习革命理论知识，学会将理论知识运用于实践。《新华日报》是中国共产党建党以来第

① 中共重庆市委党史研究室编:《中共中央南方局大事记》，重庆出版社 2004 年版，第 35 页。

份可以在全国公开发行的党报，因此被誉为中国革命的“火星”。中共中央对它非常重视。《新华日报》出版两个多月后，党中央就做出了《关于党报问题给地方党的指示》（1938 年 4 月 2 日），指出：“在今天新的条件下，党已建立全国性的党报和杂志，因此必须纠正过去那种观念，使每个同志应当重视党报，读党报，讨论党报上的重要论文。”“各地方党应当尽一切力量来帮助《新华日报》，以达到加强报纸与群众的联系：（一）每个支部都应有一份《新华日报》，每个同志应尽可能定一份《新华日报》，并帮助推销和发行；（二）帮助建立通讯工作；（三）帮助建立读者会。各地方党应把这通知给每个支部每个党员知道，并讨论具体执行的办法。”①以此强调新形势下创办全国性党报的重要意义，并要求各级党组织要尽一切力量帮助办好《新华日报》，同时要求每一位党员都应该认真学习阅读《新华日报》《解放》周刊和《群众》周刊以及时地了解党的方针政策。《新华日报》还辟有“团结”专栏，根据地下党员的思想状况刊发一些文章，以此进行革命人生观、革命气节、革命品质和情操、共产主义远大理想、马克思主义理论的教育。

《群众》周刊还是国统区地下党员学习马列主义、提高理论水平的重要教材。如在四川省自贡市做地下工作的杨云入党之后，第一次读到《群众》周刊的时候，“心情十分激动，当时我的文化水平不高，但总是兴致勃勃地读它几遍，”②对每期周刊都要反复阅读、认真领会，并把它作为行动的指南和珍贵的宣传武器。此外，有些暴露身份的党员需要转移，也常常利用《群众》周刊和《新华日报》这个公开阵地作掩护。并且，“许多长期处于秘密活动之中的地下党员，他们主要是通过《新华日报》来领会党中央的方针政策，制定具体的斗争方案的。”③还有因种种原因和党组织失散了的党员，也通过《群众》周刊

---

① 《群众》周刊第 1 卷第 22 期。

② 新华日报群众周刊史学会南京分会：《群众周刊回忆录》，群众杂志社 1989 年版，第 80 页。

③ 韩辛茹：《新华日报史》，重庆出版社 1990 年版，第 12 页。

和《新华日报》尝试与党进行联系,也是常有的事。

另一方面,南方局要求县级以上干部坚持自学马列著作,并通过举办训练班、集中组织学习等方式,来加强党的建设,提高广大党员的理论水平和办事能力。培训班主要是加强党内的马克思列宁主义教育、阶级教育与党的教育,使党员认识马列主义与三民主义、民族统一战线与阶级斗争、民族立场与阶级立场的正确关系,纠正各种错误思想。① 从 1939 年 4 月起,南方局先后在重庆的机房街 70 号和红岩嘴 13 号多次举办党员干部培训班。各省委、特委、边区委也都先后举办了党员干部培训班。1939 年 2 月 17 日,周恩来在桂林八办同李克农、曹瑛谈形势,谈党的工作问题时,对广西党组织工作作了重要指示。他指出:“要注意宣传好毛泽东《论持久战》等著作……要加强理论、政策学习,时刻以党中央的路线方针政策检查党的工作。”②遵照周恩来的指示,各地下党组织组织党员参加了各种训练班和学习会,1939 年 2 月中旬,中共广西壮族自治区工委在灵川县雍田村举办了为期半个月的党员干部训练班,学习期间曹瑛曾到训练班作指导,训练班由陈岸和黄彰主持,黄彰、黄书光、覃桂荣等根据在衡阳培训班学习的内容,分别就统一战线、青年运动、党的建设等问题进行了授课讲解。此外,“(广西)学生军的各级中共组织重建以后,即有计划地组织党员学习《马恩列斯论共产党》、《新民主主义论》、《论共产党员的修养》,学习《新华日报》和《群众》周刊的重要文章,加强对党员进行革命理论、党的基本知识和共产主义理想的教育。”③

在那严酷的年代,国统区的地下党组织充分利用了《群众》周刊和《新华日报》来教育广大党员和进步分子,《群众》周刊和《新华日报》像灯塔一样,在

① 参见中共重庆市委党史研究室编:《中共中央南方局史》,中共党史出版社 2009 年版,第 41 页。

② 中共广西壮族自治区委员会党史研究室:《中国共产党广西历史》,广西人民出版社 2004 年版,第 258 页。

③ 中共广西壮族自治区委员会党史资料征集委员会:《中共广西党史大记事》(新民主主义时期),广西人民出版社 1989 年版,第 162 页。

黑暗的国统区放出耀眼的光芒，给大后方的民众指明了方向，吸引和影响了国统区无数革命人民，特别是引导革命青年和知识分子走上了革命道路。

第二节　在国统区民众中树立了中共光辉形象

1939年以后，国民党顽固派为了打击中共力量，颁布了一套严格的书刊审查制度，以此为借口扣押《新华日报》《群众》周刊中关于马克思主义和党的言论方面的文章。并在思想舆论方面，竭力污蔑和诋毁马克思主义和中国共产党，大范围散布“中共抗战不作为”，污蔑八路军“游而不击”的虚假言论，力图以国民党舆论控制民众达到一党专政和专制独裁的目的。这些做法使得国统区民众对中共产生了很大的误解，对中共光辉的政党形象造成了严重的破坏。为了扭转局面，《新华日报》和《群众》周刊充分发挥了党报党刊的作用，以多样化的版面设计和灵活多样的斗争形式，予以坚决的回应，尽可能地通过各种话语表达方式，将马克思主义理论和党的方针路线传播到国统区民众中去。正如吴玉章给党中央的报告中说，“我们的大张旗鼓的宣传，几乎统治了整个重庆。”①

首先，树立并维护了中共民主革命的政党形象。《新华日报》和《群众》周刊以及桂林的书店、出版机构刊发了大量的马克思主义理论的相关文章、书籍。中共是以马克思主义为指导的政党，马克思主义理论的宣传与普及，有利于国统区的民众对中共产生信仰和价值上的认同。另外，党的主张、方针、政策在桂林广泛传播，使得国统区群众能够很清晰地了解到中共对抗战的局势做出的正确判断，中共提出的持久抗战的方针，以及中共为坚持抗战致力于民主事业所付出的实际行动，都有利于让国统区群众正确认识并认同中共的民主革命的形象。

① 《新华日报史新编》，重庆出版社1998年版，第349页。

其次，树立并维护了中共英勇抗战的爱国形象。《新华日报》和《群众》周刊以高质量、多数量的文稿报道了中共八路军、新四军抗战情况，讲述中共领导的军队抗战的英勇故事，分别罗列出解放区战场八路军、新四军、华北、华南、华中各地游击队的每月战绩，介绍敌后根据地的社会主义建设进展，用客观的事实击破了中共抗战不积极的言论。如，在百团大战取得胜利之后，《新华日报》刊登了《百团大战在华北》一文中，指出："六天之中交战 120 此，克复大小据点 46 个，歼敌 6000 以上，俘日军 129 名，缴获长短枪 2000 余支……解放矿工 3000 余名。"①《群众》周刊第 3 卷第 4 期刊登了左权题为《四月份华北战局概况》，文中介绍了八路军在冀南、冀中、晋东南区、晋察冀边区津浦线一带收复许多土地的战绩。② 后《群众》周刊又在第 4 卷第 7 期，刊登了左权的文章《坚持华北抗战两年中之八路军》③，文中以大量的事实，说明八路军对日作战坚决、积极、英勇，战绩辉煌。以上事例有力地驳斥了蒋介石集团污蔑八路军"游而不击"的无耻谣言，在民众心中树立了中共英勇抗战的形象，有效地维护了中共光辉的政党形象。

另外，树立并维护了中共领袖的精英形象。《新华日报》《群众》周刊刊发过大量毛泽东、周恩来、朱德、叶剑英、彭德怀、董必武等党的主要领导人的文章、照片、采访、谈话、生平介绍的文章。介绍了中共领导人的思想和主张，讲述他们的生平经历，宣传主要领导人关于时事的讲话，展示领导人抗日救亡的实践活动。如《新华日报》在 1938 年 6 月 21 日刊登了毛泽东的《抗日游击战争的战略问题》，12 月 7 日刊登的《论新阶段——抗日民族战争与抗日民族统一战线发展的新阶段——一九三八年十月十二日至十四日在中共扩大的六中全会的报告》，两篇文章都有在文后附有毛泽东的照片。12 月 10 日，还刊登了毛泽东亲笔手写给前线战士的慰劳信。《群众》周刊在 1939 年 6 月刊登了

① 《新华日报》1940 年 9 月 9 日。

② 参见《群众》周刊第 3 卷第 4 期，1939 年 6 月 11 日。

③ 参见《群众》周刊第 4 卷第 7 期，1940 年 3 月 8 日。

叶剑英的《最近敌人作战计划的分析》一文，在文中也附有叶剑英的照片。通过对领导人的报道，国统区的民众能够初步地认识、了解中共领导人，并以领导人的言论和行为为榜样，激励自己坚持抗战，响应中共的号召，潜移默化地改变自己的思想、道德和行为，有效地在国统区民众心中塑造了中国共产党领导人的伟大形象。

此外，也推动了国统区群众对中共的情感认同、信任、支持和帮助。通过《新华日报》和《群众》周刊等对中共亲民利民的政策和行为的报道，国统区的民众认识到中共是一个能打胜仗、能为民众谋幸福的党，心理上渐渐向共产党靠拢。《新华日报》在武汉办刊期间，最高发行量为三万份，1938 年迁到重庆办刊并在桂林设分馆后，发行量逐渐上升，1942 年甚至超过了五万份的数量。当时，重庆近郊有一个名叫大渡口钢铁厂。钢铁厂八个车间都成立读报会。通过读报会活动，《新华日报》在工人中的影响越来越大。不到一年时间，报纸订阅数就由开始时的十几份增加到二百多份。①《新华日报》发行量的增加就是群众对中国共产党认同的一大体现。另外，国统区群众积极响应《新华日报》组织的义卖、献金、募捐活动，对前线的八路军、新四军战士给予精神上的鼓励和物质上的支持。

最后，是国统区爱国进步学生的政治引路人。《群众》周刊与《新华日报》有关陕甘宁边区和其他抗日根据地的宣传报道，为民众树立并维护了中共良好的政党形象。对国统区的人民，尤其是对青年学生产生了巨大影响，吸引了大批爱国进步青年参加革命。大批爱国进步学生通过阅读学习《新华日报》和《群众》周刊，自己的人生观、世界观和价值观发生了巨大改变，积极要求到延安或其他抗日根据地，甚至抗日前线，参加共产党领导的各项抗日救亡工作。在抗战开始的最初几年，青年学生就有四五万人奔赴延安。② 在抗日战争前党员数量只有 4 万多，抗战后中国共产党党员数量达到 120 多万，足足翻

---

① 参见韩辛茹：《新华日报史》，重庆出版社 1990 年版，第 147 页。

② 参见赵和平：《中国学生运动简史》，石家庄河北人民出版社 1985 年版，第 203 页。

了30倍。据《抗战初期的长江局》一书记载,仅在武汉时期,先后经十八集团军武汉办事处和《新华日报》介绍到延安和八路军、新四军工作的青年学生至少有一万人以上。① 抗战进入相持阶段之后,随着大批高校内迁,学生和青年成为仅次于工人的城镇人口,《新华日报》《群众》周刊加强了与青年学生的联系,从1940年2月开始设立《青年生活》专版,每两周出刊一次,加强对青年生活学习和国内外青年运动的报道,使得《新华日报》成了国统区青年的园地和"生活与斗争的陶冶厂""学习与批判的社会大学",②成为了广大进步青年的政治引路人。

第三节 促进了马克思主义在国统区的传播

全民族抗战时期,在党的领导下,左翼进步知识分子充分发挥自身的文化专业特长,借助于报纸、期刊、图书、美术、音乐、戏剧等方式,努力研究、积极宣传马克思主义,为国统区马克思主义的传播打开了缺口。其中,《新华日报》《群众》周刊是中共在国统区传播马克思主义,宣传党的方针、政策,帮助党员干部认识、了解马克思主义的有力武器。

作为党在国统区唯一公开发行的机关报刊《新华日报》,面对国民党颁布的一系列严格的书刊审查制度,《新华日报》仍竭尽所能地宣传马克思主义经典理论,译介马克思主义经典著作,介绍马克思主义经典作家的生平、事迹,党的方针政策等内容,致力于将马克思主义在国统区广泛传播。特别是围绕马克思主义哲学、政治经济学以及科学社会主义的等三个部分的理论知识刊发了大量的文章,如潘梓年的《关于认识论与辩证法的同一问题》《共产主义与马列主义》、张申府的《唯物论的重要》、许涤新的《论限价与生产》等文章。另外,报纸也经常会在广告板块刊登马克思主义经典著作的售卖广告,刊登了

① 参见《新华日报史新编》,重庆出版社1998年版,第300页。

② 《新华日报史新编》,重庆出版社1998年版,第300—301页。

《列宁选集》、《马恩通讯选集》、《马恩与马克思主义》、《资本论》、《辩证唯物论入门》、《毛泽东言论选集》、《毛泽东的作风》等书籍售卖信息。马克思主义的科学理论被更多的大后方民众所了解、认同，并产生了马克思主义信仰，指引着他们参与到抗战中来，推动抗战胜利的步伐，从而在理论与实践中都促进了马克思主义的传播。许翰如曾回忆：“在那些日子里，他们主要就是通过同我们的联系，通过学习《新华日报》来了解、掌握党的方针政策，结合当时当地的具体情况经过队务会议讨论布置，使之变成全队的实际行动。”①

《新华日报》桂林分销处当时根据延安所提供的版本翻印马克思主义经典著作，以此提供给各级党组织和党员学习，供应的书籍有《共产党宣言》、《哲学的贫困》、《法兰西内战》、《马恩通信集》等。根据《新华日报》桂林分销处工作人员葛敏回忆：“音乐家、戏剧家舒模，当时是剧宣四队中共地下党支部书记，他曾对我说：‘我们队流动性大，事事和上级党组织、南方局联系实有困难，全靠《新华日报》来指导我们的一举一动。’”②中共地下党员陈贞娴也曾回忆：“我们介绍《新华日报》和一些进步书刊给他们看，同他们个别人谈心，让他们不仅知道国民党顽固派的主张和言论，也知道共产党的主张和方针政策。”③

《群众》周刊是中国共产党的理论刊物，也是广大人民群众的刊物。这就要求它必须“到群众中去”，熟悉广大群众迫切需要什么，从而提出问题，参与讨论，还要“从群众中来”，争取到更多的群众来阅读《群众》周刊。《新华日报》和《群众》周刊都设有“读者信箱”栏目，坚持有信必复、有问必答的原则，在报刊上刊登涉及民众最关心的问题的来信，并由编者做出详细的解答。党报党刊在桂林发行期间，“读者信箱”专栏解答的群众问题涉及群众个人生活、学习、工作、家庭，社会政治形势、经济发展、文化改革，国家救亡、民族解

① 中国戏剧家协会研究室编：《周总理与抗敌演剧队》，上海文艺出版社 1979 年版，第 24 页。

② 魏华龄：《桂林文史资料》，漓江出版社 1995 年版，第 133 页。

③ 南方局党史资料征集小组：《南方局党史资料群众工作》，重庆出版社 1990 年版，第 379 页。

放、建国大计等方方面面。通过这种形式了解群众、走近群众、关怀群众、与群众对话，有效地吸引了大批的读者，扩大了报刊的发行量和影响力，增强读者对党报党刊的信任，从而增强对党的信任，增强对党的指导理论和马克思主义的认知。吴晗曾回忆："以后我们又得到《论联合政府》、《新民主主义论》、《论敌后战场》等党的文献和《新华日报》《群众》等刊物，如饥似渴地抢着阅读，对政治的认识便日渐提高了。"①闻一多也是如此，他曾在抗战后方通过《新华日报》等渠道，极用功地读过《联共(布)党史》和《列宁生平事业简史》，并于1944年向吴晗表示：自己是个马列主义者，将来一定要请求加入共产党。② 广大读者在读了《群众》周刊和《新华日报》上的马克思主义文章后，大大提高了政治认识，如知识分子方卓芬建国后回忆道，《群众》周刊刊载的马克思主义理论方面的文章"对我大有帮助，充实了我贫乏的脑子，这是我在学校中学不到的知识！"③

加之，《群众》周刊也大量刊登了马克思主义经典著作，发表系统介绍马克思主义理论的著作，以及一些中共主要领导人的著作，如《法兰西内战》、《列宁选集》、《什么是列宁主义》、《什么是马克思主义》、《马・恩论中国》以及毛泽东的《论持久战》、《论新阶段》和朱德的《我们怎样打退敌人》等的新近著作。并且，这些书名经常会刊登在《群众》周刊的广告栏上，使其成为中共宣传马克思主义的主要阵地，有力地推动了马克思主义理论在国统区的有效传播。

第四节　坚定了全民族抗战必胜的信心

抗战时期，重庆成为了国民政府的战时首都，大量的政府机构、工矿企业、

① 吴晗：《拍案而起的闻一多》，《人民日报》1960年12月1日。

② 参见闻立雕：《红烛：我的父亲闻一多》，新华出版社2009年版，第212页。

③ 新华日报群众周刊史学会南京分会：《群众周刊回忆录》，群众杂志社1989年版，第66页。

交通运输、金融服务、对外贸易业、高等院校、文化团体、研究机构的大量内迁，其他如教育卫生、科学技术、社会科学、文化艺术、新闻出版等知识界人士和文化团体大量汇集，仅重庆及其附近就聚集了大专院校38所（战前仅2所），约占当时全国高校总数的三分之一。重庆市的人口由战前不足46万人猛增至1945年的126万多人。① 在《新华日报》《群众》周刊的影响下，通过马克思主义在国统区的广泛传播，最大限度地激发了人民群众的抗战热情，许多知识分子的民族觉醒和阶级觉悟大大提高，积极投身于民族解放和阶级解放的伟大事业。

《新华日报》《群众》周刊刊登大量新闻报道揭露了日本侵略军的凶横残暴，用新闻舆论推动国统区的抗战运动。如《意想不到的残暴》、《广州在轰炸中》、《给敌人的声明以坚强的答复》、《以团结抗战回答敌人的声明》、《加紧回汉团结抗战到底》、《指挥刀下的经济侵略》、《敌人的“国策公司”梦》、《敌人的欺骗政策与难民问题》、《团结起来打敌人》等文章，从政治、经济、文化、军事等多方面深刻揭露了日寇屠杀民众，奸淫妇女，掠夺财物，推行奴化教育的罪恶本质，并对战争发展局势进行了分析，动员中华儿女响应抗日民族统一战线号召，积极参战，保家卫国。《新华日报》在发刊词中指出：“本报愿意将自己变成一切抗日的个人，集团团体，党派的共同的喉舌”②。《群众》周刊则在发刊词中表示“愿意把自己救亡所见贡献于国家”③。这些党报党刊紧紧围绕抗日主题，在国统区宣传和阐述党的抗日主张，“动员全中国的武力，人力，智力，财力，物力，继续守土卫国的长期抗战”④，号召中华民族团结起来，一致对外，组成全民族最广泛的抗日统一战线，争取最后胜利的正确道路。

《新华日报》《群众》周刊还报道了新四军的抗战业绩。《群众》周刊第3

① 参见周勇主编：《重庆通史》第三卷（下），重庆出版社2002年版，第875页。

② 《〈新华日报〉发刊词》，《新华日报》1938年1月11日。

③ 《群众》周刊创刊号，1937年12月11日。

④ 《群众》周刊第1卷第4期，1938年1月1日。

卷第 4 期发表了蒋莱的《新四军的节约运动》一文，文章开头就写道：“新四军从开进大江南北之后，从来没有一次吃过败仗。不到一年，他曾经打退了敌人几次围攻，先后与敌人作过二百卅一次战斗，伤亡敌人在三千二百馀名以上，俘虏一千多，缴获枪支弹药无数。”①另外，第 10 期上也刊登了一则新四军捷报。第 22 期，陈毅写的《茅山一年江南游击区》一文，具体详细地介绍了新四军一年来在各个方面所取得的成绩。② 1939 年 5 月 21 日，《群众》周刊第 3 卷第 1 期发表时评《东北抗日联军活跃》，文章转载了中央社对东北抗日联军的报道。文章重点指出：“此次中国军队击毙敌军五十二名，夺获机枪二十八枝，粮食及军用品甚多。并且，东北抗日联军是战略反攻中收复东北，把日寇驱逐到鸭绿江边的重要支柱。”③有关东北抗日联军的文章还有《最近东北义勇军作战概况》、《大青山抗日根据地剪影》、《今日东北》等文章。以及 1940 年 8 月至 12 月，八路军发动了著名的百团大战，百团大战大捷之后，《新华日报》《群众》周刊想方设法地将胜利的消息传入被国民党政府严格管控的国统区内。如《群众》周刊刊登了彭德怀的《“百团大战”之意义》、邸华的《论华北大战》、朱德的《扩大百团大战的伟大胜利》以及左权的《论百团大战的伟大胜利》等，文章内容主要阐述了大战意义、战局分析、战果报道、后方慰劳、国际反映等方面。从这些抗战业绩中，能清楚地了解到中国共产党人在抗战中勇于牺牲的爱国主义精神、不怕流血的模范行动，支撑起了中华民族救亡图存的希望，每一次战争中所取得的重大胜利，有力地鼓舞了全国人民抗战的信心。

正是《新华日报》《群众》周刊的努力，在宣传的抗战主张，报道八路军、新四军的辉煌战绩，推动国统区的抗日救亡运动，动员群众同仇敌忾参加抗战起了很好的作用。使得国统区中相当多人士成为中国共产党的亲密朋友和坚强同盟军，建立起广泛的抗日民族统一战线，实现了社会意识的整合，提升了人

---

① 《群众》周刊第 3 卷第 4 期，1939 年 6 月 11 日。

② 参见《群众》周刊第 3 卷第 22 期，1939 年 11 月 30 日。

③ 《群众》周刊第 3 卷第 1 期，1939 年 5 月 21 日。

民的精神境界，赢得了人民的觉醒，更加坚定了抗战必将胜利的信心。

第五节　推动了国统区抗日救亡运动

一、动员民众参加抗战

毛泽东指出，“动员了全国的老百姓，就造成了陷敌于灭顶之灾的汪洋大海，造成了弥补武器等等缺陷的补救条件，造成了克服一切战争困难的前提”①。抗日战争关系中华民族生死存亡，无论在以国民党正规军为主的正面战场，还是在以共产党领导的抗日军民为主的敌后战场，都非常需要民众积极参战，支援前线。由于中国共产党始终不渝地坚持抗日战争的正确路线，高举抗日的大旗，因而在群众中的政治威信不断提高。

自创刊之日起，抗战与民主一直是《群众》周刊和《新华日报》高举的两面大旗。它们刊登的许多独家新闻道出了老百姓压在心头的话，人们认为也只有共产党的报刊能登出这样的消息，敢这样说话。《新华日报》和《群众》周刊在读者中的影响越来越大，发行量与日俱增。尤其是《新华日报》发行量总数不仅远远超过国民党的《中央日报》《扫荡报》和《时事新报》等，而且也超过当时发行量最高的《大公报》。《新华日报》《群众》周刊用较多的篇幅鼓励和宣传民众参战，“我国有六倍于日本的人口，四亿五千万的有生力量，如果真能发动起来参加抗战，这真是一种‘取之不尽、用之不竭’的力量啊！”②

特别是抗战全面爆发之后，无数爱国青年们成为了抗战主力军，纷纷走上了抗战前线，参加武装斗争或是其他抗战工作。据统计，《新华日报》在1938年至1943年期间，发表动员青年自愿参军的消息达200多条。如1938年1月21日，《新华日报》发表社论《怎样做征兵运动》进行政治动员，指出要让民

---

① 《毛泽东选集》第二卷，人民出版社1991年版，第480页。

② 《群众》周刊第3卷第10期，1939年7月23日。

众“人人都懂得日寇的强暴、亡国奴的惨痛”，并激起民众为“保卫家乡、保卫民族、保卫自己的子子孙孙”积极“应征上前线”①。每年的五四、一二九纪念日以及国际青年节，也是对青年开展思想政治教育的最佳时机。在抗战相持阶段，《群众》周刊充分借助这一时机，发表《世界青年与中国青年的使命》、《克服青年当前的苦闷》、《献给知识份子》、《“五四”告大后方青年》、《五四当年与今日》、《“五四”与妇女运动》、《发扬“一二九”救国运动的精神》、《国际青年与中国青年》、《今年的国际青年节与中国青年运动》、《国际青年节与中国青年的任务》等系列文章，追溯中国青年在捍卫国家主权、保卫国家领土完整中作出的杰出贡献，对比当下民族独立国家与各被侵略国家的青年处境，号召广大青年团结起来，为消灭法西斯、赢得民族独立而英勇战斗。

同时，《群众》周刊还刊载了《日本帝国主义铁蹄下的朝鲜青年》、《共产青年团员是保卫祖国、保卫幸福、保卫自由的前线战士》、《日本法西斯铁蹄下的青年与青年运动》等文，一方面揭露日本对其征服地区青年的残酷压迫，如强迫青年应征入伍、实施所谓“思想保护观察法”，抑制其反日思想等事实；另一方面，对苏联、朝鲜、中国台湾等国家和地区的青年运动予以高度肯定。其中日敦在《日本法西斯铁蹄下的青年与青年运动》一文中，以当头棒喝的方式，试图促使陷入苦闷的中国青年警醒，帮助他们早日摆脱颓废消沉的状态，唤醒广大青年的抗战意识、提升他们的民族精神，使得广大青年奔赴革命圣地延安，并逐渐成为一股不可逆转的潮流。

据统计，在抗战期间，全国有1400多万青年应征入伍。从1937年2月至1939年底，中国人民抗日军政大学共招收国统区和沦陷区的知识青年16144人。② 虽然，后面国民政府实行“溶共、防共、限共、反共”的方针，对陕甘宁边区进行严密封锁，导致广大青年奔赴延安的道路受阻，困难重重。但即便如

---

① 《新华日报》1938年1月21日。

② 参见罗平汉：《燃烧着希望和热情——大批知识分子奔赴抗日根据地的原因分析》，《理论视野》2008年第3期。

此,至 1943 年底,从全国各地奔赴延安的青年仍达到 4 万余人之多。① 这不仅佐证了抗战相持阶段《群众》周刊青年思想政治教育工作的成效,也昭示着“中国共产党人以自己的政治主张、坚定意志、模范行动,支撑起全民族救亡图存的希望,引领着夺取战争胜利的正确方向,成为夺取战争胜利的民族先锋。”②

工人阶级作为抗战中最为重要的一支队伍,中共对于工人阶级给予了极大的关注。只有让工人阶级掌握马克思主义理论的理论武器,对工人阶级给予正确指导,才能以此充分调动广大工人阶级的抗日积极性,扩大抗日力量。《新华日报》与《群众》周刊便充分利用自己的版面,为工人们发声,为工人们指引方向。1938 年的 2 月 16 日,《新华日报》在《如何动员工人群众积极参加抗战事业》③的社论中分析了抗战形势与工人运动,提出了加强工人教育以及统一工人运动的建议来指导工人运动。并且,为工人们开辟了副刊,从 1940 年 2 月 17 日开始,开辟了两周一期的《工人园地》副刊,经常刊登一些有关工人运动理论、政策的文章,阐述工人们艰苦的工作条件与生活,反映工人的呼声、要求。以及 1938 年 4 月 10 日,《群众》周刊发表《抗战中的工人》,提议政府“注意改善工人的生活”,对工人实施“军事政治教育”,以便“充实现有的军队,建立新的国防军队。”④

《新华日报》《群众》周刊通过宣传动员,鼓励全民族抗战的方针政策,得到了全国绝大多数民众的拥护。重庆街头时常出现争购《群众》周刊和《新华日报》的热闹景象。许多青年因为阅读《群众》周刊和《新华日报》从此走上了革命的道路,加入了共产党,被广大民众视为“黑暗中的一盏明灯”。⑤ 不可否

---

① 参见胡乔木:《胡乔木回忆毛泽东》,人民出版社 1994 年版,第 279 页。

② 习近平:《在纪念中国人民抗日战争暨世界反法西斯战争胜利 69 周年座谈会上的讲话》,人民出版社 2014 年版,第 9 页。

③ 参见《新华日报》1938 年 2 月 16 日。

④ 《群众》周刊,1938 年 4 月 10 日。

⑤ 新华日报群众周刊史学会南京分会:《群众周刊大事记》,红旗出版社 1987 年版,第 100 页。

认,《新华日报》《群众》周刊的抗战宣传对鼓励全国民众积极参与抗战产生了重要影响。

二、推动了国民党统治区爱国民主运动的发展

《群众》周刊和《新华日报》在它们存在的年代里,始终坚定地站在党的立场上,宣传党中央的政治纲领和政治主张,宣传党在抗日战争胜利之后反对国民党反动派的内战、卖国、独裁的方针和政策,赢得了民心,推动了国民党统治区爱国民主运动的发展。每当发生大规模的爱国民主群众运动的时候,《群众》周刊、《新华日报》除了积极参与外,还连日组织稿件,充分真实反映爱国民主群众运动的情况,并尽快地发行出去。它们作为党的宣传者和组织者的作用表现得最为充分,使党刊党报真正起到了"宣传群众、组织群众、武装群众"的作用。

《新华日报》利用生辰或是纪念活动的机会大力宣传爱国民主人士的伟大精神。比如,通过开展对孙中山及国民党抗战英雄的纪念活动,号召民众学习孙中山先生的爱国精神,推动抗日民族统一战线的建立,推动国统区民主运动发展。《新华日报》在 1943 年 11 月 12 日孙中山先生诞辰 80 周年日撰写的纪念文章《国父诞辰纪念》一文指出,孙中山"是中国民主主义的旗帜,是中国认真走上民主政治大道的明灯,现在我应再对国父遗教做进一步研究。"①对冯玉祥将军这样的知名爱国民主人士的生日,也同样着墨庆祝。例如,以庆祝焕章先生六十大寿特刊为契机,邀请林森等国民党要员、黄炎培等民主人士与延安参政员一道题写诗文、贺词。并且,《新华日报》也会为地方实力派的发起的利于抗战的爱国活动进行宣传。如,在 1939 年 9 月 10 日、12 月 10 日,都为李济深的广播演讲刊登预告。当日寇开始加紧对我国华南地区进行进攻时,李济深、黄旭初等人号召八桂民众要团结起来保卫东南半壁河山,为此

---

① 《国父诞辰纪念》,《新华日报》1943 年 11 月 12 日。

《新华日报》以《保卫东南半壁河山》为题①,将李济深的号召进行广泛传播。

《群众》周刊也以纪念活动为载体,发表纪念文章传承革命精神、传播中共主张。如《纪念孙中山先生》(第1卷第13期)、《哀悼闻一多先生》《哀悼李公朴先生》(第11卷第12期)、《悼念人民教育的舵手——陶行知师》(第12卷第2期)、《纪念陶行知先生》(第13卷第1期)等。通过刊发纪念文章,表达中共的政治态度和立场,极大地促进了中共与民主人士的交流。另外,《群众》周刊还通过"笔谈"、"书评及其他"专栏,辑录了张君劢、左舜生、陈启天、刘清扬、张申府等关于实行民主政治和开展民主运动言论的文章。

《群众》周刊与《新华日报》互相配合,为国统区多次发生的爱国民主运动予以声援,极大提高了党报党刊的号召力,提升了中共在国统区的社会影响力和话语影响力。

三、推动了国统区的统一战线工作

根据中共"发展进步势力,争取中间势力,孤立反共顽固势力"②的方针,中共中央南方局领导的《群众》周刊和《新华日报》在新闻界广交朋友,在不同程度和不同范围内同其他各报的新闻工作者加强联系与合作,建立和扩大新闻界的统一战线。它们不仅通过党的统一战线工作来开展采访活动,还通过采访活动来宣传、加强党的统一战线工作,团结各民主党派与进步人士以及广大的工人、青年、妇女群众与读者,结成最广泛的统一战线,以达到团结抗战的目的。当时还有人作词评价《新华日报》,"声宏压群蛙,一纸行天下,立论无媚奥,析理有光华。鞭挞针见血,剥皮血溅花,破胆哀狂吠,砥柱自一家"。③中共正是充分利用了这个合法的文化阵地来促进和发展统一战线工作的。

为了扩大统一战线,中共首先积极开展对文化界的统战工作。中共南方

---

① 参见《保卫东南半壁河山》,《新华日报》1944年6月28日。

② 《毛泽东选集》第二卷,人民出版社1991年版,第763页。

③ 唐正芒:《国统区抗战文化运动史稿》,中国文联出版社2001年版,第279页。

局一直很重视对于文化界人士的团结、引导和关怀，大量吸收知识分子，团结文化界人士抗战救亡。文化界人士是文化创作的主要力量，也是马克思主义传播和抗战救亡文化运动的强大原动力。抗战时期，国民党在国统区不仅对抗日民主运动进行镇压，并且还暗地里对一些进步文化人士进行迫害。在重庆，大多数文化人士都有着抗日爱国思想，但有些仍然对国民党的虚假抗日的现象认识不清。尤其是在皖南事变爆发后的时间里，国民党政府对国统区的进步文化运动进行多次干涉，大大降低了国统区文化人士的抗日热情。还有一些人，虽然对国民党的腐败无能感到不满，但又因消息闭塞，对中共领导下的八路军、新四军和抗日根据地的情况不甚了解。归于上述原因，文化人士逐渐对抗战的前途命运感到渺茫，不知道何为出路。周恩来再分析情况后，指出“要把这些朋友争取过来，就要做细致的工作，而关键是要使他们了解共产党坚持抗日、团结、进步的方针，揭露国民党中一部分人企图投降、分裂、倒退的真相。特别强调在文艺界中广泛结交朋友，同他们沟通思想、互相帮助，逐渐有了深交就可以团结成为一支强大的力量。”①并指出，在国统区的共产党和文化人士应该充分利用国民党所控制的文化机构和团体，引导和做思想工作，使这些文化机构和团体为共产党所用。

例如，在武汉、广州沦陷，长沙大火之后，桂林八路军办事处（简称“八办”）帮助安顿了一大批来桂林的文化人士，皖南事变后也迅速帮助文化人士的转移。在桂林“八办”的努力下，桂林文化救亡运动开展得热火朝天，抗战救亡的报纸杂志、图书种类繁多，桂林的新闻、出版、文艺、教育事业繁荣发展。桂林文化人在桂林“八办”的引导、号召之下，响应中共主张，利用各种形式阐释党的统一战线方针政策，传播毛泽东的持久抗战理论和文艺思想。

其次，团结民主党派人士，维护统一战线。在全面抗战期间，民主党派是介于国民党和中共两党之间的重要中间力量，是统一战线需要团结合作的重

① 金冲及主编：《周恩来传》（二），中央文献出版社 1998 年版，第 632 页。

要政治力量，也是全民族抗战胜利的重要保障。当时，桂林“八办”根据南方局和周恩来的指示，广泛团结民主党派人士，对中国民主政团同盟和救国会民主人士开展互助合作，援助救国会建立了桂林文化供应社，为抗战文化宣传提供了重要阵地，争取了更多爱国人士和民主人士加入到抗战救亡的洪流中来。《新华日报》辟有一个专栏，叫作“友声”，专门刊登爱国民主人士对团结抗战、发展经济的意见和建议，成为政治界、文化界、教育界、实业界代表人物的言论阵地，大量刊登文艺与民主人士的纪念活动。《新华日报》不仅为鲁迅、高尔基等已经作古作家设版纪念，还积极推动和开展了对郭沫若、老舍、茅盾、洪深、张恨水等寿辰及创作生活的庆祝活动。1941 年 11 月 16 日郭沫若生日当天，《新华日报》特别增刊四版为郭沫若做专题庆祝，运用大幅版面刊载了周恩来《我要说的话》、潘梓年《诗才 · 史学 · 书征 · 气度》、沈尹默《沈尹默先生赠郭先生诗》、绿川英子《一个暴风雨时代的诗人》以及苏联大使潘友新等共计十多篇文章和诗词。

最后，皖南事变后，在国统区险恶政治环境下，南方局为了扩大统一战线范围，开始运用“据点”这一形式来开展工作，为统一战线阵容增添新的力量。在南方局所属党组织实行“三勤（勤业、勤学、勤交友）”“三化（社会化、职业化、群众化或合法化）”的过程中，创造出了一种新的活动方式和联系、团结青年积极分子的一种比较灵活的秘密组织形式——“据点”。“据点”以友谊和共同的政治见解为基础，由同一单位或地区相互信任的三五人组成。周恩来对“据点”工作十分重视，多次予以具体指示。1942 年，南方局青年组指导联系的“据点”就发展到 9 个，联系进步知识分子达 252 人，到 1945 年联系的“据点”有 48 个，直接间接联系的成员 989 人。其中大学生 464 人、中学生 24 人、文化界 63 人、中学教员 81 人、小学教员 63 人、职员 178 人、公务员 30 人、商人 6 人、工人 10 人、其他 70 人。① 这些“据点”成员和积极分子，通过交友

① 参见中共重庆市委党史研究室编：《中共中央南方局史》，中共党史出版社 2009 年版，第 157 页。

活动、参加组织各种社团，广泛联系群众，成为深入开展群众工作、宣传马列主义和党的路线方针的重要力量。当时在各地党组织的领导下，大后方的主要国立大学和私立院校，甚至在大后方的一些工厂的工会中、农村的秘密农会都有“据点”组织或“据点”成员。在“据点”的建立和发展过程中，《新华日报》的《青年生活》副刊发挥了重要的指导作用，与青年朋友建立了广泛联系，成为青年朋友交流的重要园地。

《新华日报》《群众》周刊的发行，不仅发挥了宣传中共抗战方针、鼓舞抗战士气的媒体功能，而且发挥了指导中共地方党部工作的组织功能，以及联系和影响新桂系共同抗日的统战功能。① 使中共在国统区团结了广大百姓和一大批进步文化人士与抗日民主人士，有力地调动了广大群众的民族责任感与爱国热情，凝结成广泛的抗日民族统一战线，在反对日本侵略者的同时反对国统区的黑暗统治，大力推动了抗日救亡运动和抗日民主运动的蓬勃发展，为争取抗战的最终胜利提供了强大动力。

第六节　影响和团结了大批国际友人

1938 年 3 月中国共产党中央政治局指出：“我国抗战已经进行了八个月，但是，我们的国际宣传工作，我国各界民众团体对国际上各种民众团体的联系，都太薄弱了。”中共六届六中全会通过决议认为：“集中一切力量，反对日本法西斯军阀侵略者，加紧对外宣传，力争国外援助，实现对日制裁。”随后中国共产党开展了一系列对外工作，注重与国际接轨，关注国际形势，了解国际新闻，也让国际了解国内新闻，争取苏、美、英、法等国共产党、进步人士和爱好和平者的支持和声援。

① 参见魏华龄、王玉梅：《桂林文史资料》，漓江出版社 1998 年版，第 51 页。

一、塑造苏联形象,巩固亲密伙伴关系

苏联是世界上第一个社会主义国家,中国共产党是在苏联帮助下建立起来的,苏联一直以来与我国的交往最为密切。《新华日报》区别于国统区其他报纸的显著特点就是通过介绍苏联的情况,向国统区广大群众展示马克思主义从理论到实践的强大,展示社会主义的强大力量。

《新华日报》发表多篇社论来塑造苏联形象,争取获得国际无产阶级的支持和苏联的援助。首先是人物形象的建构。《新华日报》说道:“列宁的旗帜是胜利的旗帜!列宁是世界无产阶级和被压迫者的救星,是各国共产党的导师。”①以此塑造列宁伟人的形象。《群众》周刊也以大量笔墨对苏联领导人进行宣传,如1940年社论《纪念列宁诞辰七十周年》、《学习学习再学习》等,中国共产党以正面的宣传话语来塑造伟人的形象。其次是赞扬苏联的民主模式。《新华日报》发表多篇社论《苏联各共和国选举运动》、《苏联各共和国的大选》、《庆祝苏联各共和国的选举》、《苏联各共和国选举运动的初步总结》、《苏维埃民主制度的伟大胜利》等,这些社论真实的介绍了苏联的选举运动,并总结了苏联选举的民主特点,证明苏联实现了一切权利属于人民,男女平等,民族平等,最后还高度评价苏联的反法西斯斗争。周恩来《论苏德战争及反法西斯的斗争》一文指出:“在与法西斯的战争中,苏联人民团结联共布及苏维埃政府与斯大林的周围,伟大的爱国主义的热流,自红军队伍中,自工厂中,自农庄中,自知识分子中,自苏联二万万人民的心坎中,为保卫苏维埃人民的政府而英勇奋斗。”②《新华日报》还报道苏联红军援助压迫民族,英勇反抗法西斯主义。如1945年5月4日报道的《追击,追击,追击——祝红军攻克柏林》指出苏联军宪完全占领了柏林,解放了被法西斯统治的德国人民。我们

① 《列宁的旗帜是胜利的旗帜!——纪念列宁逝世二十周年》,《新华日报》1944年1月21日。

② 《论苏联人民反法西斯的正义战》,《新华日报》1941年6月27日。

要感谢苏联红军,因为“经过苏联远东红军不到半月的激战,我国的东北四省解放了!”①这是值得我国借鉴的,苏联红军的力量,是任何一个资本主义的国家军队所不及的,希望中国的广大民众学习苏联人民爱护苏联红军的精神去爱护正在抗战的中国抗日军队。苏联社会主义社会建设的成功也是我国建设值得借鉴的又一方面。中国共产党通过塑造苏联的形象,包括向苏联学习,促进中国共产党和苏联的友好关系,苏联驻日大使斯梅丹宁代表也表示苏联政府援华政策不变。

1938 年 4 月 12 日,《新华日报》社论上记载:“苏联真理报上说,中国共产党的不断努力,八路军的奋勇杀敌,全国人民的精诚团结,建立统一战线……”②都证明了中国共产党抗战在国际舆论上的影响。在苏联 1938 年 5 月 5 日的《真理报》上曾说过,《新华日报》值得每个爱国者敬重、关注和倾听,这极大地肯定了中国共产党机关报的作用。同样,1941 年 4 月 15 日,《新华日报》社论《论苏日中立条约》转载了《真理报》关于苏日中立条约的签订,并站在苏联的立场,评论此次与中苏互不侵犯条约是不同性质的,不应该疏远苏联,应该巩固中苏友好关系。

二、建立英法美战线同盟,获取西方国际支持

中国共产党不仅要对内争取民众支持,扩大国内统一战线,更要对外开展联络工作,扩大西方国际统一战线同盟军。不管是出于正义,还是人道,中国是反侵略的拥护者,反抗一切压迫,毛泽东曾指出:“这一时期内,革命的总任务,是把全世界一切可能的力量都组织到反法西斯反侵略的统一战线内,用以抵抗三个法西斯的疯狂侵略与各国内部法西斯的袭击。”③中国共产党与世界反法西斯同盟一道,不断对国际反法西斯进行宣传,通过发表社论表达心迹,

---

① 《东北解放了!》,《新华日报》1945 年 8 月 24 日。

② 《抗战新胜利对国际舆论的影响》,《新华日报》1938 年 4 月 12 日。

③ 《毛泽东军事文集》第二卷,中央文献出版社 1993 年版,第 471 页。

《群众》周刊发表《开展反侵略运动扩大国际宣传》、《国际援华运动巨潮》、《国际反侵略运动在中国》等社论，表明中国共产党全力支持国际反法西斯运动，中国与国际处于命运共同体的。中国共产党还与英法美国家进行友好交往，对英法美反法西斯统一战线作了大量的宣传。太平洋战争爆发，是国际共同消灭世界法西斯的时候到了，《新华日报》不断发表社论和文章表明中国共产党的态度，如《正义的怒吼》、《美反法西斯的坚决立场》、《苏美英团结益坚强》、《国际反侵略的力量团结起来》、《加强中美人民的合作》等表明了中国鲜明的政治立场，在太平洋战争爆发后，中国共产党对于美军在空中对日作战多用"歼敌"、"击毙"、"奋勇"、"有力"等字眼发表社论，直观反映了美军作战的成绩，塑造一个骁勇善战的飞虎队和美国空军，美两国人民的友谊是在共同的战斗中日益增进，不仅是精神上的援助，在抗战外交上，我国赢得了英美政府的贷款，这对于中国的抗日助力是巨大的，让我国暂时缓解了财政上的困难。在国际援华过程中，中国共产党以多篇社论《美国救济中国难民》、《英国援华与我们应有的努力》、《英美政府给我们的援助》等对英美国家伸出援助之手的树立典范和表示由衷的感谢，也让国际看到中国共产党的真诚，促进国际友人对我国的援助。

1938 年 4 月 12 日，《新华日报》社论《抗战新胜利对国际舆论的影响》梳理了国际舆论对中国以及中国共产党的评论，涉及美国、英国等新闻媒体对中国英勇抗战的肯定和中国共产党努力的极大肯定和赞扬，这些评论穿插在社论中，让世界各国都能深入了解中国以及中国共产党。除此之外，中国共产党还让多方国家的驻华记者深入中国抗战前线和新闻中心，让他们全面了解中国共产党，他们看到了中国共产党在抗战期间，拼死搏斗，英勇抗敌，对日作战 91500 次，消灭日伪军 90 多万，俘敌 15 万（不包括新四军俘虏的 34000 多敌伪军），55 个日本高级军官被击毙。① 八年的全面抗战，中国共产党为世界反

① 参见[美]哈里逊·福尔曼：《来自红色中国的报告》，熊建华译，解放军出版社 1985 年版，第 118 页。

法西斯战争作出了极大贡献,中国的抗战成绩也得到了英国《泰晤士报》的正面评价,从抗战初期的怀疑到抗战后期的肯定与赞扬形成了鲜明的对比。通过驻华记者的报道,让国际社会进一步了解了中国共产党这个政党,也为中国共产党在国际上树立了良好形象,特别是英美《工人报》和法国《人道报》都对《新华日报》进行声援。

三、披露日寇种种惨绝人寰的行径,与国际同仇敌忾

中国共产党通过披露日寇在中国与世界战场上的残忍暴行,与国际一道勠力同心共同抵抗日军。《新华日报》创刊号指明:“本报愿为一切受残暴的日寇蹂躏的同胞之痛苦的呼吁者描述者。”①《新华日报》一开始就对日寇种种令人发指的行径进行披露,特别是日本在中国的领土上,强行推行“治安强化运动”和“清乡运动”,对沦陷区和抗日根据地犯下了种种惨绝人寰的罪行,如1938年5月3日,《新华日报》发表社论《济南惨案的十周年》阐述日军当年在济南屠杀我国广大民众的场景,是一幅弥漫血迹的画面,留给我们的是血的教训。1938年7月13日,社论《积极制裁日寇轰炸暴行》开篇指出,日军在西班牙用飞机狂轰城市和居民区的野兽暴行,更是在中国的前线烧杀掳掠,还在各个市区人口密集的地方乱投掷炸弹,三十多架飞机几十枚炸弹疯狂投放,每到一个地方都是血肉模糊的惨状。还有1939年11月28日,《新华日报》社论《怵目惊心的日寇毒化政策》一文,文中直指日寇在武汉三镇的毒化现象,还有种种掠夺物质,勾搭商人进行经济掠夺的行径,利用鸦片实施政治麻痹,给中国人民的生机带来了重创。还有在其他沦陷区,日寇实行狂轰滥炸、施放毒气、毒菌、毒弹,残杀俘虏幼童,放火焚烧房屋,对国人同胞实施暴行和侮辱等,《新华日报》通过一系列真实的报道,揭示了敌寇泯灭人性的罪恶,让世界人民知道,中国是处于怎样的水深火热当中,日本等法西斯国家是如何违背人

① 《新华日报》1938年1月11日。

伦丧尽天良的。

同样,《新华日报》也不断披露出日军在世界战场上种种令人发指的罪恶行为,如1940年8月2日,《新华日报》发表社论《日寇大捕英侨的意义》指出了大量英侨在日本被捕,并受到非人的虐待,日本为了帮助意大利和德国战场而牵制英法美,同样对于其他国家的侨民也毫不手软。在1940年10月9日,《新华日报》社论《美日矛盾尖锐化》中也指出了美国不满日寇的这种国际强盗行为。还有社论《以血还血,以命偿命》、《敌后的战斗更加重要了!评日德日意掠夺合作协定》、《日寇与南洋》、《法西斯罪犯该死》等都指出日寇法西斯在中国和欧洲、南洋等沦陷区的屠杀和残虐行为,还大量压榨人民,此时中国与国际是站在一起的,同仇敌忾。《泰晤士报》、《纽约时报》等国际媒体也对日军种种屠杀行径进行强烈谴责。在这种情况下,中国共产党通过披露日寇种种惨绝人寰的行径和中国共产党的军队与敌后根据地仍在奋起反抗,与国民党出现的投降主义和反叛、不断消极抗日的行为形成鲜明对比,中国共产党始终坚持真理的胜利和正义的审判,让国际社会都看到中国共产党的抗战到底决心。

第七章　抗战时期党在国统区的马克思主义大众化特点、经验及启示

马克思主义大众化既包含马克思主义理论本身发展的通俗化民族化，又包括理论宣传普及的群众化，是马克思主义具体化、生活化和普及化相统一的过程。① 推进马克思主义大众化，既是马克思主义理论保持生命力的内在诉求，也是新时代中国特色社会主义实践发展的现实需要。然而，当代中国马克思主义大众化正面临着意识形态思想领域和实践领域的双重挑战。全面总结抗战时期《新华日报》《群众》周刊在险恶政治环境下的马克思主义大众化经验，准确把握大众化规律，有利于推进当代中国马克思主义话语权建设和新时代马克思主义中国化、时代化、大众化。

第一节　国统区马克思主义大众化的基本特点

抗战时期，中共在国统区推进马克思主义大众化进程中呈现出了坚持党性与人民性、原则性与灵活性、大众传播与分众传播相统一的鲜明特点。

一、坚持党性与人民性的相统一

坚守报刊的党性原则，是推进马克思主义大众化最坚实的政治基础。恩

---

① 参见汤志华、石琳琳：《〈新华日报〉推进抗战时期国统区马克思主义大众化研究》，《辽宁师范大学学报》2014 年第 3 期。

格斯明确提出党报党刊的首要任务是“组织讨论，论证、阐发和捍卫党的要求，批驳和推翻敌对党提出的各种要求和论断。”①列宁在《党的组织和党的出版物》一文中，首次提出了“党的出版物的原则”，强调“无党性的写作者滚开！超人的写作者滚开！”②中共继承和发展了马克思主义新闻观，坚持党报的党性原则。毛泽东在《增强报刊宣传的党性》《党报必须无条件地宣传中央的路线和政策》等文章中集中论述了新闻工作的党性原则，着重强调报刊的宣传务必服从党的当前政策。③《新华日报》《群众》周刊作为中共在国统区公开发行的大型机关刊物，坚持党报的党性原则，积极宣传中共抗战方针政策，发挥了党的喉舌作用。

《新华日报》贯彻党性原则经历了不够彻底到完全彻底的过程。创刊初期，受王明右倾机会主义影响，报纸在一些重大问题上偏离了党性原则，在舆论上表现出一定的“独立性”。王明在领导《新华日报》期间就提出“我要按照欧洲的经验来抓报纸宣传工作”④，企图使党报成为宣传其错误主张的传声筒，如强调“一切经过统一战线”、在军事报道中突出运动战、对“保卫大武汉”过度宣传等违背中共中央指示的错误言论。此外，受城市办报范式的影响，《新华日报》在版面安排和内容上也呈现出一定的“独立性”。以 1941 年为例，《新华日报》日出两大版。报纸版面和内容安排上侧重国际、国内战事，而对中共抗战方针政策及各抗日根据地新闻的报道较少。经过整风学习，《新华日报》进行改版以加强报纸的党性。

1941 年，中共在延安和各抗日根据地开展整风运动以提高全党马克思列宁主义理论水平。1942 年 3 月 16 日，中共中央宣传部出台了《为改造党报的通知》，明确要求地方党部应“根据毛泽东同志整顿三风的号召，来检查和改

---

① 《马克思恩格斯选集》第 1 卷，人民出版社 2012 年版，第 280 页。

② 《列宁选集》第 1 卷，人民出版社 2012 年版，第 663 页。

③ 参见中共中央文献研究室、新华通讯社编：《毛泽东新闻工作文选》，新华出版社 2014 年版，第 139 页。

④ 石西民、范剑涯编：《新华日报的回忆》（续集），四川人民出版社 1983 年版，第 475 页。

造报纸”，通过加强报纸的党性以使“各地的党报成为真正的党报”。① 同年4月1日，《解放日报》在改版后的《致读者》社论中明确提出党报要成为党手中最锐利和最有力的武器，必须“贯彻着坚强的党性”②。党性原则成为党报坚持的首要原则。对在国统区发行的《新华日报》，毛泽东明确提出：“关于改进《解放日报》已有讨论，使之增强党性与反映群众，《新华日报》亦宜有所改进”。③ 对此，新华日报社积极开展整风学习以加强报纸的党性原则。报纸首先进行整风运动的宣传报道，全文转载中共中央整风运动的文件。1942年4月17日，报纸登载了毛泽东《改造我们的学习》的著名报告。同年5月17日和7月12日，先后刊登了毛泽东的《整顿学风党风文风》、《反对党八股》两篇著作。这三篇重要文献，为改进党报工作指明了方向。1942年5月23日，《新华日报》发表社论《敬告本报读者——请予本报以全面的批评》，征求广大读者意见。为进一步配合中共中央整风运动，同年7月9日，《新华日报》全文登载《中共中央宣传部关于在全党进行整顿三风学习运动的指示》。新华日报社内部开展整风学习，检查在王明错误路线影响下报纸出现的失误，并开始着手改版工作以增强报纸的党性。

1942年9月11日至17日，《新华日报》连续一周在头版显著位置登载“本报九一八起革新内容”的改版预通知。9月18日，党报在头版核心位置用大字标出“本报今日起革新内容”，并简要介绍了报纸在“言论、友声、新闻、四版”等方面改版的主要方向。当天报纸的第三版还特意刊登了《为本报革新敬告读者》的社论。社论直面报纸存在的问题，认为改版前的党报在宣传中共的政策上存在片面性、缺乏深度的阐释；党报中还存在党八股、主观主义和

---

① 中共中央文献室、中央档案馆：《建党以来重要文献选编（1921—1949）》（第19册），中央文献出版社2011年版，第162页。

② 中国社会科学院新闻研究所编：《中国共产党新闻工作文件汇编》（下卷），新华出版社1980年版，第52页。

③ 中共中央文献研究室、新华通讯社编：《毛泽东新闻工作文选》，新华出版社2014年版，第111页。

宗派主义的色彩;对群众日常生活关注不够。除了内容方面的问题,在技术、形式上也存在较多问题。如全面的通讯网尚未建立、编排技术不娴熟、文字冗长难懂等问题。① 改版后的《新华日报》首先强化了报纸的党性原则。如在副刊上开辟"团结"专栏,从 1942 年 9 月 19 日至 1947 年 2 月 9 日,共出版 166 期,成为国统区地下党员进行思想和理论教育的公开园地。② 此外,周恩来高度重视《新华日报》的改版工作。对一些重要的社论,他亲自修改。③ 为进一步推进国统区整风运动,周恩来还"多次召开中共中央南方局、八路军重庆办事处和新华日报社的党员干部会议,联系自己的斗争经验,系统地讲述党史"。④ 经过整风学习和改版工作,不仅使报馆工作人员"在政治上、思想上和业务上都有了显著的进步",而且极大地增强了"《新华日报》的党性和战斗力"。⑤

人民性是马克思主义最鲜明的品质。《新华日报》《群众》周刊作为党报党刊,不仅要体现党的意志,还要反映人民的心声。抗战时期,党报党刊通过采取丰富宣传内容和创作形式、精心设计报纸版面和稿件体裁以及制定报纸营销策略等方式,广泛宣传和阐释马克思列宁主义和中共的抗战政策,密切联系和团结了国统区的群众,使广大群众自觉地走到中共的队伍中来。正是因为党报党刊坚持"群众办报"方针,密切联系群众,反映群众呼声,赢得了国统区群众的广泛认同和支持。有读者来信写道:"饭可以少吃一顿,《新华日报》可不能少看一张"。⑥《新华日报》《群众》周刊贯彻人民性原则,主要体现在以下几个方面:

---

① 参见《为本报革新敬告读者》,《新华日报》1942 年 9 月 18 日。

② 参见张帆:《中共中央南方局与〈新华日报〉》,中央党史出版社 2016 年版,第 193 页。

③ 参见郑新如、陈思明:《群众周刊史》,中共党史出版社 1998 年版,第 221 页。

④ 中共中央文献研究室编:《周恩来年谱(1898—1949)》,中央文献出版社 1998 年版,第 562—563 页。

⑤ 石西民、范剑涯编:《新华日报的回忆》(续集),四川人民出版社 1983 年版,第 224 页。

⑥ 韩辛茹:《新华日报史》,重庆出版社 1990 年版,第 2 页。

第一，召开读者座谈会，征求读者意见。《新华日报》在创刊伊始，就提出了“每个读者都是本报作者”的口号，设立了读者信箱，并多次召开读者座谈会，践行群众办报方针。创刊一个多月，《新华日报》先后在郑州、武汉召开读者座谈会，诚挚邀请广大读者为办好报纸提供改进意见。1938 年 2 月 14 日，《新华日报》登载《本报读者座谈会——郑州读者会第一次纪录》，并在座谈会记录之后附上《征求读者意见》。1938 年 3 月 2 日，报纸又刊登了《读者对本报的批评——本报汉口听业界读者座谈会记录》，对广大读者提出的意见做出了详细阐述，充分体现了《新华日报》决意改进的诚意。针对一个月前报纸发出的读者意见表，各地各界读者纷纷来信反馈意见。为此，《新华日报》于同年 4 月 5 日刊发了编辑部《答复读者意见的一封公开信》。编辑部对读者提出的社论、国内新闻、专论、通讯、特写、副刊、排版等方面的优点和缺点进行细致梳理的基础上，虚心接受读者提出的意见建议，并有针对性地加以改进和完善。如“文字力求通俗，增加讨论救亡工作经验，财政经济问题，和分析战局的文章；增加战事地图和木刻，增加描写各地社会情形，暴露敌军暴行和各地民众武装等通讯，增加关于武汉救亡运动之动态，和民众生活的特写，增加书报介绍等等。”①

此外，报社还注重利用创刊纪念日等重要日子，广泛征求读者意见以进一步改进报纸工作。在创刊两周年之际，1940 年 1 月 4 日和 5 日，《新华日报》连续两天在头版刊登《本报创刊二周年征求各界意见启事》，再次公开向读者征求意见。广大读者热心来信，提出了许多改进意见。编辑部在众多来信中选了 31 封在报纸上陆续发表。② 广泛征求读者意见，有助于了解读者的成分，准确掌握读者对报纸的要求，克服盲目办报的缺点，使报纸逐渐成为人民大众的报纸。

第二，成立读者服务部，加强与读者联系。根据读者的反馈意见，新华日

---

① 《新华日报》1938 年 4 月 5 日。

② 参见韩辛茹：《新华日报史》，重庆出版社 1990 年版，第 164 页。

报馆成立了读者服务部,主要向读者推荐优秀图书和代购书刊。《新华日报》《群众》周刊刊登了大量的图书推荐广告,包括马列主义经典著作和中共领袖毛泽东、朱德等人的著作。这些书刊读者在国统区难以购买。报馆读者服务部通过广告宣传和代购这些书籍,既"传播革命火种,用马克思主义学说的出版物占领大后方的广阔思想阵地"①,又加强了与广大读者之间的联系。

第三,开展整风学习,进行改版革新。在整改过程中,《新华日报》采取开门整风办法。1942 年 5 月 23 日,报纸发表了《敬告本报读者》的社论,欢迎广大读者对报纸提出批评意见。次日,又刊登《本报特别启事》,详细列出了编辑方针和编排,分门别类地征求意见。改版后《新华日报》开辟了《新华副刊》,旨在为读者科普自然科学和社会科学知识,及时反映广大人民群众的生活状况。副刊设有"妇女之路"、"工人生活"、"戏剧专页"等多个专栏,采用了诗词、短评、史论、散文、书评等多种形式,信息量大,兼具报纸和杂志的风格,备受读者青睐,成为"当时国民党统治区报纸副刊编得最好的一种"②。正是得益于广大群众的支持,《新华日报》更好地适应了国统区的环境,发挥了报刊的党性、群众性和战斗性,被读者亲切地称为"我们的报纸"③。

《群众》周刊作为中共在国统区唯一公开发行的理论刊物,坚持贯彻人民性原则。一方面,《群众》周刊以大量的新闻报道,反映沦陷区人民水深火热的疾苦,反映抗战的艰辛,反映正面战场的血战,反映后方战场的支援,以犀利精辟的社论文章、观点鲜明的战斗檄文,激发国统区民众对日本侵略者的同仇敌忾,唤起民众保家护国的共同情感;另一方面,《群众》周刊始终站在人民立场上,敢于为群众讲话。在办刊过程中,千方百计与广大读者搭建沟通的桥梁,实现理论宣传与践行群众路线的统一。《群众》周刊专门开辟"群众信箱"、"读者与编者"、"读者问答"等专栏,旨在了解广大读者的利益诉求,解答

① 韩辛茹:《新华日报史》,重庆出版社 1990 年版,第 20 页。

② 张帆:《中共中央南方局与〈新华日报〉》,中央党史出版社 2016 年版,第 193 页。

③ 石西民、范剑涯编:《新华日报的回忆(续集)》,四川人民出版社 1983 年版,第 4 页。

读者心中的困惑。《群众》周刊先后刊登了“为什么壮丁不肯上火线”、“如何解决生活问题”、“办妇女夜校的困难”等文章，在解答读者疑惑的同时，间接地宣传了中共的抗战方针政策。

然而，由于《新华日报》《群众》周刊身处国统区，并受城市办报范式的影响，报馆负责同志在思想认识上曾出现过偏差导致工作上的失误，登载了一些与中共中央精神不相一致的报道和文章。例如，1943 年 8 月，《新华日报》发表了吹捧林森及宣扬西方民主政治和人道主义的文章。1943 年 8 月 2 日至 4 日，《新华日报》接连三天对时任国民政府主席林森病逝进行了集中报道，刊发社论和多篇悼念文章。在《为元首逝世致哀》的社论中，认为林森的逝世是“抗战中全国人民最哀痛的事情，是国父逝世后我国最大的损失”①。对此，中共中央宣传部批评其为“失掉立场”②。此外，在《新华副刊》上也发表了对罗斯福新政、纪念法国大革命等文章，鼓吹资产阶级的民主自由。1943 年 11 月 22 日，中共中央宣传部致电董必武，就《新华日报》《群众》周刊存在的问题提出批评意见。中共中央宣传部首先肯定了党报党刊在险恶环境下想出许多办法奋斗，要求报纸要“多登反映群众生活各种侧面的东西，多登能适应群众各种日常需要的东西，多登群众自己写的各种东西（但要力避与他们通信），这些材料应力求通得过审查，并尽可能逐渐增加其分量，使人民觉得这究竟是自己的报纸。”③这份重要指示及时纠正了《新华日报》《群众》周刊工作中存在的失误。新华日报馆加强了对报纸的检查，使之更加自觉贯彻党性和人民性原则。

二、坚持原则性与灵活性相统一

《新华日报》《群众》周刊作为党的机关报刊，作为党的喉舌，以传播马克

---

① 《为元首逝世致哀》，《新华日报》1943 年 8 月 2 日。

② 中国社会科学院新闻研究所编：《中国共产党新闻工作文件汇编》（下卷），新华出版社 1980 年版，第 137 页。

③ 中国社会科学院新闻研究所编：《中国共产党新闻工作文件汇编》（下卷），新华出版社 1980 年版，第 138 页。

思列宁主义和中共抗战方针政策为己任。但是，党报党刊身处国民党统治中心，面临着“允许你出版，又不许你有新闻自由”①的艰难处境。据敌档案资料统计，《新华日报》存续期间，国民党顽固派对报纸的新闻、言论、检扣和处分148次，阻挠与破坏出版105次，下达监视与盯梢的指令75次，调查与迫害读者15起，查禁与检扣营业部的书刊16次。② 为有效应对国民党顽固派的新闻查审，《新华日报》《群众》周刊在推进马克思主义大众化过程中，既要坚持原则性，又要注重灵活性。

为在国统区广泛宣传中共的主张、反映广大人民群众呼声和揭露国民党反动派的丑恶行径，新华日报馆巧妙地将中共中央的重要文件或中共领袖的重要文章印成单页、小册子，以夹在其他报纸中发送或装在信件和包裹中等隐秘方式寄出。诸如，“皖南事变”发生后，根据中共南方局的指示，新华日报馆将《新四军皖南部队被歼真相》一文印成传单。这些传单主要通过报馆的同志与外界建立秘密关系，经各种渠道直接将传单送到国统区各界人士、各国驻华人员和中外记者手中，使“皖南事变”的真相大白于天下。皖南事变后，政治环境更为恶劣，为保住中共在国统区思想、文化战线上的阵地，根据周恩来指示，《新华日报》灵活应对，一改以往天天、期期都有社论的做法，尽可能刊发多方面材料，且减少政治化面孔，起到烘托宣传效果。此外，为了应对国民党的新闻检查，《新华日报》通过“开天窗”、“打×××”、加括号注明“免登”“遵检”等方式达到宣传目的。

《新华日报》《群众》周刊还注重采取灵活的营销策略，提高党报党刊的销售量。《新华日报》在“创刊初期征求基本订户，特价每份0.8元。对一般公教人员按定价订阅，工人按定价七折或八折，学生按定价八折或九折，对那些经济十分困难的工人和学生免费赠阅或半价订阅。订十份寄递一处者，按批

① 石西民、范剑涯编：《新华日报的回忆(续集)》，四川人民出版社1983年版，第72页。

② 参见重庆市《新华日报》暨《群众》周刊史学会、四川省《新华日报》暨《群众》周刊史学会编：《新华日报史新编》，重庆出版社1998年版，第347页。

发价计算。帮助推销四份党报的读者可免费自得一份。”①报馆还注重开展读者服务工作，如报丁、报童负责帮读者代购生活用品和代取货物等，加强同读者的联系。《群众》周刊也积极推出优惠政策，提高销售量。在第 7 卷 23 期特别刊登《优惠办法》启事，详细介绍了订阅《群众》周刊的优惠办法。“凡报馆书店杂志通讯社等同行定阅者八折，介绍者九折；本报同人介绍者八折，自定赠他人者六折；凡定阅本刊或新华日报者，可得九折优待；……凡同时定阅新华日报与报业周刊各一份或一份以上者报刊均以九折优待。”②通过优惠的价格、便利的服务，赢取更多读者，发行量逐年增加。1938 年 5 月 17 日，任弼时在《中国抗日战争形势与中国共产党的工作和任务》中指出：“党中央出版的《解放》周报，销售到三万余份。今年一月出版的《新华日报》，二月时已销售到二万余份。在武汉出版的《群众》周刊，近二万份。”③从这些数据中可知，《新华日报》《群众》周刊的发行量迅猛增长，且紧追在延安创办的《解放日报》的发行量，这与《新华日报》坚持的灵活性原则密不可分。

三、坚持大众传播与分众传播的统一

《新华日报》《群众》周刊在推进马克思主义大众化过程中，在传播形态上以大众传播为主，兼顾分众传播。大众传播是指由新闻传播机构通过报纸、杂志、书籍等印刷品或无线电广播、电视、电影等电子技术手段，反映社会信息变化，用语言、文字、图像等符号，传达给不特定的大众的全过程。④ 大众传播的对象是广大的不确定的受众，其特点是信息传递从一点到多点，体现的是集体的、社会的、国家的意志。⑤《新华日报》《群众》周刊以宣传马克思列宁主义

① 《新华日报》1938 年 1 月至 1947 年 2 月。

② 《优惠办法》，《群众》1942 年 12 月 15 日。

③ 中共中央文献室、中央档案馆：《建党以来重要文献选编》（1921—1949）（第 15 册），中央文献出版社 2011 年版，第 334 页。

④ 参见余家宏编：《新闻学简明词典》，浙江人民出版社 1984 年版，第 165 页。

⑤ 参见熊澄宇：《从大众传播到分众传播》，《瞭望新闻周刊》2004 年第 2 期。

和中共抗日方针政策为己任，形成了以面向国统区不确定的广大读者的大众传播。《新华日报》在创刊一个多月后，刊登了《征求读者意见》，并得到广大读者的回信。据统计，读者成分中外籍读者占 2%，军人和自由职业者占 5%，店员和救亡团体工作者占 11%，机关职员占 17%，工人占 19%，中学生占 24%。① 从以上数据可知，《新华日报》读者成分并不局限于某一个群体，而是多元主体，体现出报纸大众传播的特点。通过大众传播，有助于实现理论被大多数人理解和掌握，推进马克思主义在国统区的大众化。

然而，人们的认知层次具有一定的差异性。对此，在推进马克思主义大众化过程中，《新华日报》《群众》周刊不仅要注重大众传播，还要适当兼顾分众传播。前者强调受众的不确定性，后者强调要细分目标受众，旨在对不同的受众对象采用不同方法来传递不同信息。通过目标受众的细分，有助于传播主体进一步了解和掌握不同群体的生活经历、文化程度。只有针对不同受众群体的接受习惯、接受水平以及所关注的问题，采用老百姓喜闻乐见、能够理解的方式宣传马克思列宁主义，才能真正实现全局性的马克思主义大众化。

《新华日报》《群众》周刊主要通过公开征求读者意见方式，了解不同群体对党报党刊的需求。在《新华日报》创刊两周年之际，再次集中向读者征求意见改进报纸。与 1938 年第一次征求意见相比，《新华日报》读者成分发生了较大变化：70%是工人，30%是教师、学生、公务员等各阶层人士。② 而这些青年工人文化程度普遍较低，对于党报上稍有难度的理论文章不能很好理解和消化。因此，他们最大的愿望就是希望《新华日报》能够再办得通俗易懂些。一些读者来信反映《新华日报》的文章晦涩难懂，与广大工农群众距离太远，并建议报纸能够"用通俗文字解释马列主义名词，帮助青年学习革命理论。"也有读者来信建议缩短文章的篇幅，"我们是工人，书念得少，报上登的长篇大论，对我们简直是白费。"另外，还有很多读者"希望《新华日报》多办些副

① 参见韩辛茹：《新华日报史》，重庆出版社 1990 年版，第 16 页。
② 参见韩辛茹：《新华日报史》，重庆出版社 1990 年版，第 167 页。

刊,指导青年的学习、工作和生活。”①通过征求读者意见,有助于报馆了解不同群体对报纸的要求,克服盲目办报的缺点。

报馆针对读者提出的意见,在充分掌握受众的文化程度和接受水平基础上,对党报进行了整改。一方面,在语言表达上,力求深入浅出,尽可能让文化水平低的工农读者也能看得懂报纸。《新华日报》开始登载一些侧重于名词解释的较为通俗易懂的学术性文章。如戈宝权的《“苏联讲话”:〈什么叫联共(布)?〉》、潘梓年的《怎样学习哲学?》等文章。《群众》周刊也登载了《辩证唯物论对偶然现象的解释》、《什么是有机联系》、《关于认识论与辩证法的同一问题》、《关于“量变到质变”的辩证规律》等有关马克思主义哲学的诠释文章。这些文章作为学习马克思列宁主义基础知识的指导,通俗易懂。另一方面,在报纸栏目上,改版后的《新华日报》连办了《妇女之路》、《工人园地》、《经济讲座》、《青年生活》、《自然科学》、《文艺之页》六个极具影响力的专刊。这些专刊发表的文章,不仅有动之以情的散文、诗歌,也有晓之以理的评论、杂说。通过设置不同的专刊,旨在对不同类型、文化水平各异的读者进行分众传播,推进马克思主义大众化。

第二节　抗战时期国统区马克思主义大众化的基本经验

抗战时期,《新华日报》《群众》周刊在思想上坚持以马克思主义新闻观为指导,在内容上注重深入浅出,在形式上力求喜闻乐见,努力推进国统区马克思主义大众化。

一、思想上以马克思主义新闻观为指导

《新华日报》《群众》周刊作为中共的机关刊物,始终遵循马克思主义经典

① 韩辛茹:《新华日报史》,重庆出版社1990年版,第164页。

作家的党报思想，积极践行毛泽东的党报理论，确保了党报党刊不偏离正确的政治方向。

1. 遵循马克思主义经典作家的党报思想

马克思、恩格斯党报思想是马克思主义新闻观的重要组成部分，是指导世界无产阶级及其政党新闻事业的思想指南。马克思、恩格斯长期从事报刊活动，创办或参与编辑报刊 12 种，为 200 多家报刊撰稿。① 他们对资产阶级报刊思想进行了深刻评判，并在指导无产阶级政党办报实践中逐步形成了其丰富的党报思想。马克思恩格斯党报思想核心内容涉及党报的性质、党报的使命、党报业务指导思想以及对党报编辑人员的要求。具体而言，第一，党报的性质：党的武器和党的阵地。马克思、恩格斯认为，第一张党报的出版意味着“在报刊领域能够以同等的武器同自己的敌人作斗争的第一个阵地。”②正是基于对党报是党的“武器”和“第一个阵地”的深刻认识，马克思、恩格斯强调工人政党必须要办一张党的机关报，并牢牢掌握党的报刊。第二，党报的使命：忠实阐述党的政治纲领、监督党的领导、用科学原理武装工人。阐述党的政治纲领是党报党刊的首要任务。马克思、恩格斯认为，党的政治纲领不仅是党的旗帜，也是党报党刊的灵魂。“一个新的纲领毕竟总是一面公开树立起来的旗帜，而外界就根据它来判断这个党。”③无产阶级党报还必须接受党组织的监督，“党的领导毕竟有某种形式上的权力来监督党的机关报”④。同时，马克思、恩格斯高度重视党报的批评功能，把监督党的领导，批评党在领导中出现的错误视为党报的神圣职责。此外，他们十分注重党报党刊要普及科学原理，开展理论斗争。第三，党报业务指导思想：要依靠广大的工人群众办好党报党刊。马克思、恩格斯倡导工人集资办报，满足广大读者的需要。第四，

---

① 参见陈力丹：《论马克思恩格斯新闻观的个人与时代特征》，《湖北大学学报》2013 年第 5 期。

② 《马克思恩格斯全集》第 29 卷，人民出版社 2020 年版，第 617 页。

③ 《马克思恩格斯选集》第 3 卷，人民出版社 2012 年版，第 350 页。

④ 《马克思恩格斯全集》第 33 卷，人民出版社 1973 年版，第 590 页。

党报编辑人员:必须站在党的中心和斗争的中心。马克思、恩格斯认为,党报要正确贯彻党的纲领,关键在于“党的机关报必须由站在党的中心和斗争的中心的人来编辑”①。

列宁作为俄国无产阶级报刊的创始人之一,继承和发展了马克思、恩格斯党报思想。纵观列宁一生,其亲自创办、主编和参与编辑的革命报刊近40份,为150多家报刊撰稿,截至1917年11月,列宁在党的机关报上共发表文章高达963篇。② 列宁以其丰富的办报工作经验,结合建党、夺取政权和社会主义建设的新实践,逐步形成了其独特的党报思想。列宁党报思想的核心要旨包括:第一,党报是“集体的组织者”。这一观点是列宁在特殊情况下提出的独特建党计划的一部分,着重突出全俄政治报对建党具有重要的组织作用。列宁认为,报纸的作用“不只限于传播思想、进行政治教育和争取政治上的同盟者。报纸不仅是集体的宣传员和集体的鼓动员,而且是集体的组织者。”③第二,党报要坚持党性原则。列宁在《党的组织和党的出版物》一文中专门论述了党的创作事业和新闻出版事业的党性原则问题。他明确提出,出版物应当“成为党的出版物”④,写作事业应当“成为整个无产阶级事业的一部分”⑤,报纸应当成为“各个党组织的机关报”⑥。列宁在文章中还强调了党的出版物必须接受党的监督。第三,注重党的报刊的群众工作。列宁在《致〈真理报〉编辑部》的来信中特别指出,“对《真理报》来说,现在最大的(也是唯一的)危险是失去广大读者,失去争取读者的阵地。”⑦为此,列宁强调要加强报纸与工人读者的联系。列宁认为,坚持群众办报,就要做到编辑部与读者之间有经常不

---

① 《马克思恩格斯全集》第34卷,人民出版社1972年版,第396页。

② 参见萧燕雄主编:《马克思主义新闻观经典论著解读及阐释》,湖南师范大学出版社2018年版,第228页。

③ 《列宁全集》第5卷,人民出版社2013年版,第8页。

④ 《列宁选集》第1卷,人民出版社2012年版,第663页。

⑤ 《列宁选集》第1卷,人民出版社2012年版,第663页。

⑥ 《列宁选集》第1卷,人民出版社2012年版,第664页。

⑦ 《列宁全集》第46卷,人民出版社2017年版,第300页。

断的巩固联系，发展壮大工农通讯员队伍。“让工人们有更多的机会给我们的报纸写稿，可以写各种各样的问题，尽量多写些自己的日常生活、感兴趣的问题和工作情况。”①第四，坚持新闻真实性原则。党报要“向公众全面报道和阐明真相，不浮夸、不武断、不造谣、不作见不得人的私人报道。”②这就要求无产阶级报刊要坚持用事实说话，用真理的力量打动、感染读者。

马克思、恩格斯、列宁的党报思想，为抗战时期的《新华日报》《群众》周刊指明了正确的政治方向，使其身处国统区险恶环境，始终能够捍卫党报党刊这一神圣“阵地”，发挥党报党刊这一锐利“武器”的巨大作用。

2. 践行毛泽东的党报理论

毛泽东有着丰富的办报经验，曾主编过《湘江评论》、《政治周报》、《中国农民》等刊物。作为中共领袖，毛泽东在继承马克思、恩格斯、列宁的党报思想基础上，结合中国无产阶级革命的实践，对中共的党报工作做出许多重要论述和指示，形成了其丰富的党报理论。党报必须服务于党的现实政治、坚持党报的党性原则和党报的群众工作思想是毛泽东党报理论的核心内容。这些理论对《新华日报》《群众》周刊的创办、发展以及在国统区的抗日宣传、革命斗争和马克思主义大众化的传播产生了重要的指导作用和深远的影响。

第一，提出在国统区办报，宣传中共抗战主张，动员和团结一切抗日力量。抗战时期，报纸是广大民众获取最新信息最根本的渠道方式，也是党传递声音最为有效的手段。早在 1936 年 12 月的中共中央政治局会议上，毛泽东高瞻远瞩，提出要在全国范围内抓好两件事，其中一件就是办报纸，宣传党的主张。③ 如何办好报纸呢？理论人才队伍是关键。因为“要使各地的党报成为真正的党报，就必须加强编辑部的工作”④，需要编辑部办报队伍具备一定的

---

① 《列宁全集》第 9 卷，人民出版社 2017 年版，第 87 页。

② 《列宁全集》第 9 卷，人民出版社 1959 年版，第 213 页。

③ 参见郑新如、陈思明：《群众周刊史》，中共党史出版社 1998 年版，第 2 页。

④ 中共中央宣传部办公厅、中央档案馆编研部编：《中国共产党宣传工作文献选编（1937 年—1949 年）》，学习日出版社 1996 年版，第 357 页。

马克思主义理论修养。1937 年 7 月，毛泽东在《反对日本的进攻、办法和前途》一文中要求国民政府“开放爱国运动，释放政治犯，取消《危害民国紧急治罪法》和《新闻检查条例》”①。这一主张，客观上为中共在国统区创办报纸提供了人才储备。事实证明，这些经过中共谈判努力被释放的政治犯，是中共在国统区创办报刊的主要骨干人员。如潘梓年、章汉夫、钱之光、吴敏（杨放之）、徐迈进、袁冰等。1937 年 8 月，毛泽东又在中共中央召开的洛川政治局扩大会议上通过的《抗日救国十大纲领》中指出：“全国人民除汉奸外，都有抗日救国的言论、出版、集会、结社和武装抗敌的自由。”为动员和团结一切抗日力量，中共必须要有创办报纸发表言论的自由。在毛泽东党报理论指导下，中共代表团多次跟国民党谈判，坚持在国统区创办党报党刊，推动了《新华日报》《群众》周刊在国统区的合法创办。

第二，指导报纸改版革新，突出群众性特点。“理论一经掌握群众，也会变成物质力量。”②理论只有紧密结合群众，才能充分展示出理论创新的主体优势。为了使《新华日报》《群众》周刊更好地执行中共的思想路线，充分发挥党报党刊引领群众的宣传能动作用，毛泽东在总结党内历史上“左”倾机会主义深刻教训的基础上，对《新华日报》提出了整风改版。1942 年 3 月 14 日，毛泽东对《解放日报》《新华日报》整风改版作出指示，强调“把党报变为容许一切反法西斯的人说话的地方”，增强“党性与反映群众。”③按照毛泽东的指示，同年 3 月 16 日，中共中央宣传部下发了《改造党报的通知》，明确指出“报纸是党的宣传鼓动工作最有力的工具”，其主要任务“宣传党的政策、贯彻党的政策，反映党的工作，反映群众生活”，党报的文字应“力求通俗简洁”。④

---

① 《毛泽东选集》第二卷，人民出版社 1991 年版，第 346 页。

② 《马克思恩格斯选集》第 1 卷，人民出版社 2012 年版，第 9 页。

③ 重庆市《新华日报》暨《群众》周刊史学会、四川省《新华日报》暨《群众》周刊史学会编：《新华日报史新编》，重庆出版社 1998 年版，第 142 页。

④ 中共中央宣传部办公厅、中央档案馆编研部编：《中国共产党宣传工作文献选编（1937 年—1949 年）》，学习日出版社 1996 年版，第 357—358 页。

为了能使改版工作具体落实，毛泽东还给新四军军长陈毅和中宣部部长何凯丰的电报和信件中反复提出："增强报刊宣传的党性"，党报"应当多登反法西斯的文章"，要把党报办成"由不完全的党报变成完全的党报"。[①] 1942 年 9 月 18 日，《新华日报》正式改版。遵循毛泽东党报理论，改版后的《新华日报》进一步增强了党性原则，清算其内部蔓延的主观主义、宗派主义、党八股等非马克思主义不正之风，更好地发挥党报的党性、群众性和战斗性作用，为抗日宣传和国统区马克思主义大众化传播奠定了群众基础。

二、内容上深入浅出，推进马克思主义大众化

抗战时期，《新华日报》《群众》周刊在内容上力求深入浅出，既要注重表扬先进、树立典型，又要坚持贴近群众、深入群众，不断推进国统区马克思主义大众化。

1. 表扬先进、树立典型，宣传马克思主义的正确价值观

列宁倡导在报纸上设立"红榜"，用现实生活各个方面存在的生动具体的事例和典型来教育群众。[②] 毛泽东也极其重视典型宣传，注重发挥榜样的作用。他认为劳动英雄、模范工作者在现实生活中能够起到"带头作用"、"骨干作用"、"桥梁作用"[③]，倡导要"把办报这种工作方式采用起来，那末许多道理和典型就可以经过报纸去宣传。"[④]抗战时期，为进行抗战舆论动员，《新华日报》通过对模范工人的事迹报道，鼓舞和动员广大群众积极学习效仿，主动参与到抗战中来。例如，1938 年 12 月 5 日，《新华日报》在第六版集中报道保卫大武汉殉难的先进工人李鉴秋、陆从道的模范事迹，意在号召"当益服从抗战高于一切，民族利益高于一切之原则，努力于自己岗位的工作，以帮助争取抗

---

① 廖永祥：《新华日报史新著》，重庆出版社 1998 年版，第 142 页。

② 参见《列宁选集》第 3 卷，人民出版社 2012 年版，第 573 页。

③ 《毛泽东选集》第三卷，人民出版社 1991 年版，第 1014 页。

④ 《毛泽东文集》第三卷，人民出版社 1996 年版，第 112 页。

战胜利早日到来。”①《新华日报》不仅对模范个人的先进事迹进行报道，而且对模范抗日根据地进行典型报道。自 1938 年 8 月 26 日起，《新华日报》用了近一个月时间连载《模范抗日根据地的晋察冀边区》，向国统区民众介绍晋察冀边区在政治、经济、教育等方面取得的突出成绩。文章强调，晋察冀边区的存在和发展表明了“在敌军后方去建立抗日根据地是完全可能的，它不仅能长期存在，而且能广大发展。”②正是通过对模范抗日根据地的报道，全国人民认识到，晋察冀边区所作的一切，应当而且可以在全国一切抗日区域内实现。通过表扬先进、树立典型，增强了国统区民众对中共的认同，宣传了马克思主义的正确价值观。

2. 贴近群众、深入群众，将马克思主义理论与群众生活相结合

贴近群众、深入群众，是马克思主义大众化的题中应有之义。在新闻宣传工作中，只有将马克思主义理论与群众的生活实际相结合，反映群众的愿望，回应群众的诉求，才能使群众产生共鸣，马克思主义才能变得鲜活而接地气。由于《新华日报》的主要读者群是工人，其文化程度不高。对此，周恩来明确要求“《新华日报》的采访工作，要深入群众，了解读者的愿望和要求，要着眼于群众。要注意报纸的大众化问题，要向人民群众学习语言，下一番功夫，写生动活泼、反映实际的文章。”③遵照周恩来的指示，《新华日报》在文稿写作中注重与群众的联系。相对于《群众》周刊而言，《新华日报》侧重于登载一些与百姓日常生活相联系且通俗易懂的学术性文章，如刊登艾思奇、李达等人的理论文章。这些文章注重理论联系实际，通俗易懂，深入浅出地阐述马克思主义理论，受到广大读者的热爱和支持，促进国统区马克思主义大众化。

---

① 《追悼本报保卫大武汉殉难同志》，《新华日报》1938 年 12 月 5 日。

② 《模范抗日根据地晋察冀边区》，《新华日报》1938 年 8 月 27 日。

③ 石西民、范剑涯编：《新华日报的回忆（续集）》，四川人民出版社 1983 年版，第 446 页。

三、形式上喜闻乐见，传播马克思主义理论

推进马克思主义大众化，不仅要在内容上增强其吸引力，而且也要在形式上采用读者易于接受和理解的方式，提升大众化的效果。

1. 在话语风格上力求通俗化

叙述的通俗化是《新华日报》话语风格整体图景的主要特点。抗战时期，《新华日报》通过运用通俗易懂的文字和深入浅出的文风，将抽象的马克思主义理论转化为人民群众易于接受和理解的生活话语，推进马克思主义大众化。《新华日报》明确提出，“各版文字力求通俗，明快，生动，活泼”①。对此，报纸首先摒弃了当时在国统区流行的“不文不白”的新闻体，采用白话文写作，注重叙事的通俗化、口语化，形成了亲民的话语风格。报纸还注重运用通俗易懂的语录等形式推进马克思主义大众化。1942 年 10 月 31 日，在《论党与群众的关系》一文中就引用了毛泽东语录，“我们不是一个自以为是的小宗派，我们一定要学会打开大门和党外人士实行民主合作的方法，我们一定要学会善于同别人商量问题。”②通过引用毛泽东语录，以贴近群众生活的话语，形象地说明了马克思主义政党和人民群众之间的天然联系。《新华日报》避免使用晦涩、难懂的话语，运用群众的语言，易于读者理解，使报纸成为人民大众的报纸。

2. 在版面设计上突显多样化

《新华日报》版面设计独具特色，形式多样。最初的版面形式主要由四个版面构成，包括一版的社论和广告、二版的国内要闻、三版的国际要闻、四版的副刊。社论位于第一版最显著处，且在报眼处登载与当天社论精神相匹配的漫画，以强化社论的战斗精神。如 1938 年 1 月 13 日，《新华日报》在第一版的报眼位置刊登了胡考的漫画《统一步伐》，这是对社论《怎样保卫大武汉》的高

① 《读者意见和批评的初步总结》，《新华日报》1940 年 1 月 11 日。
② 《论党与群众的关系》，《新华日报》1942 年 10 月 31 日。

度概括,以增进读者对社论的理解。报纸的其他各版版面编排讲究,版面中心突出。标题突出一讯一题的格式,主题、副标题、眉题依次呈现,围绕主题适当配之以生动形象的漫画。这种图文并茂的形式,便于文化水平较低读者的理解。1940 年,《新华日报》进行了第二次改版。改版后的副刊别具特色,体裁更为丰富,集通讯、杂说、评论、报告、诗歌、散文为一体。如《新华副刊》设置的《文艺之页》专刊,集中刊发抗战诗歌的理论文章和作品,共发表诗歌理论 30 多篇,诗歌作品 200 多首。① 通过这些诗歌鼓舞国统区人民积极参加和支持抗战,为马克思主义大众化开创了多样化的实现形式。

第三节　抗战时期国统区马克思主义大众化的现实启示

随着改革开放伟大事业发展,我国社会意识形态领域也逐渐出现一些新的变化。各种思潮层出不穷,一些负面思潮的涌入,对我国主流意识形态的安全造成了冲击。运用历史思维,注重历史审视对现实启迪,是破解当前我国主流意识形态建设的一个重要路径。抗战时期,中共借助《新华日报》《群众》周刊推进国统区马克思主义大众化的成功实践,为当代中国的马克思主义话语权建设提供了重要现实借鉴。

一、传播内容要契合时代主题,反映群众利益诉求

马克思主义美学观念强调内容性与形式性的统一。无论是物质生产、精神生产,还是话语实践,都是内容性与形式性的统一。内容性讲究学理,形式性讲究美感,形式性离不开内容性。内容创新是话语风格的核心内容,要把马克思主义的基本要义、核心内容说明白,讲仔细,必须善假于物,坚持形式性。

① 参见张立新:《大后方抗战诗歌的报刊媒介场域研究》,《兰州大学学报》(社会科学版)2018 年第 4 期。

马克思主义大众化的实践表明，马克思主义大众化的有效推进，传媒载体的形式不可忽视。在抗战时期，中国共产党人就将报纸、刊物等传媒载体看作是宣传党的主张，传播马克思主义的一个最锐利武器。当前，不仅仅是纸质媒体，新兴媒体也成为马克思主义大众化的主要传播方式，新媒体具有即时性和互动性等优点，承载马克思主义丰富的内容，新媒体以多样的表达形式推进马克思主义深入人民群众。所以，在新媒体时代推进马克思主义大众化，必须坚持内容性与形式性的统一。

时代是思想之母，伟大时代召唤伟大理论，伟大时代孕育伟大理论。习近平总书记指出："一个国家实行什么样的主义，关键要看这个主义能否解决这个国家面临的历史性课题。"①抗战时期，中共中央南方局能够成功在国统区推进马克思主义大众化，一个很重要的原因就是坚持以马克思主义理论服务于团结抗战、统一抗战、救亡图存的时代主题，传播的理论始终符合实际和群众的需要。通过研读抗战时期的《新华日报》《群众》周刊登载的关于马克思主义的文章，不难发现大部分宣传马克思主义的文章都和中国抗战、革命的实践活动相联系，如许涤新的《马克思论战争》、徐冰的《列宁论弱小国家与弱小民族》等。马克思主义的传播必须要适应时代的要求，在当时民族危亡的形势下，传播马克思主义首先要考虑是能激发群众的爱国主义热情和鼓励民众抗战、坚定抗战必胜的信念，以爱国主义的热情调动群众对马克思主义的求知性，推动群众最大范围地接受和认可适合中国革命、符合中国实际的马克思主义；其次要考虑的是关注群众的利益诉求，增强群众对马克思主义理论的认同和接受。抗战时期，在帝国主义和封建主义的双重压迫下，人民群众长期处于水深火热之中生活，那么改变这种黑暗的境地，使知识分子正当享受教育、获得相应的知识所得，帮助工人阶级提升工资、降低工作时长和强度、改善工作环境，使农民阶级获得土地、播种收获，群众获得真正的实惠后才会相信

① 《习近平谈治国理政》第一卷，外文出版社2018年版，第22页。

马克思主义是能解决中国实际问题的科学理论。

“时代是出卷人,我们是答卷人,人民是阅卷人。”①经过改革开放40年来的艰苦奋斗,现在我们处于改革开放的攻坚期、实现民族复兴的关键期,城乡区域发展和收入分配依旧存在不平衡,巩固脱贫攻坚成果、社会文明建设、生态环境保护等矛盾和问题还有待解决,意识形态领域斗争依然复杂,马克思主义传播也存在一定危机。新时代如何解决群众的信仰危机,使得马克思主义真正深入人心,是必须要重视的问题。新时代人民更多的是追求美好生活的需求,马克思主义的传播必须要立足于现实,扎根于人民,关注民生,维护社会公平正义,尊重群众的主体地位,用马克思主义解决实际问题,构建社会主义和谐社会,为马克思主义的传播创造有利的社会环境;马克思主义的传播必须要关注社会矛盾,以马克思主义为指导解决与群众切身利益相关的问题,使发展成果由人民共享落到实处,保障和实现群众的利益诉求,让人民群众从获得的现实利益中真实地感受到社会主义制度的优越性,增强对马克思主义政党和马克思主义的认同感,夯实马克思主义理论传播的物质基础。

二、坚持理论宣传的党性原则与宣传方式的灵活性相统一

党的十九大报告明确指出,“坚持党对一切工作的领导。党政军民学,东西南北中,党是领导一切的。”②国内外政治经济形势在变化,社会的主要矛盾在变化,唯一不变的是党的初心和使命。中国共产党在将马克思主义基本原理与革命实际相结合的过程中,带领着中国人民从半殖民地半封建社会中站起来走向富起来奔赴强起来。在网络媒体快速发展的新时代,马克思主义的传播更加要坚持党的领导,巩固马克思主义在意识形态领域的主导地位。新时代必须要加强党的建设,特别是党的思想建设,提高各级党组织和党员干部的马克思主义理论素养,优化政府服务形象,提升马克思主义政党在人民心中

---

① 《习近平新时代中国特色社会主义思想三十讲》,学习出版社2018年版,第110页。

② 《中国共产党第十九次全国代表大会文件汇编》,人民出版社2017年版,第16页。

的号召力和认同感,从而增强马克思主义理论对群众的吸引力。

巩固马克思主义在意识形态领域的主导地位,需要在坚持党性原则的基础上,采用灵活多样的传播途径和方式。首先,创新传播的手段和方式,充分利用新闻舆论增强马克思主义传播和影响。当前时代是自媒体时代,我们要利用好一切可利用的资源,充分利用报刊、图书、影视、广播等传统媒介以及互联网、手机等新兴媒介,切实推进马克思主义的传播,以马克思主义唱响意识形态领域的主旋律。其次,必须将学校教育作为马克思主义传播的主要阵地,特别要重视凝聚了青年英华的高校。青年学生是社会主义建设者和接班人,是实现中华民族伟大复兴中国梦的栋梁之材。各高校要加快构建以马克思主义为指导的学科体系、话语体系、教材体系、人才培养体系,加强高校思想政治理论课建设,还可以借助青年马克思主义者培养工程培训班、党团建、社团活动、各种座谈会、演讲报告、知识竞赛、主题教育等方式,推动马克思主义在高校大学生中的传播,教育引导他们树立马克思主义信仰。最后,还要加强对互联网的治理,为广大民众营造一个清朗健康的网络空间。网络监管安全部门要严格控制网络上的庸俗信息和错误思潮,充分发挥互联网的广泛传播作用,让互联网为马克思主义的传播拓宽广度和深度,让互联网将马克思主义理论飞入寻常百姓家,推进马克思主义的普及化和认同化,使广大民众将马克思主义的观点立场和方法运用到实践中去。

三、做好理论性与艺术性、世界性与民族性相统一

马克思指出:“理论只要说服人,就能掌握群众;而理论只要彻底,就能说服人。”①列宁强调:“没有革命的理论,就不会有革命的运动。”②马克思主义是工人阶级争取阶级解放和人类解放的科学理论,也是工人阶级认识世界和改造世界的世界观和方法论。那么,在当时以何种形式让文化水平普遍较低

① 《马克思恩格斯选集》第1卷,人民出版社2012年版,第9—10页。
② 《列宁选集》第1卷,人民出版社2012年版,第153页。

的人民群众掌握马克思主义理论呢？这是抗战时期中共面临的迫切问题。对此，毛泽东强调，洋八股、空洞抽象的调头、教条主义都要停止，代之以“新鲜活泼的、为中国老百姓所喜闻乐见的中国作风和中国气派。”①即要将具有语言的鲜明性、情节的生动性等特征的艺术性和具有深刻思想性、高度概括性的马克思主义有机结合，更好地展现理论的魅力。抗战时期，《新华日报》《群众》周刊在进行理论宣传时兼顾艺术性、生动性。诸如，开辟《文艺之页》《戏剧研究》《木刻阵线》等栏目，刊登剧评和文学评论等文章。这些文章通过艺术性的话语增强理论的表现力，将马克思主义寓教于群众喜闻乐见的艺术形式或艺术形态中。当前，马克思主义大众化之所以面临诸多挑战，在于马克思主义理论的话语较为学术化、政治化，在一定程度上影响了马克思主义理论的宣传和普及。因此，推进马克思主义大众化，在话语风格上需把握理论性和艺术性的统一。

世界性与民族性相统一是马克思主义大众化普遍性与特殊性相统一的具体表现。马克思主义作为无产阶级争取自身解放和整个人类解放的科学理论，具有世界性的特质。然而，将马克思主义运用到中国具体实际，必须要体现具有中国风格的话语，使之成为具有中国风格、中国气派的马克思主义。当前，把握我国主流意识形态工作建设，在话语风格上就要坚持民族性和世界性的统一。一方面，要立足于本民族的文化传统，运用人民大众喜闻乐见、符合百姓日常习俗的方式，为实现马克思主义大众化奠定民族情感和价值认知基础，实现主流意识形态话语的民族化和本土化；另一方面，要有宽广的国际视野和世界胸怀，以积极主动的姿态了解世界，与世界话语接轨，不断推进马克思主义大众化。

---

① 《毛泽东选集》第二卷，人民出版社 1991 年版，第 534 页。

后　记

本书是我主持的2015年国家社会科学基金一般项目“抗战时期《新华日报》《群众》周刊与国统区马克思主义大众化研究”（编号15BDJ002）研究的最终结题成果。

民主革命时期党报党刊与马克思主义大众化的关系是中共党史研究中关于马克思主义大众化历史进程及基本经验研究的一个热门话题。但是，目前的相关研究主要集中于中国共产党领导下的红色政权区域。实际上，抗战时期马克思主义在国统区大众化与马克思主义在延安等抗日根据地的大众化实践一起，共同构成了当时马克思主义大众化的生动图景。因此，本书最大的价值是将马克思主义大众化研究视角从抗战时期中共领导下的政权区域转换至国民党统治的大后方区域，改变了以延安为中心区域的传统研究思维，开辟出中国马克思主义大众化史研究的一个新领域。

在项目研究过程中，还得到了广西八桂学者“广西马克思主义大众化重大问题研究”项目和广西思想政治教育领军人物等项目经费的支持。部分阶段性成果在《科学社会主义》、《中国高校社会科学》、《马克思主义理论学科研究》、《中国社会科学报》等刊物上公开发表。书中借鉴参考了学术界同仁相关研究成果，在此就不一一列举，一并表示感谢。

感谢人民出版社杜文丽女士为本书的顺利出版作了大量的细致编辑工作。

由于自己才疏学浅，书中不当之处敬请学界同仁批评斧正。

作者谨识

责任编辑:杜文丽
封面设计:汪　莹

图书在版编目(CIP)数据

《新华日报》《群众》周刊与抗战时期国统区马克思主义大众化研究/汤志华 著. —北京:人民出版社,2024.3
ISBN 978-7-01-025183-7

Ⅰ.①新…　Ⅱ.①汤…　Ⅲ.①马克思主义-大众化-研究-中国-1931—1945　Ⅳ.①D61

中国版本图书馆 CIP 数据核字(2022)第 196422 号

《新华日报》《群众》周刊与抗战时期国统区马克思主义大众化研究
XINHUA RIBAO QUNZHONG ZHOUKAN YU KANGZHAN SHIQI
CUOTONCQU MAKESIZHUYI DAZHONGHUA YANJIU

汤志华　著

人民出版社 出版发行
(100706　北京市东城区隆福寺街 99 号)

北京九州迅驰传媒文化有限公司印刷　新华书店经销

2024 年 3 月第 1 版　2024 年 3 月北京第 1 次印刷
开本:710 毫米×1000 毫米 1/16　印张:20.25
字数:310 千字

ISBN 978-7-01-025183-7　定价:95.00 元

邮购地址 100706　北京市东城区隆福寺街 99 号
人民东方图书销售中心　电话 (010)65250042　65289539